의료문학의
현황과 과제

iMH
경희대학교 인문학연구원
HK+통합의료인문학연구단
통합의료인문학
학 술 총 서_01

의료문학의
현황과 과제

김양진 노대원 박성호 박재인 심원섭 염원희 이병훈 최성민

지음

The Present Situations and Assignments of Medical Literature

돌고
풀고 모시는사람들

의료인문학은 인문학 연구자들에게 아직 낯선 학문이라고 생각합니다. 의과대학을 중심으로 형성이 되었고 여전히 의대가 중심인 학문이기 때문입니다. '좋은 의사 만들기'를 목적으로 형성된 의료인문학은 의료가 전문화, 미분화되는 환경 속에서 그 의미가 더욱 커지고 있습니다.

의료가 하나의 기능이나 기술로 전락하는 것을 막는 데 의료인문학은 중요한 기여를 하고 있습니다. 최근 의과대학을 평가하는 기준으로 의료인문학이 활용되고 있다는 이야기를 들었습니다. 의대에서 의료인문학의 가치는 더욱 높아지리라 예상합니다.

그러나 의료인문학이 의과대학의 학문만은 아닐 것입니다. 사실 의료는 우리 삶의 중심에 있습니다. 우리의 삶을 생로병사로 요약한다면 의료는 그 모든 대목에 개입을 합니다. 우리 대부분은 삶의 출발을 병원에서 하고, 마감을 병원에서 합니다. 질병을 고치기 위해, 노화를 막기 위해 병원을 찾는 것은 말할 필요도 없습니다. '사회의 의료화'라는 말은, 부정적이기는 하지만, 우리의 현실을 적절하게 표현하고 있습니다. 의료가 우리의 삶에 중심에 있다면, 인문학이 의료에 관심을 가져야 하는 까닭은 분명합니다.

우리 경희대 HK+통합의료인문학연구단이 지향하는 의료인문학은 인문학이 중심에 서 있다는 점에서 기존의 의료인문학과 차이가 있습니다. 우리는 의료를 인문학의 범주로 끌어오고자 합니다. 의료를 인문학의 소재로 활용하고자 합니다. 인문학의 시각으로 의료를 고민하고자 합니다. 인문학이 통찰한 의료를 정리하고자 합니다. 그렇게 만들어진 의료인문학은 궁극적으로 인문학을 넘어 의학을 포함한 다른 분야의 학문에도 시사점을 줄 수 있으리라 믿습니다. 다시, 의료는 우리 삶의 중심에 있기 때문입니다.

연구자의 고민과 통찰은 글쓰기로 정리될 수밖에 없습니다. 학문의 핵심은 글쓰기에 있습니다. 우리 HK+통합의료인문학연구단이 학술총서를 기획한 의도입니다. 이 총서를 통해 우리는 우리 생각을 밝히고 넓히고자 합니다. 인문학 중심의 의료인문학이 아직은 낯선만큼 우리 생각이 설익은 것일 수 있습니다. 하지만 그 생각들이 쌓이면서 의료인문학은 성장해 나갈 것입니다. 우리의 고뇌가 의료인문학의 경계를 넓히는 데 기여하리라는 희망 아래 글을 쓰고자 합니다. 우리 노력이 의료인문학의 색채를 다채롭게 꾸밀 수 있으리라는 기대 아래 글을 쓰고자 합니다.

흔히 인문학이라고 하면 문학·사학·철학이 떠오르고, 문학은 그 첫머리에 있습니다. 『의료문학의 현황과 과제』가 우리 연구단의 첫 학술총서가 된 것은 그 맥락에서 자연스럽다는 생각이 듭니다. 현황에 대한 적확한 파악이 미래에 대한 현실적 전망을 가능하게 한다는 점에서도 『의료문학의 현황과 과제』는 의료인문학의 현재를 고민하고 미래를 설계하는 데 큰 도움이 되리라 생각합니다.

이 책의 기획과 집필에 HK+통합의료인문학연구단의 문학팀 선생님들이 수고해주셨습니다. 연구단 소속 외에도 여러 선생님들이 HK+통합의료인문학연구단이 기획한 학술대회와 전문가 초청에 참석하고 귀중한 글을 보내주셨습니다. 모든 분들께 감사를 드립니다. 우리 경희대 HK+통합의료인문학연구단은 『의료문학의 현황과 과제』로 학술활동의 첫 걸음을 뗍니다. 이 걸음이 아직은 낯선 의료인문학이라는 학문을 세상에 알리는 데 중요한 역할을 하리라 믿습니다. 독자 여러분도 관심을 가지고 저희 연구단의 학술활동을 주목해주십시오. 감사합니다.

2020년 11월
경희대 HK+통합의료인문학연구단 단장 박윤재

의료문학의 현황과 과제

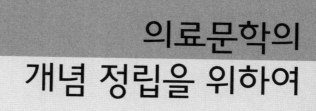

의료문학의
개념 정립을 위하여

이병훈 (아주대학교 다산학부대학 부교수)

1. 감염병 시대의 문학

　코로나19(COVID-19)가 에피데믹(epidemic), 즉 제한된 지역에서 발생하는 감염병을 넘어 전 세계를 위협하는 팬데믹(pandemic)으로 확산되었다. 감염병이 '사람들 사이에서(epi-)' 유행하는 단계를 벗어나 '모든 사람에게(pan)' 퍼지는 전 지구적 현상이 된 것이다. 문제는 코로나19가 언제 종식될지 예측조차 할 수 없다는 점이다. 더구나 공중보건과 의료체계를 잘 갖추지 못한 대륙이나 국가로의 확산이 현실화되면서 피해 규모는 계속해서 가파른 상승 곡선을 그리고 있다.

　코로나19는 단순히 많은 사람에게 해를 끼치는 정도를 넘어 한 국가의 정치, 경제, 사회 체계에 치명적인 타격을 주고 있다. 질병이 다수의 생명을 앗아갈 뿐만 아니라 한 국가의 시스템을 붕괴시키고, 더 나아가 세계 질서를 뒤집어 놓을 정도로 공포의 대상이 되었다. 이것은 감염병이 사람들의 밀집도, 이동속도와 범위 등에 따라 확산 속도와 피해 범위를 달리하는 특성에서 비롯된 것이다. 역사적으로 보면 중세나 근대에도 페스트, 독감 등이 한 지역이나 국가를 넘어서 인류를 위협했던 사례들이 있었다. 하지만 현대사회는 감염병이 3일이면 지구를 한 바퀴 돌 수 있는 환경을 구축하고 있다는 것이 문제다. 세계지도에 표시된 각국 항공사의 국제노선도를 붉은 선으로 표시하면, 세계 전역을 거미줄처럼 촘촘히 연결하고 있는 것이 한눈에 들어온다. 이런 이유로 코로나19는 과거의 사례와는 질적으로 다른 양상을 띠게 되었다.

코로나19로 인해 세계 각국은 스스로를 봉쇄, 격리하는 최후의 수단을 선택할 수밖에 없는 지경에 이르렀다. 게다가 봉쇄와 격리로 인한 경제적 충격 때문에 서둘러 봉쇄 해제를 단행했다가, 1차 때보다 더 강력한 2차 대유행을 직면하는 사례까지 나타나기 시작했다. 여기서 대한민국은 예외적인 것처럼 보인다. 봉쇄와 격리는 감염병과 맞서 싸웠던 인류의 과거 경험에서 얻는 교훈에 따른 조치이다. 하지만 현대사회에서 완전한 차단이라는 것은 현실적으로 불가능하다. 이런 점에서 대한민국의 사례는 현대사회에서 감염병을 차단하는 새롭고 모범적인 사례로 전 세계의 주목을 받고 있는 것이다. 외신에서 강조하듯이 그것은 대한민국이 공중보건 시스템을 잘 갖추고 있고, 시민에게 필요한 정보를 투명하게 공개하는 민주주의 사회의 원칙을 잘 지켜냈기 때문에 가능한 일이다. 물론 우리나라 또한 세세하게는 많은 시행착오를 겪고 있지만, 신속한 대응조치로 극복해 나가고 있다. 이런 경험들은 미래에 유용한 자산이 될 것이며 대한민국의 위상을 새로운 차원으로 발전시킬 것이다. 질병의 대유행은 새로운 문명의 지형을 만드는 법이다.

코로나19에 대처하는 대한민국의 사례는 감염병에 대한 새로운 방역정책뿐만 아니라 의료윤리의 중요한 논점을 부각하고 제기하는 계기가 되고 있다. 질병에 맞선 인간의 싸움에서 '투명성(transparency)'이라는 윤리적 기준을 준수하는 것이 얼마나 중요한지를 보여주고 있는 것이다. 그것은 코로나 바이러스의 초기 확산 사례를 통해 명확하게 확인된 바 있다. "전염병을 통제하려는 노력에서 투명성은 시민들에게 자신을 보호하는 방법을 알리고, 의료 및 공중보건 담당자에게 어떻게 효과적이고 적절한 개입을 해야 하는지 알려 주는 핵심 원칙이다."[1] 이것은 개인의 자유와 공중의 건강 사이에 불가피하게 선택해야 하는 상황과 밀접하게 연관되어 있다. 사실 이 양자는 충돌하면서도 분리될 수 없는 측면이 있는데, 그것의 조화는 민주주의 체제의 투명성 원리에 의해서만 확보될 수 있다. 분리, 격리, 학교 폐쇄, 사회적 거리두기와 같은 비약물적 개입(nonpharmaceutical interventions: NPI)은 "자발적이고, 개인의 자율성을 존중하고 거기에 의존하며, 경찰의 권력 사용을 피할 때 가장 효율적이고 마찰을 최소화하면서 작동한다."[2] 코로나19 사태는 이렇게 공중보건의 중요한 윤리적 원칙을 새롭게 제기하고, 확인하는 계기가 되었다.

감염병의 대유행은 사회 시스템을 위기에 빠뜨릴 뿐만 아니라 그 구성원들의 일상생활에 씻을 수 없는 상흔을 남기기도 한다. 코로나19에 대처하는 공중보건 수칙 중에 '사회적 거리두기(social distancing)'가 있다. '사회적 거리두기'는 환자와의 접촉을 최소화하기 위한 감염병 통제 전략으로 "가장 기본적이지만 불편하고 분열적인 공중보건 수단 중 하나이다."[3] 하지만 이것

---

1 Ruipeng Lei and Renzong Qiu, "Report from China: Ethical Questions on the Response to the Coronavirus", *Global Health, Hastings Bioethics Forum, Public Health*, January 31, 2020.

2 Alexandra Minna Stern and Howard Markel, "Pandemics: The Ethics of Mandatory and Voluntary Interventions", This briefing adapted from "Influenza Pandemic," by Alexandra Minna Stern and Howard Markel, in *From Birth to Death and Bench to Clinic: The Hastings Center Bioethics Briefing Book for Journalists, Policymakers, and Campaigns*, 2020.

3 Carolyn Y. Johnson, Lena H. Sun and Andrew Freedman Johnson,(March 11, 2020).

이 자칫 사회적 관계의 분열로 이어질 수 있다는 우려의 목소리도 있다. 마리아 반 케르크호베 WHO 신종질병팀장은 "바이러스 전파 예방을 위해 사람들로부터 물리적 거리를 두는 것은 필수적"이지만 "그것이 우리가 사랑하는 사람, 가족과 사회적으로 단절되는 것을 의미하지 않는다."라며, '사회적 거리두기'는 '물리적 거리두기(physical distancing)'로 바뀌어야 한다고 주장한다.[4] 이것은 사람들이 질병으로 인해 사회적으로 고립되거나 단절되는 것을 방지하기 위한 것이다. 감염병 확산 방지를 위한 '물리적 거리두기'를 '사회적 거리두기'로 명명할 때 우리는 부지불식간에 사회적 고립을 필연적인 것으로 인식하고 타자에게 강제하는 것을 당연시할 수 있다. 현실적으로 우리는 사람들 사이의 '거리두기'가 외적 강제가 아니라 자발적 요구에 의해 하나의 관습으로 굳어지는 것을 경험하고 있다. 코로나19가 지나가도 '거리두기'는 여전히 사람들 사이에 남아 있지 않을지 걱정이 되는 이유다. 이것은 인종차별, 빈부차별, 종교차별, 성차별 등과 더불어 새로운 사회적 문제가 될 가능성이 높다.

하지만 인류를 위협하는 질병은 역설적으로 삶에 대한 새로운 깨달음을 선사(?)하기도 한다. 코로나19로 인해 세계 경제가 침체되고, 인간의 삶의 속도가 저하되자 거꾸로 파탄에 직면했던 생태계가 복원되고, 멸종위기 동물의 개체수가 늘어나고 있다. 인간의 생산 활동과 소비가 줄어들자 자연계에 잠시 숨통이 터진 것이다. 이런 현상은 현대인의 삶이 반자연적이고, 반생명적인 것이었다는 사실을 반증한다. 인간이 그동안 욕망과잉, 속도과잉,

---

"Social distancing could buy U.S. valuable time against coronavirus", 《Washington Post》.
4 김지환(2020년 3월 22일), WHO "'사회적 거리두기' 대신 '물리적 거리두기'로", 《경향신문》.

경쟁과잉, 물질과잉만을 추구한 것에 대해 반성하게 만드는 대목이다. 지구의 생태계를 파괴하는 대량생산을 중단하고, 인간의 물질적 욕망을 줄이는 것이 코로나19 이후(Post COVID-19) 시대를 맞이하는 지혜가 아닌가 싶다. 아무튼 코로나19와 같은 사태는 인간이 과잉욕망을 줄이지 않는 한 언제든지 우리를 위협하게 될 것이다.

코로나19는 전 지구적 차원에서뿐만 아니라 개인의 사회적 관계, 윤리적 판단과 행동, 심리 세계와 정서 등에 심각한 영향을 끼치고 있다. 이런 점에서 우리는 공중보건 차원만이 아니라 문화적 차원에서 코로나19와 같은 질병에 대응하는 노력을 해야 한다. 왜냐하면 코로나19가 계절성 유행병이 된다 하더라도 여전히 인간의 삶에 치유되기 어려운 상흔을 남길 것이기 때문이다. 공중보건이 인간 개개인의 사회적 관계를 복원할 수도 없을 것이고, 우리의 윤리적 판단과 행동, 심리 세계와 정서 등을 재건하거나 어루만져 주지도 못할 것이다. 여기서 문화, 예술의 역할이 매우 중요한데, 특히 문학은 인간에게 '이후의 삶(life after)'을 유지하게 하는 특성이 있다는 점에서 각별히 주목할 필요가 있다. 문학은 질병으로 인해 상처와 고통을 받은 인간을 원래대로 되돌릴 수는 없지만 그것과 동반하는 삶이 가능하다는 것을 설득할 수 있을 뿐 아니라 '이후의 삶'이 삶의 가치와 의미를 새롭게 성찰하는 계기가 될 수 있다는 진실을 제시할 수 있다. 이런 문제의식을 강조해서 담고 있는 개념이 바로 '의료문학'이다.

2. 현대사회와 의료문학

의료문학(literature and medicine)은 의료의 정치, 경제, 사회, 문화적 의미와 역할이 급증하고 있는 시대에 문학과 의료의 본래적 가치, 즉 인간의 정신적, 육체적 고통과 상처를 치유하고 인간 중심 의료를 지향하는 특수한 문학 개념으로, 의료와 관련된 과거, 현재, 미래의 모든 글로 된 문학적 텍스트―문학적으로 의미가 있는 의료기록까지 포함하여―을 일컫는다. 의료문학이라는 용어는 우리말과 외국어에서 적지 않은 의미상의 차이를 보이는 도구적 개념이다. 이와 관련하여 먼저 의학이 아니라 '의료'라는 용어를 선택한 이유부터 설명해야 할 것 같다. 의학은 일정한 연구 대상과 독자적인 원리를 지닌 과학의 한 영역이다. 이에 비해 의료는 '의학의 실천(practice of medicine)'으로 질병의 예방, 치료, 간호 등을 총괄하는 영역이다. 양자가 문학과 조우할 때 '의학'이 좀 더 확장된 실천 영역인 '의료'에게 자리를 양보하는 것이 순리일 것이다. 하지만 의학은 변함없이 의료문학의 이론적, 문제적 중심인 것은 틀림없다.

그런데 의료문학을 외국어로 번역할 때 난감한 문제에 부딪치게 된다. 의료문학이라는 용어를 정확하게 옮길 수 있는 서양어가 적당치 않기 때문이다. 예컨대 의학사는 History of Medicine, 의철학은 Philosophy of Medicine으로 번역한다. 의료문학을 영어로 직역하면 'Literature of Medicine'이 되는데, 이 표현은 매우 어색할 뿐만 아니라 '의학 문헌'이라는 뜻의 Medical Literature로 이해될 가능성이 높다. 이는 문학보다 의학 중심적인 용어로, 앞에서 정의한 의료문학의 내용을 포괄하기 어렵다. 이와 다르게 Literature on Medicine 혹은 Literature and Medicine으로 번역할 수도 있는데, 전자는 대상을 너무 문학작품에 한정하는 단점이 있다. 반면 후자는 정확한 용어라고 할 수는 없지만 문학(Medicine in Literature)과 의료(Literature in Medicine)의 양 측면과 그 관계를 모두 포괄할 수 있는 용어로서 가장 적합하다고 생각한다. 이렇게 보면 우리말 용어가 개념의 의미를 좀 더 정확히 전달한다고 할 수 있다. 의료문학이라는 용어는 크게 다음 세 가지 측면을 고려한 개념이다.

1) 의료산업의 팽창과 하이퍼콘드리아 시대의 새로운 가치 지향적 개념

우리는 인간의 '건강'과 '생명 연장'이 화두인 시대를 살고 있다. 최근 들어 더욱 빈번하게 발생하는 신종 플루와 코로나19 등의 팬데믹은 특히 건강관리 사업으로 일컬어지는 헬스 케어(health care) 시장의 팽창을 예고하고 있다. 21세기에 이르러 의료산업(medical industry)은 IT산업과 더불어 세계시장을 이끌어 가는 쌍두마차가 되었고, 자본주의 시장 발전의 블루칩으로 성장했다. OECD에서 발표한 2019년 보건통계(Health Statistics 2019)에 따르면 2018년에 지출된 경상의료비의 OECD 평균은 GDP 대비 8.8%이다. 이것은 2003년의 7.9%에서 꾸준히 증가해 온 결과이다. 미국 17.1%, 프랑스 11.3%, 독일 11.2%, 일본 10.9% 등이며 대한민국은 7.6%이다. 2018년 미국의 GDP가 약 20조 5천억 달러인 점을 감안하면 경상의료비 규모는 3조 5천억 달러가 넘는다. 같은 해 대한민국의 GDP는 약 1조 7천2백억 달러이고, 경상의료비는 약 1천3백억 달러가 넘으며, 이를 원화로 환산하면 140조 원이 넘는 규모이다.[5] 경상의료비는 일반적으로 "병원비, 약제비, 공공투자비 등 직접

---

5   OECD Health Statistics 2019, "Health expenditure and financing"

적인 의료비만 포함되는 것이기에, 의료와 연관되는 다른 산업 부문의 지출까지 포함하면 그 규모는 더욱 늘어난다."[6] 21세기 전 세계의 의료산업은 정확한 통계를 잡을 수 없을 정도로 어마어마한 규모이다. 여기에 코로나19 팬데믹 같은 사태가 반복된다면 그 증가 추세는 더욱 확장될 전망이다.

의료산업의 양적, 질적 팽창은 '의학에 의한 사회통제 기능이 과도하게 확장되는 것'과 관련이 있다. 이른바 '의료화(medicalization)' 현상이 그것이다. 의료화란 "생의학이 발전하면서 전통적인 질병 치료의 영역을 넘어서 비의학적 영역의 현상들을 질병으로 규정하면서 의료의 대상으로 삼는" 것을 말한다.[7] 예컨대 출생과 사망의 의료화가 가장 대표적인 경우이다. 20세기 중반까지만 해도 인간의 출생과 사망은 거주지에서 발생하였다. 하지만 의료화가 진행되면서 현대인들은 대부분 병원에서 출생하고 사망한다. 다시 말해 의학이 인간의 생사에 과도하게 관여하고 통제하는 것이다. 비만, 대머리나 발기부전, 미용을 위한 성형수술도 여기에 해당한다. 인간의 생장 주기에 따른 자연적인 신체변화들이 의학 기술의 발전으로 치료의 대상이 되고 있는 것이다.[8] 여기서 더 나아가 20세기 말부터 현대 의학은 '생의료화 (biomedicalization)'라는 새로운 형태의 의료화를 추구하고 있다. "이것은 의학이 생명과학, 컴퓨터공학, 정보기술 등의 도움을 받으면서 새로운 차원의 기술과학으로 재탄생되는 과정을 의미한다."[9] 이로써 현대 의학은 인간의 몸에 대한 의학적 통제를 넘어 유전자조작을 통해 인간의 몸을 변형시키고

---

6   이상윤, 「현대 자본주의 의료, 건강과 마르크스주의」, 『의료와사회』 (9), 2018, 115쪽.
7   조병희, 『질병과 의료의 사회학』, 집문당, 2017, 96쪽.
8   조병희, 위의 책, 97쪽 참조.
9   위의 책, 388쪽.

재구성하는 새로운 목표를 발견한 것처럼 보인다.

현대 의학의 의료화가 낳은 또 다른 문제점은 하이퍼콘드리아(hypochondria, 건강염려증) 신드롬의 확산이다. 건강에 대해 지나치게 걱정하고 아무 이상이 없는데도 자신이 병들었다고 생각하는 심리 상태는 현대인의 자격을 상징하는 듯하다. 사실 의료화와 하이퍼콘드리아는 공생관계에 있다. 전자는 후자를 부추기며 막대한 이익을 창출하고 후자는 전자를 소비하며 욕구를 충족시키는 것이다. 이런 점에서 양자는 서로 분리될 수 없는, 현대 의학의 이중 자화상 같은 것이다.

의료산업이 다른 산업과 다른 점은 빈부격차에 따른 혜택과 결과가 확연히 구분된다는 것이다. 그럼에도 불구하고 의료산업은 빈곤층마저 외면할 수 없는 치명적인 흡인력이 있다. 그것은 생명과 건강에 대한 인간의 근원적인 욕망에서 기인한다. 생명자본은 인간의 신체를 통제하는 데 만족하지 않고, 그것을 변형시키려고 한다. 의학과 생명공학의 발달은 신체의 내부를 새로운 개입 공간으로 개척하고 있는 것이다. 이것은 인간의 삶과 죽음의 관계를 변형시키고, 이를 통해 생명 과정 자체를 통제하는 방향으로 나아가고 있다.[10] 생명자본의 이런 본질은 생명정치(biopolitics)로 일컬어지는 신자유주의 지배체계를 구성하는 기본적인 토대를 이루고 있기도 하다. 의료문학은 바로 의료화에 기초한 생명자본과 생명정치의 위험성에 대한 비판적인 인식에서 출발한다.

---

10 이에 대해서는 토마스 렘케, 『생명정치란 무엇인가』, 심성보 역, 그린비, 2015, 7장, "자연의 종말과 재발명", 8장, "바이탈정치와 생명경제"를 참조할 것.

2) 의료의 인간 중심적 재편을 추구하는 문학

현대 의학의 가장 두드러진 특징은 과학과 기술에 대한 의존도가 지나치게 높다는 점이다. 이것은 의학이 그동안 질병에 대하여 과학적 탐구에만 몰입해 왔다는 사실을 말해 준다. 그 결과 의학은 눈부신 과학적, 기술적 진보를 이루었지만 그 병을 앓고 있는 환자로부터는 멀어졌다. 의학이 과학적 성과에 몰두하면서 환자들의 정신적, 육체적 고통을 적극적으로 감싸지 못한 것이다. 현대 의학의 과학중심주의는 이미 지난 세기에 많은 반대에 부딪쳤다. 무엇보다도 환자들이 검사에 의존한 의술에 문제를 제기했다. 환자들이 과학적 진단 너머로 의사들의 따뜻한 위로와 관심을 원했던 것이다.

이런 상황은 현대 의학의 지평에 새로운 패러다임을 요구하기에 이르렀다. 우리는 이것을 인간중심주의의 회복이라고 이해한다. 의학이 과학적 진보만을 받아들일 것이 아니라 인문학적 성찰까지도 포용해야 한다는 문제의식이 그 단적인 예다. 의료문학 역시 이런 맥락으로 이해할 수 있다. 의료문학은 의학의 본질을 인간학적 관점에서 이해하려는 시도와 연결되어 있다. 문학은 인간에 대한 가장 심오한 이해의 표현이다. 문학작품은 인간이라는 존재를 사수하기 위한 감성적 실천의 결과물이다. 이런 점에서 인간중심주의를 강조하는 의학이 문학으로부터 도움의 손길을 구하는 것은 자연스러운 일이다.[11] 의료문학의 이런 문제의식은 특히 의학교육에서 각별한 의미를 지닌다. 인간의 존엄과 생명의 가치를 최우선에 두는 의사를 육성하는 데 의료문학이 적극적인 역할을 할 수 있기 때문이다. 이렇게 의료문학

---

11 창간사 「의학의 새로운 지평을 위하여」, 『문학과 의학』, 창간호, 2010. 참조.

은 의료를 인간중심주의로 재편하려는 다양한 가치와 지향을 반영하고 지지하는 특수한 문학 개념이다.

3) 문학의 본래적 의미와 역할에 충실하고자 하는 선언

의료문학은 생명자본과 생명정치의 위험성 및 비인간적 의료 환경에 대하여 비판적이고 감성적으로 대응할 뿐만 아니라 인간의 정신적, 육체적 고통을 따뜻하게 위로하고 보살펴야 한다. 이것은 인간의 삶과 현실에 대한 성찰이며 동시에 인간 영혼과 육체에 남겨진 깊은 상흔과 트라우마에 대한 정서적 연민이어야 하는 문학의 본래적 의미와 역할에 충실하고자 하는 선언이기도 하다. 의료문학이 의료의 고유한 역할을 복원하려는 노력과 맞닿아 있기에 이런 선언은 더욱 각별한 의미가 있다. 그것은 문학이나 의료 모두 상처받은 인간을 치유해야 하는 특성을 지니고 있기 때문이다.

문학은 무엇보다도 '문학'이어야 하며, 이것은 의료문학 역시 마찬가지다. 의료문학은 '생명자본과 생명정치의 위험성 및 비인간적 의료 환경에 대한 비판적이고 감성적인 대응'이지만, 그 대응은 어디까지나 문학이라는 울타리 안에서만 의미가 있다. 만일 그렇지 않다면 우리는 그것을 굳이 '문학'이라고 지칭할 이유가 없는 것이다. 문학은 자신만의 특수성으로 현실을 재현하고 가치 평가한다. 문학이 다른 예술과 구별되는 특수성은 무엇보다도 문자언어를 통해 창조되는 형상성과 총체성에서 기인하는 바가 크다. 이를 통해 문학은 석고상처럼 굳어 버린 인간의 감성을 일깨우고, 현실을 긴장·갈등·비극·떨림·감동의 도가니로 만든다. 여기서 의료문학의 역할을 기대해 본다. 이상에서 살펴본 바와 같이 의료문학은 문학의 보편적 본질을 구현하는 특수 개념으로서 현대 의료의 새로운 위기에 대한 능동적인 문화적 대안의 하나가 될 수 있다.

3. 문학과 의학의 접경 : 의료문학의 다양한 영역들

앞서 언급했듯이 의료문학은 좁게는 의료 행위와 상황을 주제 및 소재 등으로 다루고 있는 문학작품뿐만 아니라 넓게는 그것을 기록한 다양한 기록물―단, 문학적으로 의미가 있는―까지 포괄한다. 문학과 의학이라는 새로운 연구 영역이 본격적으로 주목받기 시작한 것은 1982년 미국에서 동명의 잡지가 발간되면서부터라고 할 수 있다. Literature and Medicine이 창간된 것은 미국 의과대학에서 인문학 교육이 강조되던 당시 분위기와 무관하지 않다. 현대 의학의 생의학적 편향을 반성하고 의학 본연의 모습, 즉 의학의 인본주의적 전통을 되찾아야 한다는 성찰이 미국 의학 교육에서 제기되었던 것이다. 이런 분위기 속에서 잡지의 출현은 의학 교육에서 특히 문학의 역할에 주목한 결과였다. 당시 미국의 의과대학에는 적지 않은 문학 교수들이 의료인문학 교육을 담당하고 있었다. 이들은 자신의 경험을 공유하고 확산할 필요를 느꼈고, 그 결과가 잡지로 결실을 맺은 것이다. 집단지성의 상징이자 매체인 잡지는 새로운 연구 영역에 대한 현실적 필요와 열망이 축적된 값진 열매였던 셈이다. 잡지는 1982년부터 1991년까지 연간지로 10호를 발행하고, 창간 10주년을 기점으로 1992년부터 현재까지 반 연간지로 통권 65권(2020년 봄호)에 이르고 있다.

잡지의 성장은 주제 연구의 양적, 질적 발전으로 이어졌다. 초창기 문학과 의학에 대한 관심은 양자의 관계를 살펴보는 것에서부터 시작되었다. 그리고 이 주제는 크게 두 가지로 구분되었다. 하나는 '문학 속의 의료 (medicine in literature)'이고, 다른 하나는 '의료 속의 문학(literature in medicine)' 이다.[12] 전자는 문학작품에 나타난 의학사, 의사, 질병, 고통, 의사와 환자의 관계, 의료윤리 등을 다루었다. 의사작가에 대한 관심과 연구도 이런 맥락 위에 있다고 볼 수 있다. 반면 후자는 문학적 요소들을 의학에 어떻게 접목시킬 수 있는가 하는 문제와 연관이 있다. 가령 내러티브 이론을 환자와의 면담에 적용하는 것, 환자나 질병에 대한 기록에서 문학적 기법의 도움을 받는 것, 의학 교육에서 문학작품을 통해 의학적 추론을 훈련하는 것 등이 이에 속한다. 잡지는 이런 다양한 연구 주제들을 다루었지만 최근에는 전자보다 후자에 주목하고 있는 것 같다. 이것은 최근 의료인문학의 '질적 연구' 경향을 반영하고 있는 측면도 있다. 이렇게 보면 의료문학에 대한 우리의 연구는 아직 '문학 속의 의료'에 머물러 있다고 할 수 있다.[13] 아래의 표는 2010년부터 2019년까지 발간된 『문학과 의학』 1-14권을 중심으로 그동안 발표된 의료문학의 성과들을 연구 영역별로 정리한 것이다.

12 Kathryn Montgomery Hunter, "Toward the Cultural Interpretation of Medicine", *Literature and Medicine*(Baltimore and London:Johns Hopkins University Press), Volume 10, 1991, p.1-7. 참조.

13 이병훈, 「문학과 의학, 거대담론을 넘어서」, 『문학과 의학』, vol. 10. 2015, 19-20쪽 참조.

의료문학	문학 속의 의료 (Medicine in Literature)	의료문학사	의사작가론*	의사작가론(실존인물)
				의사작가론(등장인물)
			작품론	주제(삶과 죽음의 관계 등)
				소재(질병과 치료, 노화, 건강 등)
				의료인과 환자(인물)
				의료 공간(병원, 진료소 등)
				의료 수단(수술, 검사, 약 등)
				의료 및 위생 언어
			의료와 관련된 사회사, 문화사, 생활사	개화기 신문, 잡지를 통해 본 근대 의학의 풍경
				일제강점기 문학에 나타난 의료사회사
				감염병과 방역을 중심으로 본 질병문학사
		비평	의료문학(비평)론	
			노년문학론*	
			작품(수필, 질병 체험기 포함) 평	
			의료 SF 소설 평	
			의료드라마 및 영화 평	
	의료 속의 문학 (Literature in Medicine)	문학 치료	문학 치료의 이론과 사례	
		의학 교육과 문학	의료윤리와 문학	
			의사소통 기술과 문학*	
		서사의학	서사의학의 이론	
			환자와 의사의 내러티브*	
			질병 내러티브	

위에서 열거한 의료문학의 연구 영역 중에서 특히 의사작가론은 의료문학의 문제의식과 관점이 가장 잘 발휘될 수 있는 분야일 것이다. 의사작가는 크게 실존인물로서의 의사작가와 등장인물로서의 의사작가로 구분된다. 전자는 블라디미르 달리, 안톤 체호프, 미하일 불가코프, 비겐티 베레사예프(이상 러시아), 고트프리트 벤, 알프레드 되블린, 한스 카로사(이상 독일), 슈니츨러(이상 오스트리아), 존 키츠, 코난 도일, 서머셋 모옴, A. J. 크로닌, 올리버 색스(이상 영국), 윌리엄 칼로스 윌리엄스(이상 미국), 프랑수아 라블레, 장 크리스토퍼 뤼팽, 루이 페르디낭 셀린(이상 프랑스), 모리 오가이, 와타나베 준이치(이상 일본), 아우구스토 쿠리(이상 브라질), 서재필, 마종기(이상 한

국) 등이 있고, 후자는 지바고(파스테르나크의 『의사 지바고』), 안빈(이광수 『사랑』) 등이 있다.[14] 실존인물과 허구적인 인물로서 의사작가는 문학 연구의 관점에서 보면 작가론과 작품론의 대상이라는 점에서 대비될 수 있다. 의사작가로서 안톤 체호프에 대한 연구는 의사로서의 삶과 예술의 연관성에 대한 탐구이다. 이것은 체호프에 대한 연구, 즉 작가론의 특수 주제에 해당된다. 이에 비해 의사 지바고에 대한 연구는 주인공이 작품 속에서 어떤 역할을 하고 있으며, 그것의 문학적 의미가 무엇인지에 대한 분석이다. 이렇게 보면 의사작가 지바고에 관한 연구는 파스테르나크의 『의사 지바고』에 대한 작품론의 하나라고 할 수 있다. 이것은 반대의 논리로도 증명된다. 만일 지바고가 의사작가라는 사실이 작품을 이해하고 평가하는 데 큰 의미가 없다면 작품 속 의사작가론, 즉 '지바고론'은 신기루에 불과하다.[15] 요컨대 등장인물로서의 의사작가론은 그것의 문학적 함의가 적지 않은 경우에만 의미가 있다고 하겠다.

노년문학론은 최근 한국문학에서 주목받고 있는 주제 중 하나라고 할 수 있다. 하지만 의료문학의 관점을 좀 더 심화시킬 때 이 주제에 대한 연구도 다양해지고 깊이를 더할 수 있다. "한국문학에서 '노년문학'에 대한 논의가 본격적으로 제기된 것은 비교적 최근 일이다. 이것은 한편에서 노년문학이

---

14 헨리 지거리스트는 의사작가의 대표적인 인물로 할러(Albrecht von Haller, 스위스), 체호프, 슈니츨러, 뒤아멜(Georges Duhamel, 프랑스), 웨어 미첼(Silas Weir Mitchell, 미국), 존 라스본 올리버(John Rathbone Oliver, 미국), 크로닌(Archibald Joseph Cronin, 영국) 등을 언급하면서 "의학적 문제들을 묘사하고, 질병과 그로 인한 고통을 작품의 모티프로 사용하는 것보다 그들에게 자연스러운 것이 무엇이 있겠는가?"라고 지적하고 있다. 이에 대해서는 Sigerist, Henry E. Fee, Elizabeth, *Civilization and Disease*(Ithaca:New York, Cornell University Press), 2018, p.182-183을 참조할 것.
15 이병훈, 「이광수와 의사작가 안빈」, 『문학과 의학』, vol.11. 2016, 45쪽 참조.

라고 부를 만한 작품들이 하나의 범주로 묶일 만큼 일정한 흐름을 형성하고 있다는 것을 암시하는 것이며, 다른 한편에서 과거와 현재의 문학을 노년문학이라는 시각으로 바라봐야 하는 사회적 · 문학적 문제의식이 생겼다는 것을 의미한다. 문학은 항상 당대의 사회적 현상을 반영하기 때문에 노년문학의 형성 배경에는 응당 그에 상응하는 사회적 배경이 있을 것이다. 즉 한국사회가 고령화사회로 진입했다는 것이 그것이다. 과거에 비해 노인 인구가 급속하게 증가하고 있고, 이에 따라 노년의 삶에 대해 관심이 커지고 있다. 이런 사회적 변화에서 문단도 예외가 될 수 없다. 한국을 대표하는 많은 작가들이 이제 노년의 나이가 된 것이다. 하지만 적지 않은 작가들이 연로한 나이가 되어서도 창작의 열정을 이어 가고 있고, 젊은 시절에 도달한 문학적 성취를 뛰어넘는 새로운 문학적 경지를 개척하고 있다. 이것은 한국문학이 그만큼 성숙했다는 중요한 징표일 것이다. 아무튼 노년문학에 대한 다양한 논의들이 바로 이런 원로 작가들의 창작 활동과 무관하지 않다는 것은 분명하다."[16] 그런데 이런 문학적 흐름에 대한 심도 있는 비평은 노인의 삶이 대면하고 있는 가족적, 사회적, 경제적 환경이나 그들의 육체적, 심리적 특성 등에 대한 특별한 관심을 요구한다. 이런 점에서 의료문학이라는 문제의식과 관점이 노년문학 연구에서 상대적으로 유리한 위치에 있는 것은 당연한 일이다.

'의료 속의 문학'은 의료문학에서 절반의 의미를 차지하고 있음에도 불구하고 아직 미개척 분야로 남아 있다. 이 영역은 엄밀히 말해 문학 고유의 영역이라고 할 수 없다. 다시 말해 의료 영역에서 문학의 방법이나 도구들을

---

16 이병훈, 「노년문학과 노년의 미학」, 『문학과 의학』, vol.7. 2014, 11쪽.

적용한 응용 분야이다. 바꾸어 말하면 '의료 속의 문학'은 의료와의 융합 없이 발전할 수 없다. 하지만 의료는 현실이다. 문학의 방법이나 도구들이 실제 임상 영역에서 필요성이 제기되지 않으면, 그것도 상당한 정도의 타당성과 효과가 입증되지 않으면 외면받기 십상인 것이 현실이다. 이런 점에서 의사소통기술(communication skill)과 서사의학이라는 주제는 '의료 속의 문학'의 미래를 가늠하는 척도가 될 전망이다.[17]

현대 의학은 환자 중심 진료(consumer-driven health care)를 강조하고 있다. 이것은 의료서비스를 소비자 관점에서 접근하려는 새로운 시도이다. 의료서비스의 패턴이 이렇게 변한 이유는 무엇보다도 환자가 의사와의 관계에서 수동적인 대상이 아니라 능동적인 주체가 되었기 때문이다. 환자는 이제 더 이상 의사의 말을 묵묵히 듣고만 있는 청취자가 아니다. 환자는 자신의 불편함을 의사에게 적극적으로 호소하고, 의사의 사소한 언행에 대해 불평을 늘어놓는 존재가 되었다.

양질의 의료서비스는 환자의 관심과 참여 없이는 기대할 수 없다. 이런 점에서 의사는 진료 과정에 환자를 적극적으로 참여시킬 수 있는 능력을 갖춘 의학면담(medical interview) 전문가가 되어야 한다. 실제로 당뇨, 고혈압, 우울증 환자의 경우 의사와 환자가 서로 협력하지 않으면 치료 효과가 크게 떨어진다는 조사 결과가 나와 있다. 이에 따르면 의사가 환자에게 지시한 내용이 시행되는 경우는 50% 미만이라고 한다.[18] 환자들은 의사의 지시에 따르지 않으려는 현실적인 이유들을 항상 가지고 있다. 그러나 이런 상황에

---

17 이하 의사소통기술과 의료의 관계에 대한 내용은 이병훈, 「치유의 예술과 소통: '의'는 곧 '소통'이다」, 『문학과 의학』, vol. 1, 2010, 9-10쪽을 참고한 것이다.
18 J.Coulehan, M.Block, 『의학면담』, 이정권 외 역, 한국의학, 1999, 176쪽. 참조.

서도 의사가 질병의 특성과 그 위험성, 예상되는 치료 효과, 약물의 구체적인 복용 방법 등을 환자에게 적적하게 전달한다면 더 나은 치료 결과를 기대할 수 있을 것이다.

이렇게 현대 의학이 환자를 위한 서비스에 눈을 돌리면서 자연스럽게 의학 교육에서도 환자와 의사소통을 잘하는 의사가 될 수 있게 훈련시켜야 한다는 필요성이 제기되었다. 시중에 나와 있는 Skills for Communicating with Patients, Communication Skills for Medicine 등과 같은 책자들은 모두 이런 요구에 부응하기 위해 집필된 것들이다. 그렇다면 의사에게 필요한 의사소통 능력이란 무엇인가? M. Lloyd와 R. Bor가 공동집필한 Communication Skills for Medicine에는 존 래드클리프 병원(John Radcliffe Hospital) 분자의학 연구소의 석좌교수인 데이비드 위더롤 경(Sir D. Weatherall)이 쓴 서문이 붙어 있는데, 여기에 이런 구절이 있다.

"수년 전에 나는 혈액 관련 질환을 앓는 환자들, 주로 백혈병과 그와 같은 불쾌한 상태에 있는 환자들을 위한 병동 하나를 관리했다. 병동은 규모가 작았기 때문에 나는 매일 아침 여유롭게 병동을 회진할 수 있었고, 그런 이유로 내 환자들을 아주 잘 알고 있다고 믿었다. 그곳에선 환자들과 이야기할 수 있는 시간이 많았다. 그들이 앓고 있는 질병들의 성격과 그 질병들이 환자와 가족의 삶에 끼치는 영향에 관해 충분히 토론할 수 있었다. 요컨대 그것은 내가 애착을 갖고 생각했던 매우 발전된 의사소통 기술들을 연습하는 이상적인 기회였다.… 그 뒤에 나는 회진 노트들을 교환하면서 환자들과의 의사소통 문제에 대해 많은 것을 배웠다. 예를 들면 그것은 간단한 언어로 복잡한 문제를 어떻게 설명할 것인지, 어떻게 한 인터뷰에서 많은 정보를 전달할 것인지 하는 것이었고, 우리가 믿고 있는 것으로부터 환자가 얼마나 많은 것을 실제로 얻을 수 있는지는 환자들의 질병에 대한 '완전히 솔직한' 토론에 달려 있다는 것, 몇몇 환자들이 소중히 여기는 진실한 소망은 그들의 의사를 실망시키지 않으려 한다는 사실 등과 같은 것이었다."[19]

의사들은 다양한 임상경험을 통해 환자와의 의사소통이 얼마나 중요한지 알고 있다. 질병을 치유하는 과정에서 의사의 말 한마디는 약이 되기도 하고 독이 되기도 한다. 이런 점에서 버나드 라운(Bernard Lown)의 다음과 같은 지적은 시사하는 바가 크다. "의사의 말 한마디가 환자에게 상처를 줄 수도 있지만, 반대로 환자의 치유를 크게 촉진시킬 수도 있다. 치유의 과정은 과학만으로 되는 것이 아니며, 환자의 긍정적 기대감과 의사에 대한 신뢰감도 뒷받침되어야 한다. 신중하게 선택된 말은 의사가 환자를 위하여 할 수 있는 가장 훌륭한 치료이기도 하다. 사실, 말은 가장 뛰어난 치료 수단임에도 불구하고 별로 중요시되지 않고 있다."[20]

의사의 입장에서 '환자의 말'은 질병의 원인과 상태에 관한 중요한 정보를 담고 있는 일종의 텍스트이다. 일반적으로 텍스트는 어떤 체계를 가지고 있는 것이 보통이다. 그리고 일정한 통일성도 텍스트의 본질적인 구성 원리 중 하나다. 그러나 환자의 말은 다른 텍스트와는 달리 모호성(ambiguity)이라는 특징을 지니고 있다. 대부분 환자의 말은 분명하지 않고, 명쾌하지도 않으며, 두서가 없고 비논리적이다. 다시 말하자면 의사가 원하는 중요한 정보들이 모호한 텍스트 속에 숨어 있는 셈이다.

---

19 M.Lloyd, R.Bor, Sir D.Weatherall's Foreword, *Communication Skills for Medicine*, (Churchill Livingstone:New York, Edinburgh, Madrid, Melbourne, San Francisco and Tokyo), 1996.
20 버나드 라운, 『치유의 예술을 찾아서』, 서정돈, 이희원 역, 몸과 마음, 2002, 114쪽.

이런 이유 때문에 '의사의 말'은 '환자의 말'을 푸는 열쇠가 된다. 의사는 환자의 입을 열 수도 있고 닫을 수도 있다. 의사가 어떤 말을 하느냐에 따라 환자가 생산하는 모호한 텍스트의 질량과 부피가 결정된다. 진료실에 환자가 들어왔다고 가정해 보자. 굳은 자세로 의자에 앉아 있는 환자에게 의사가 말을 걸지 않는다면 환자는 자신의 정보를 공개하지 않을 것이다. 대개 의사는 환자에게 "어디가 불편해서 오셨습니까?"라는 말을 처음 건넨다. 이 말이 환자의 입장에서는 얼마나 듣고 싶었던 말인지 의사들은 잘 모를 것이다. 환자는 의사의 말을 통해서 비로소 자신의 말을 이어 갈 수 있다.

게다가 의사의 말은 환자의 말에 일정한 체계성과 통일성을 부여할 수도 있다. 의사들이 익히 알고 있는 매뉴얼에 적혀 있는 환자에 대한 기본적인 질문들은 모호한 텍스트에 일정한 질서를 부여한다. 만약 의사들의 체계적인 질문이 없다면 환자들은 진료실에서 횡설수설하기 십상이고, 심지어 자신의 소설 같은 인생살이까지 늘어놓을 것이다. 이렇게 현대 의학이 환자의 시각에 눈을 돌리면서 자연스럽게 문학에 관심을 기울이는 것은 당연하다. 문학작품은 말의 거대한 도서관이며, 의사소통의 미묘함과 기술을 익힐 수 있는 살아 있는 현장이기 때문이다. 그중에서 특히 의료문학은 이런 요소들이 특화된 형태라고 할 수 있다.

의료에서 내러티브의 중요성과 의미가 강조되기 시작한 것은 대략 1980년대 중반부터다.[21] 그런데 주목할 것은 이런 움직임들이 현대 의학의 생의학적 편향에 대한 반성과 궤를 같이하고 있다는 사실이다. 이것은 의학적

---

21 이하 서사의학에 대한 내용은 이병훈, 「의학적 내러티브의 심리적 구조」, 『의철학연구』, vol.19, 한국의철학회, 2015, 97-99쪽을 참고한 것이다.

내러티브 연구가 현대 의학의 탈인간주의적 프레임을 제자리로 돌려놓으려는 노력과 밀접하게 연관이 있다는 점을 시사한다. 특히 이런 움직임이 생의학 중심의 현대 의학이 발달한 영미권에서 활발하다는 점도 이와 무관하지 않을 것이다. 영미권의 서사의학 연구에서 개척자 역할을 한 대표적인 인물은 리타 샤론(Rita Charon)이다. 그녀는 의학에 문학 방법론과 개념을 적극적으로 도입해서 생산적인 논의를 제기한 바 있다. 특히 그녀는 문학과 언어학의 내러티브 이론이 의학과 밀접한 관계가 있으며, 이에 대한 연구가 실제 환자를 진료하는 과정에서 매우 유용하다고 주장한다. 그것은 환자들이 자신들만의 독특한 내러티브를 가지고 있고, 이것 없이 진료나 치료가 불가능하기 때문이다.[22] 리타 샤론은 "언어가 질병과 같은 구조를 가지고 있"을 뿐만 아니라 "질병도 언어와 같은 구조를 가지고 있다"고 본다.[23] 이것은 질병이 환자의 말 속에 표현되어 있다는 의미이다. 질병은 여러 가지 형태로 모습을 드러내지만 환자의 내러티브는 그중에서 가장 종합적이고 사실적인 내용과 형식을 지니고 있다. 질병은 세포, 혈액 등의 변화뿐만 아니라 환자의 몸 상태, 기분, 대인관계의 어려움으로 표현되기도 한다. 환자의

22 리타 샤론은 환자의 진료뿐만 아니라 임상실습 과정에서도 서사의 중요성을 강조한다. 그녀는 의대생들로 하여금 환자 진료과정을 의학적 용어가 아닌 일상적 언어로 서술하는 평행차트(The Parallel Chart)를 작성하게 하는데, 이를 통해서 예비의사들이 환자를 더 잘 이해할 수 있다고 믿기 때문이다. 한국 의과대학에서도 서사의학을 연구하고, 그것을 의학교육에 실제로 적용하고 있는 사례들을 찾아볼 수 있는데, 제주의대 황임경 교수가 대표적인 경우이다. 이에 대해서는 황임경, 「의학에서의 서사, 그 현황과 과제」, 『인문학연구』 45호, 경희대인문학연구원, 2020 중 5장 "의료인문학 교육에서 서사의 활용"을 참고할 것.

23 Rita Charon, "Literary Concepts for Medical Readers: Frame, Time, Plot, Desire", *Teaching Literature and Medicine*, ed. A.H.Hawkins and M.C.McEntyre(New York: The Modern Language Association), 2000, p.30.

내러티브는 바로 질병의 이런 갖가지 모습들을 상징적인 언어적 구조물로 완성한 것이다.

리타 샤론은 또 의학적 내러티브 연구를 생명윤리와 연계시키는 작업에서도 주도적 역할을 했다. 그녀는 서사의학이 "현대 의학의 비인간성, 파편화, 냉정함, 이기주의, 사회적 양심 부족 등을 개선하는 데 매우 유용한 기회를 제공한다."고 주장한다.[24]

이것은 내러티브에 대한 관심이 의사와 환자 사이의 거리감을 획기적으로 줄이는 데 효과적이기 때문이다. 내러티브는 환자에 대한 인간적 관심, 상호주의, 양심적 의료 실천의 결과물이다. 이에 대해 리타 샤론은 다음과 같이 언급했다. "이 방법들은 환자와 건강 전문가들 사이의 분리를 강조하기보다 생명이 제한되어 있고, 문화에 의해 통합되어 있으며, 언어를 통해 자신을 드러내고, 고통을 나타내는 인간들 사이의 회합을 추구한다."[25] 내러티브에 대한 문제의식은 생명윤리의 개념적 지형을 바꾸어 놓았다. 기존의 도덕적 규범들은 개인의 특수성을 고려하지 않았다. 그것은 인간의 현실적 삶과 동떨어진 것이었고, 성, 인종, 문화, 시간 등 다양성을 반영하지 못했다. 이에 반해 내러티브 윤리는 개별성, 다양성, 상호성에 주목한다. "우리는 이것을 단독성, 일시성, 상호주관성에 기초한 많은 윤리적 체계들의 용어를 포괄하는 것으로서 '서사윤리(narrative ethics)' 혹은 '서사윤리들(the narrative ethici, 이것은 윤리의 복수형을 나타내려는 나의 의도가 담긴 용어이다.)'이

---

24 Rita Charon, *Narrative Medicine: Honoring the Stories of Illness*, (Oxford University Press), 2006, p.10.
25 Rita Charon, op.cit., p.209.

라는 개념으로 지칭할 수 있을 것이다."²⁶

　의학의 내러티브적 특징들은 특히 생명윤리의 실천에서 잘 나타난다. 여기서 생명윤리의 실천은 의사가 환자를 돌보는 과정에서 필요한 다양한 측면들을 포괄한다. 다시 말해 그것은 진료실 안에서 일어나는 행위뿐만 아니라 지역사회와 연계된 사회적 실천으로서 의료 행위까지를 의미한다. 리타 샤론은 이것을 내러티브 의학의 세 가지 흐름이라고 정리하고 있는데, 예컨대 '주의(attention)', '표현(representation)', '연계성(affiliation)'이 그것이다.²⁷ 리타 샤론은 이 중에서 내러티브 의학의 첫 번째 흐름인 '주의'에 대해 언급하면서 특히 듣기(listening)의 중요성을 강조한다. 환자의 말을 듣는 행위가 서사의학의 시작이자 근본이라고 보고 있는 것이다. 듣기는 의학적 내러티브를 가능케 하는 전제조건이면서 동시에 '표현'의 기초적인 재료이다. 여기서 '주의(특히 '듣기')'와 '표현'은 동전의 양면 같은 것인데 "각각의 표현은 신선한 주의, 새로운 통찰, 새로운 의무, 새로운 이야기를 향한 소용돌이에 또 다른 힘을 불어넣"기 때문이다.²⁸

　서사의학과 서사윤리는 리타 샤론의 경우에서 보듯이 '의료문학'이라는 학문, 문화 영역과 밀접한 관계가 있다. 이것은 생명윤리의 내러티브적 요소들에 대한 다양한 연구들을 통해 증명되고 있는데, 가령 생명윤리에서 문맥(context), 목소리, 시간, 성격(character), 공간, 플롯 등의 요소가 지닌 의미에 대한 연구들이 그것이다. 이런 요소들은 모두 문학작품을 구성하는 핵심적인 요소들인 것이다. 이렇게 리타 샤론은 문학작품을 분석하는 방법론과

---

26 Op.cit.
27 Rita Charon, op.cit., p.211.
28 Op.cit.

개념들을 이용해서 의학적 내러티브를 마치 작품인 양 분석했다. 이것을 보면 내러티브 의학과 내러티브 윤리의 발전이 '의료문학'의 토대 위에서 가능한 것이었다는 사실을 알 수 있다.[29]

4. 의료문학 작품과 실제 비평

앞서 의료문학을 정의한 바 있지만 실상 그 대상이나 범위를 어디까지로 한정할 것인가 하는 문제는 여전히 논란의 여지가 있다. 의료라는 주제나 소재를 어떤 관점과 기준으로 볼 것이냐는 전문가마다 다를 수 있고, 이것은 진리의 기준을 따지는 문제와는 다르기 때문이다. 가령 의료의 주제와 소재를 인간의 생로병사로 광범위하게 확장한다면 문학의 일반적인 주제와 크게 다르지 않을 것이다. 반대로 의료의 대상을 의료 현장에서 일어나는 사건에만 국한한다면 의료문학의 범위를 불필요하게 축소하는 결과가 초래될 것이다. 결국 이 문제는 의료문학에 대한 실제비평의 몫이 되리라고 본다. 비평은 작품의 내용과 예술성을 고려하여 의료문학의 대상을 확장할 수도 있고, 굳이 이런 문제를 고민하지 않을 수도 있다. 그럼 의료문학의 사례 중 몇몇 소설 작품들과 실제 비평을 살펴보도록 하자.

잡지 『문학과 의학』에 발표된 그간의 작품으로는 김연경의 「구토」(1), 김형경의 「가스총」(2), 김유택의 「보라색 커튼」(재수록)(3), 한유주의 「아마 늦

---

29 이에 대해서는 Rita Charon & Martha Montello ed., *Stories Matter: The Role of Narrative in Medical Ethics*,(New York, London: Routledge), 2002, Part II. Narrative Components of Bioethics를 참조할 것.

은 여름이었을 거야」(4), 서하진의 「피도 눈물도 없는」, 허택의 「숲속, 길을 잃다」(5), 염승숙의 「눈물이 서 있다」(6), 김태용의 「음악적 눈-우울과 환각에 대한 소고」(7), 「나의 두 번째 목소리」(14), 정태언의 「원숭이의 간」(8), 양진채의 「늑대가 나타나면」(9), 이유의 「아버지를 지켜라」(10), 이중근의 「남행」(10), 이재은의 「존과 앤」(11), 이수경의 「어머니를 떠나기에 좋은 나이」(11), 황현진의 「사인은 심장마비」(12), 김선재의 「누가 뭐래도 하마」(13) 등이 있다. 위 작품들은 정도의 차이는 있지만 의료라는 주제와 소재들을 직간접적으로 다루고 있다. 허택의 경우처럼 질병(불면증과 습진)이 단순한 소재로 활용되기도 하고, 김태용의 「음악적 눈-우울과 환각에 대한 소고」에서 보는 것처럼 질병(우울증)에 대한 집요한 묘사로 귀결되기도 한다. 김연경(구토), 김형경(신경과민), 김유택(자폐증), 한유주(암), 염승숙(이명), 정태언(간경화), 양진채(자가면역질환), 이유(불안장애), 이재은(트라우마), 이수경(트라우마), 황현진(심장마비), 김선재(폭식장애), 김태용(실어증)의 경우는 질병 혹은 질병 체험이 문학적 비유나 장치로 변형된 사례들이다. 이 작품들은 많은 경우에 작가들의 질병 체험기라는 특징을 지니고 있기도 하다. 여하튼 이 작품들은 의료라는 주제나 소재가 나름의 문학적 기능을 하고 있는 경우라고 할 수 있다.

이 작품들 중에서 의학적 상상력이 스토리, 구성, 주제에 깊이 개입한 경우는 염승숙, 김태용의 작품을 들 수 있다. 「눈물이 서 있다」는 대리운전을 하는 주인공 현이 예기치 못한 사건에 연루되어 비극적 결말을 경험하는 이야기다. 이 작품을 이해하기 위해서는 우선 작가가 설정한 가상현실의 구조를 파악해야 한다. 소설의 가상현실은 다음과 같다. 지난 십 년간 도시는 A부터 E구역까지 5등분되었다. 이유는 알 수 없으나 난청의 정도에 따라 사람들은 구역별로 분류되고, 강제 이주되었다. 청력에 아무런 장애가 없는 이들은 A구역에, 반대로 두 귀가 모두 멀어 버린 자들은 E구역에 모여 살고 있다. 그리고 B구역에는 양쪽 귀의 기능에는 이상이 없지만 이명의 고통에 시달리는 사람이, C구역에는 이미 한쪽 귀의 청력이 소진돼 버린 사람이, D구역에는 양쪽 귀의 청신경에 장애가 있어 작은 소리를 잘 구분하지 못하는 사람이 산다. 도시는 동심원 모양으로 A구역이 가장 중심에, E구역이 맨 가장자리에 놓였는데, A 〈 B 〈 C 〈 D 〈 E 순이다. 도시민들은 누구든 반년에 한 번씩 시행되는 정기검진의 결과에 따라 자기 구역에 머무르거나 다른 구역으로 이동해야만 했다. B, C, D구역에서 이동은 빈번한 편이었고 A구역에서 E구역으로 옮겨지는 경우도 적지 않았다. 사회구조가 이렇게 재편되자 이명이나 난청 등을 극복하는 장치들이 이삼 년 전부터 제작, 유통되었다. 사람들은 이것을 '귀'라고 불렀는데, 가격에 따라 성능이 천차만별이었다. 그래서 어떤 '귀'를 착용하고 있는지가 그 사람의 등급을 결정하는 기준이 되었다.

이런 가상현실 속에서 비극적인 스토리가 펼쳐진다. 주인공 현은 C구역에 살고 있다. 그는 대리운전 기사로 직장은 B구역에 위치해 있다. 그런데 어제 새벽, 그는 A구역에 사는 승객의 차를 운전하다가 우연히 고가의 '귀'를 주웠다. 그는 이 물건을 대리운전업체의 야간관리부스 책임자이자 장물아비인 '군'에게 돈을 받고 넘겼다. 그런데 B구역의 터줏대감이자 조직폭력배 보스인 장이 이 사실을 알고 자신의 무리를 시켜 현을 무자비하게 폭행한다. 그것은 현이 주웠던 '귀' 안에 마약처럼 보이는 흰색 가루가 들어 있었기 때문이다. 의외의 끔찍한 봉변을 당한 현은 사무실 바닥에 쓰러져 서럽게 운다. 그런 모습이 멀리서 보면 마치 눈물이 서 있는 것처럼 보인다.

작품 속의 가상현실과 스토리는 모두 이명(耳鳴)이라는 특정 증상을 전제하고 있다. 예를 들어 C구역에 사는 주인공 현도 이명 때문에 고통스러워한다. 그는 이미 왼쪽 귀가 멀어 있는 상태다. 의학사전에 따르면 이명 (tinnitus)이란 귀에서 들리는 소음에 대한 주관적 느낌을 말한다. 즉, 이명에 시달리는 사람들은 외부로부터 청각적인 자극이 없는 상황에서 소리가 들린다고 느끼는 것이다. 완전히 방음된 조용한 방에서 약 95%의 사람이 20dB(데시벨) 이하의 이명을 느끼지만 이는 임상적으로 이명이라고 하지 않으며, 자신을 괴롭히는 정도의 잡음이 느껴질 때를 이명이라고 한다. 결국 중요한 것은 이명 증상 그 자체보다 그것을 받아들이는 개인의 심리적 상태라고 할 수 있다. 이것은 염승숙의 작품을 이해하는 데 중요한 잣대를 제공한다. 「눈물이 서 있다」의 주인공이 이명 때문에 고통스러운 것처럼 보이지만 사실 그것은 자신의 심리적 상태를 표현하는 장치일 뿐이다.

이렇게 보면 주인공 현은 자신의 심리적 상태로 인해 이명 증상으로부터 과도한 고통을 받고 있는 셈이다. 이것은 염승숙이 이명을 고의적으로 과도하게 묘사하고 있다는 것을 의미한다. 그것은 무슨 이유 때문일까? 여기서 이명 증상을 통해 작가가 의도하려고 했던 것이 어렴풋이 드러난다. 그것은 우리 시대를 사는 고독하고 외로운 생명들의 비극적 삶과 내면 심리를 표현하는 것이다. 염승숙은 이 중에서 특히 자신과 같이 미래가 불투명한 젊은 세대의 불안한 삶과 내면 심리에 주목하고 있다. 작가는 주인공 현으로 대표되는 사람들에게 연민의 시선을 던지고, 그들을 비극의 구렁텅이로 몰아넣는 세상의 비정함을 폭로한다. 이것은 이명이라는 의학적 상상력을 통해 작가가 얻은 성취일 것이다.[30]

---

30 이병훈, "의학적 상상력과 '낯설게하기'", 『문학과 의학』, vol.7. 2014, 220-225쪽. 참조.

「음악적 눈」에는 '우울과 환각에 대한 소고(小考)'라는 부제가 붙어 있다. 이것은 작품이 우울과 환각에 대한 문학적 탐구라는 것을 암시한다. 하지만 소설을 읽어 보면 우울이라는 감정보다는 환각이라는 지각에 치우친 느낌이 든다. 여기서 우울은 환각을 돋을새김하기 위한 배경 혹은 무대장치 정도로만 서술되어 있다. 우울은 시종일관 소설의 뒷배경을 장식하고 주연 자리를 환각에게 양보한다. '나'는 음악을 듣지 않고 본다. 이것을 '나'는 '음악을 한다'고 표현한다. "음악은 연주되지 않고 들린다. 들리지 않는다. 오로지 보일 뿐이다. 보이는 음악. 음악한다. 내가 한 번도 들어 보지 못한 음악이다." 그렇다고 '나'가 음악에 조예가 깊은 것은 결코 아니다. '나'는 음악과 무관한 삶을 살아온 인물이다. 그럼에도 주인공은 들리는 것을 보는 것으로 착각하고 있는 것이다. 환각(hallucination)은 실제적으로 존재하지 않는 외부 대상에 대해 감각적인 자극을 느끼는 지각의 형태를 말하는 것으로 대표적인 경우가 환청(幻聽), 환시(幻視), 환후(幻嗅), 환미(幻味) 등이다. 「음악적 눈」이 우울이 아니라 환각에 대한 소설이라는 사실은 제목에서 상징적으로 드러난다.

「음악적 눈」은 환각 중에서도 주로 환시의 세계를 다루고 있다. 이 작품에서 환시의 세계를 가장 잘 드러내고 있는 것은 "나는 음악을 볼 수 있다."라고 말하는 '나'의 진술이다. 이 문장은 여러 가지 변형된 형태로 작품 속에서 계속 반복된다. 기존의 감각에서 보면 음악은 듣는 것, 즉 청각의 대상이지 시각의 대상이 아니다. 이렇게 청각의 대상이 시각의 대상으로 뒤바뀐 것은 감각의 기억에 대한 불신에서 나온 결과라고 할 수 있다. '보는 것을 기억하는 것. 기억한 것을 다시 기억하는 것. 되풀이하는 것'을 통해 최초의 감각은 새벽이슬처럼 사라진다. 남는 것은 감각에 대한 기억뿐이다. 그런데 그 기억은 기억을 기억한 것이지 감각을 기억한 것이 아니다. 이렇게 보면 환각은 최초의 감각을 기억이 아니라 감각 그 자체로 간직하고 싶은 간절함의 표현일지도 모른다.

　소설의 결말은 '수치심을 모르는 여자'의 에피소드에서 시작된다. 그녀는 라디오를 켜 놓은 채 방을 나가는데, 주인공은 주파수가 맞지 않는 라디오에서 들려오는 잡음으로 인해 괴로워한다. "머릿속에 잡음이 끓고 있다. 내가 보았던 것. 내가 기억한 것. 내가 보는 동시에 기억한 것. 내가 보지 못한 것. 내가 기억하지 못한 것. 내가 보지 못하는 동시에 기억하지 못하는 것. 모든 것이 잡음처럼 섞여 있다. 나를 괴롭히고 있는가. 좀 더 괴롭혀 봐라. 언젠가 라디오는 꺼질 것이다. 그래도 잡음은 남을 것이다. 잡음은 음악으로 기억될 것이다." 그런데 여기서 의미심장한 변화가 감지된다. 변화의 단초는 "잡음은 음악으로 기억될 것이다."라는 '나'의 진술이다. 음악은 주인공이 경험한 환각 세계의 중심이었다. 그는 음악을 볼 수 있다고 했고, 심지어 그에게 모든 것은 음악처럼 보였다.("사내의 동작은 일정한 음악처럼 보였다.") 하지만 이제 음악은 그에게 더 이상 환각의 대상이 아니다. 잡음이 음악으로 기억되는 것은 원초적인 감각의 회복을 의미하기 때문이다. 이때 음악은 보이는 것, 즉 시각의 대상이 아니라 들리는 것, 즉 청각의 대상이 된다.

　이어서 소설은 환각을 극복하는 것을 암시하면서 끝난다. "이제 삽날로 바닥을 끄는 소리가 들려도 좋다. 그 소리 다음엔 목소리가 들릴 것이다. 내 감색 양복과 내 하얀 운동화를 신은 누군가의 목소리가. 음악으로." 여기서 '삽날로 바닥을 끄는 소리', '누군가의 목소리', '음악'은 이제 보이거나 기억되지 않고 들린다. 감각의 회복이라고 할 수 있는 새로운 변화가 생긴 것이다. 이것은 환각의 세계가 다시 온전한 감각의 세계로 되돌아왔다는 것을 의미한다.[31] 이상에서 보듯이 김태용은 의학적 장치와 상상력을 누구보다 섬세하고 능수능란하게 다루는 작가다. 작가의 이런 재능이 잘 나타나 있는 또 다른 작품이 바로 「나의 두 번째 목소리」이다.

삼십대 후반의 대학강사 차재준은 강의 도중 쓰러지고 갑자기 목소리를 잃는다. 그는 실어증 판정을 받고 병원을 나서는데 이제 말을 하려고 해도 목소리가 나오지 않는다. 그가 하는 말은 이제 목소리가 아니라 혼잣말이다. 집에 돌아온 그는 방 안의 사물들을 낯설게 느낀다. 모든 사물을 터뜨리면 그 속에 스며든 말들이 함께 쏟아질 거라고 생각하거나, 욕실 어딘가에서 흙 부스러기가 떨어지는 소리가 들려온다고 믿는다. 그가 쓰러지기 전에 마지막으로 한 말은 "현상학은 벌레 먹은 두뇌경찰입니다."라는 불가역적 아포리아에 가까운 말이다. 그는 자신이 왜 이런 말을 했는지 이해하려고 노력한다. 하지만 "생각과 글과 말 사이에 생긴 구멍들 속에 판단 정지의 언어들이 증식하고 있었고, 그 말들이 서로 달라붙어 터져 나온 것은 아닐까."라고 막연하게 해석할 뿐이다. 다음 날 재준은 신경외과 의사를 만나고 브로카 실어증일 수 있다는 진단을 받는다. 브로카 실어증은 "말을 이해하는 능력은 보존되지만 말을 못 하거나, 같은 단어만 중얼거리게 되는 경우"이다. 이에 비해 베르니케 실어증은 말을 유창하게 하지만 의미 없는 내용을 반복하고 다른 사람의 말을 잘 이해하지 못하는 증상이다. 주인공은 자신의 상태를 이렇게 추측한다. "강의 준비를 할 때나 문득문득 내 머릿속은 잠재적 베르니케 실어증 상태에 빠져 있었는지도 모른다. 너무나 많은 말들이 머릿속에서 구르고 있다가 서로 뭉쳐 입 안을 막아 버린 뒤 브로카 실어

31 이병훈, 「「음악적 눈」, 환각의 세계」, 『문학과 의학』, vol.8, 2014, 265-271쪽. 참조.

중으로 변이되었을 수도 있다."³²(이하 본문에 쪽수만 표시)

　재준은 누나가 살고 있는 집으로 가는 도중 어느 집 대문 너머로 테니스공을 물었다 뱉었다 하며 놀고 있는 커다란 흰 개를 보고 핸드폰을 꺼내 사진을 찍으려하다가 여주인에게 이상한 사람으로 오인받게 된다. 그는 설명할 수 없는 부끄러움과 우울함을 느끼며 누나 집에 가서 "나는 이제 목소리를 빼앗겼다. 그리고 이제 다른 목소리를 갖고 있다. 그 목소리는 관념과 회의의 목소리가 아닌 실제적 사건을 발생시키는 잠재적 목소리, 침묵의 목소리, 내면의 목소리, 그야말로 숨겨진 특성의 목소리였다"(111)라고 스스로를 합리화한다. 그리고 네 살 때도 실어증에 걸린 적이 있었다는 얘기를 누나한테 전해 듣고 '다시 되찾은 나의 목소리는 어디를 향하고 있었을까? 하고 궁금해한다. 그로부터 세 달이 지난 후, 재준은 실어증센터에 다니면서 상담도 받고, 전기자극치료를 받으면서 경미하게 상태가 호전된다. 하지만 그의 병중은 말들의 고요 상태와 폭풍 상태가 뒤섞여 있는 혼돈 그 자체였다. 이 상황에서 그는 내부의 목소리에 집착하게 되고, 그것을 실시간으로 기록하고 싶은 욕망이 생긴다. 그가 기록한 내부의 목소리에는 이런 것들이 있다.

　① "생각은 이야기를 낳게 된다. 이야기는 언제나 시간의 호흡 속에서 살아난다. 이야기. 그건 허구의 목소리다. 잠시 그 목소리를 빌릴 수 있을까. 내가 등장인물인 허구의 목소리. 내가 경험한 허구의 목소리. 나의 생각으로 점철된 허구의 목소리. 쉬르르. 말이 새어 나오는 순간이 올 것이다. 그때를 위해. 잠든다."(120)

---

32 김태용, 「나의 두 번째 목소리」, 『문학과 의학』, vol.14. 2019, 109쪽.

② "나는 울지 않기로 했다. 나의 목소리는 울지 않는다. 목소리의 형상화. 목소리의 가면. 목소리의 거울. 목소리의 풍경. 목소리의 내면화. 깨어진 거울의 목소리. 나는 이 언어들을 긁어모아 나의 목소리로 되돌릴 수 있기를 기다린다."(120)

결국 이 기록들은 목소리의 상실이 낳은 생각의 파편들이다. 그는 여기서 시간의 연속성과 비연속성, 생각과 기억 상관성, 언어와 생각의 가능한 불가능성과 불가능한 가능성, 소리(단어, 문장)와 의지(생각)의 관계, 이야기와 목소리의 양면성 등을 확인한다. 그리고 목소리가 회복되면서 그의 기록도 끝난다.("목소리가 들리고 나의 기록은 끝났다. 이 기록은 사라져야 한다. 쉬르르르. 목소리가 들리고 나의 기록은 끝났다. 나는 회복되었다.") 하지만 기록은 사라지지 않을 것이다. 그것은 짧은 순간이지만 내면의 목소리가 남긴 기록으로 기억될 것이기 때문이다. 결국 주인공은 실어증을 경험하면서 목소리로 담을 수 없는 '목소리의 내면'이 존재하며, 그것이 어쩌면 기록이나 이야기와 깊은 연관성이 있다는 사실을 깨닫는다. 질병 체험을 통해 새로운 자각을 얻게 된 것이다. 목소리는 그의 전부였지만 이제 회복된 그에게 목소리는 과거의 목소리가 아니다. 그에게 희망이 생겼다면 바로 내면을 얻게 된 목소리일 것이다.

이 소설의 제목은 「나의 두 번째 목소리」인데, 정확하게 말하면 사실에 부합하지 않는다. 재준은 네 살 때 이미 실어증을 앓았던 병력을 지니고 있다. 그러므로 그의 두 번째 목소리는 당시 회복한 후의 목소리가 맞다. 그럼 이 제목이 함의하는 것은 무엇일까? 작가는 여기서 목소리의 내면 세계를 염두에 두고 있음이 틀림없다. 네 살 때 다시 얻은 목소리는 발병 이전의 목소리와 질적으로 다르지 않았다는 것이다. 하지만 '두 번째 목소리'는 사뭇 다르다. 이제 목소리는 내면에 대한 기억을 담고 있다. 작품에서 중요한 의미를 지니고 있는 하나의 장치를 예로 들어 보자. 소설은 "현상학은 벌레 먹은 두뇌 경찰입니다,"라는 문장으로 시작한다. 정확한 의미를 알 수 없는 이 구절은 작품에서 모두 네 번 반복된다. 첫 번째는 재준이 강의 도중 쓰러지기 직전에 한 마지막 말이고, 그의 목소리가 낸 발화이다. 두 번째는 실어증에 걸린 그가 병원에서 집으로 돌아와 침대에 누워 왜 그런 말을 했을까 궁금해하며 속으로 중얼거리는 혼잣말이다. 이것은 목소리가 들리는 말이 아니라 언어심리학 용어로 표현하면 내적언어이다. 세 번째는 목소리에 대한 기억으로 실제 목소리도 아니고 혼잣말도 아니다. 왜냐하면 기억은 엄밀하게 말해 발화가 아니기 때문이다. 마지막은 의사의 목소리다. 실어증센터의 윤 박사는 재준의 기록을 보며 같은 문장을 흥미롭다는 듯이 따라 읽는다. 다시 말해 이 말은 목소리를 동반한 발화이기는 하지만 재준이 아니라 타인의 것인 셈이다. 여기서 독자들은 '두 번째 목소리'를 얻게 된 재준이 다시 이 말을 반복할 수 있을까? 하는 궁금증을 가질 만하다. 결론은 두 가지가 가능하다. 그것이 내면의 세계가 상실된 말이라면 그는 이 말을 기억 속에서만 간직할 것이고, 그렇지 않다면 이 말은 더 의미심장한 울림이 될 것이다. 혹은 이 말은 계속 전자와 후자 사이를 방황할 수도 있다. 여하튼 우리는 김태용이 뛰어난 의학적 상상력과 재능을 타고난 작가라는 사실을 확인해야만 하는 즐거운 책무를 떠안게 되었다. 의료문학의 지평이 이제 그와 무관하지 않다는 것은 부정할 수 없는 사실이 된 듯하다.

의학교육과
의료문학

이병훈 (아주대학교 다산학부대학 부교수)

1. 카타르시스 혹은 말의 모호성

필자가 의과대학의 문학 강의를 처음 제안받은 것은 2003년 2월이다. 처음에는 이 제안을 선뜻 받아들이길 주저했다. 러시아문학을 전공한 사람이 왜 의대에서 문학을 강의해야 하는지 당시 나로서도 잘 이해하지 못했던 것이다. 문학이 교양을 위해 필요하기에 그런가 보다 생각했다. 그러던 필자가 의대생들을 위한 강의를 준비하면서 뜻밖의 신세계를 마주하였다. '문학과 의료'라는 새로운 학제 간 학문과 '의료문학'의 실체가 바로 그것이다. 게다가 문학이 의학교육에서 필수적인 내용이라는 사실도 깨달았다. 이 글은 주로 후자의 문제를 다루며 의학교육에서 의료문학이 왜, 어떻게 필요한지에 관한 보고서의 성격을 띤다.

먼저, 흥미로운 것은 문학과 의료가 본질과 구조에서 매우 유사하다는 사실이다. 그리스의 에피다우로스(Epidaurus)에 가면 고대 그리스신화에 나오는 의술의 신 아스클레피오스(Asklepios) 신전이 보존되어 있다. 에피다우로스는 기원전 4세기경 번창한 도시국가 중 하나였는데, 특히 이곳은 아스클레피오스를 숭배하는 전통이 강했던 것으로 유명하다. 이 도시에는 그리스 전역에서 질병 치유를 원하는 많은 환자들이 모여들었다고 한다. 이런 이유로 당시 에피다우로스는 거대한 치유도시를 형성하였다. 이곳에는 의료와 관계된 아폴로 신전과 아스클레피오스 신전을 비롯해서 목욕탕, 경기장, 실제 치유가 이루어진 장소인 아바톤(Avaton) 등의 시설과 함께 거대한 규모의 원형극장이 있었다.[1] 고대 그리스인들은 의약품뿐만 아니라 관객에게 환희, 경외감, 두려움, 그리고 결과적으로 카타르시스를 불러일으키는 연극 공연도 환자를 치유할 수 있다고 믿었다. 이것은 '카타르시스'라는 개념이 고대 그리스에서 어떤 의미로 사용되었는지를 살펴보면 더 잘 알 수 있다. 고대 그리스 철학에서 카타르시스는 다양한 이유로 질병을 앓던 사람에게 고통을 경감하고, 마음을 정화하며, 정신을 고결하게 만드는 과정과 결과를 의

---

1   아바톤에 대해서는 여인석, 「그리스 의학사 답사기」, 『연세의사학』 20권 2호, 연세의대 의학사연구소, 2017, 161-162쪽을 참조할 것. "여기서 당시 아스클레피오스 신전에서 치유과정이 어떻게 이루어졌는지 살펴보도록 하자. 먼저 치유를 원하는 환자는 신전에서 치유가 이루어지는 장소인 아바톤으로 들어간다. 이때 환자는 간단한 목욕재계는 하나 다른 번거로운 의례적 절차를 수행하지는 않았다. 아바톤에 들어간 환자는 꿈에 아스클레피오스 신이 나타나 치유해주기를 기대하며 잠자리에 든다. 환자의 꿈에 나타난 아스클레피오스는 수술이나 투약과 같은 구체적인 의료행위를 통해 환자를 치료한 것으로 여러 증언들이 묘사하고 있다. 그리고 의료적 행위 이외에 환자의 몸에 손을 대거나 입맞춤을 해서 치료하기도 했다. 그밖에 섭생법에 대한 처방이나 운동, 온천이나 바다에서 목욕할 것 등을 주문하기도 했다. 아스클레피오스의 치유가 단순히 신의 초자연적 능력에 의한 기적 치유가 아니라, 구체적인 의료 행위를 통해 이루어진다는 점에 주목할 필요가 있다. … 환자가 아바톤에 들어가 잠을 자며 꿈에 아스클레피오스로부터 치유를 받는 이 일련의 과정을 '인큐베이션(incubation)', 즉 '몽중신유(夢中神癒)'라 한다. 이런 과정을 통해 치유 받은 환자는 감사의 표시로 자신이 치유를 받은 신체 부위의 테라코타인 이아마타를 만들어 바치고, 또 자신이 치유 받은 이야기를 새긴 비석을 신전의 마당에 세우기도 했다. 실제로 신전의 유적 중에는 인큐베이션이 일어나는 아바톤이 있었다. 아바톤은 2층 구조였는데 아래층은 주변의 다른 곳보다 지대가 상당히 낮은, 거의 지하에 해당하는 곳이었다. 외부소음과 차단되는 지하의 조용한 방에서 환자는 꿈에 아스클레피오스가 나타나 치유해주기를 기대하며 잠을 청했을 것이다."

미하는 용어였다. 곧 카타르시스는 육체적 치유뿐만 아니라 정신적 치유도 의미했다. 아리스토텔레스는 이 개념을 비극의 작용, 즉 사람에게 끼치는 예술의 미학적 영향으로 설명했다. 하지만 이것은 '카타르시스'가 종교적(감정적 경험을 통한 영혼의 정화), 윤리적(인간 정신의 고양, 인간 감정의 고상화), 생리적(강한 감정적 긴장 후의 완화), 의료적(정신적 안도감), 지적(잘못된 견해에서 벗어남) 의미로 다양하게 사용되었다는 사실을 전제로 한 것이다.[2] 요컨대 고대 그리스인들은 예술(문학)과 의료가 치유라는 의미의 카타르시스라는 공통의 본질을 공유한다고 본 것이다. 이런 점에서 에피다우로스의 원형극장은 의료와 의학교육에 왜 문학과 예술이 필요한지를 설명하는 단초가 된다.

문학과 의료는 말(언어)이라는 소통 수단을 사용하다는 점에서도 유사하다. 문학 텍스트와 환자라는 텍스트가 구조적으로 유사한 수단을 공유하다는 말이다. 이런 점에서 제임스 테리와 피터 윌리엄스가 문학의 목표 중 하나를 모호성(ambiguity)에서 찾는 것은 매우 의미심장하다. "일반적으로 문학의, 특히 문학과 의학의 마지막 목표는 모호성을 드러내는 것이다. 모호성은 많은 문학적 텍스트에서 법정 화폐이다."[3] 이것은 예술언어의 특수성에서 기인하는데, 예술언어는 사전적 의미뿐만 아니라 예술 텍스트라는 관계 안에서 새롭게 생성되는 무수한 의미를 내포하기 때문이다.[4] 여기서 주

---

2 이에 대해서는 *Античная культура: литература, театр, искусство, философия, наука. Словарь-справочник*, Под ред. В.Н.Ярхо. М., 1995와 https://ru.wikipedia.org/wiki/катарсис 항목을 참조할 것.

3 James S, Terry, Peter C. Williams, "Literature and Bioethics: The Tension in Goals and Styles", *Literature and Medicine*, Volume 7, Johns Hopkins University Press, 1988, pp. 5.

4 이에 대해서는 Ю.Лотман, *Структура художественного текста*, Искусство-СПб, 1998 중 1장 '언어로서의 예술'을 참조할 것.

목할 것은 모호성이 대상의 무정형성이나 의미의 미완성을 뜻하는 것이 아니라는 점이다. 문학의 모호성은 해석의 다양성을 의미한다. 예술적 언어는 하나의 의미가 아니라 의미 자체를 미분한다. 의미를 빻아서 잘게 부수고, 용매를 섞어 관계를 만든 다음에 다시 잠정적인 구조물을 주조한다. 이렇게 모호성은 단어, 문장, 의미, 비유, 숨결, 운율, 역사, 사회적 맥락, 해석 등이 만들어 내는 무수한 '관계 공간'의 세계인 것이다.

의료의 경우도 유사하다. 의료의 세계는 말에 따라 구조화된다. 환자는 몸, 말이라는 두 가지 기본적인 요소로 구성된다. 의료의 일차적 대상인 몸은 끊임없이 자신의 상태를 표현한다. 특히 아픈 몸은 절대 침묵하지 않는다.[5] 아픈 몸은 스스로를 다양하게 드러내는데, 말은 몸의 상태를 가장 효율적으로 전달하는 수단이다. 말은 몸에 이어서 의료의 두 번째 '일차적' 대상이라고 할 수 있다. 여기서 말의 효율성은 상대적인 의미를 지니는데, 그것은 말이 모호성을 동반하기 때문이다. 다시 말해 말이 몸의 표현 수단 중에서 상대적으로 가장 효과적이라는 것이지, 말 자체의 모호성이 사라진다는 뜻이 아니다. 그것은 환자의 고통이나 불편함 자체의 복합성, 통합성, 애매함에서 연유한다. 환자는 고통스럽고 불편하지만 몸은 그 실체를 정확히 표현하지 못하는 경우가 허다하다. 몸이 어떻게 아픈지를 정확히 설명하는 것은 인간이라는 존재가 추구하는 행복의 본질이 무엇인지를 설명하는 것만큼이나 난해한 일이다. 환자의 말은 대부분 혼돈 그 자체이다. 이것은 일종의 카오스의 세계와 유사하다. 환자의 말에는 논리, 플롯, 심지어 주제조차도 부재한 경우가 많다. 이런 점에서 환자의 말은 다의적이고 다중적이다.

---

5 이에 대해서는 아서 프랭크, 『몸의 증언』, 최은경 역, 갈무리, 2013을 참조할 것.

이렇게 보면 의료의 대상은 환자의 몸과 말이라고 할 수 있다.

2. 의학교육에서 의료문학의 역할

의학교육에서 문학의 역할을 바라보는 관점은 크게 원칙주의와 실용주의로 구분된다. 전자는 문학의 일반적인 역할을 강조하는 관점으로 주로 문학 전공자에게 많이 나타난다. 문학이 인간다운 의사를 만드는데 중요한 역할을 할 것이라는 믿음과 주장이 원칙주의를 대변하는 주된 관점이다. 문학이 인간과 삶에 대한 이해를 확대하고 심화하는 데 유용한 자료이므로 문학작품을 열심히 읽으면 자연스럽게 인간다운 의사가 될 수 있다는 것이다. 원칙주의의 관점이 모두 오류라고 할 수는 없지만 그렇다고 그것을 '절대적 원칙'이라고 할 수도 없다. 그것은 단지 방법이 결여된 원칙일 뿐이다. 방법은 원칙을 이상의 둥지에서 벗어나게 해서 현실의 목표로 향하게 한다는 점에서 실천의 또 다른 이름이다. 원칙주의가 현실의 목표를 상실하는 순간, 그것은 공허한 메아리가 되기 쉽다. 의대 강의실에서 문학 강의를 해 본 사람이라면 그 공허함의 정체를 뼈저리게 경험했을 것이다. 원칙주의는 또한 문학교육 방법의 특수성을 외면한 결과이며 수요자 중심의 '눈높이 교육'과는 거리가 있다. 이에 비해 실용주의는 문학을 수단으로만 간주하는 경향이다. 가령, 작품의 예술성, 감동, 감정, 구성과 형식의 시학 등을 무시한 채 의학과 관련된 소재나 주제만을 적출해서 학생들에게 전달하는 강의가 대표적인 경우이다. 이것은 마치 몸의 유기체적 특성을 무시하고 특정한 장기의 역할을 설명하는 것과 유사하다. 이런 관점은 자칫 문학을 잘못 이해하도록

전국 20개 의과대학 문학 과목 개설 여부(2019년)

대학명	문학 과목(선택) 존재 여부	과목명	개설학년	비고
서울대학교	○	의대생을 위한 고전 읽기	예과	예과 과정 필수선택과목 "학문의 세계" 중 언어와 문학" 카테고리 존재
연세대학교	○	의학소설의 사실과 허구	예과	예과 과정 필수교양 항목 중 "문학과 예술" 카테고리 존재
카톨릭대학교	○	의료와 문학	예과	
울산대학교	×			
성균관대학교	×			
고려대학교	×			예과 과정 핵심교양 항목 중 "문학과 예술" 카테고리 존재
한양대학교	×			
경희대학교	×			
아주대학교	×			예과 과정 AFL 교양 항목 중 "문학과 예술" 카테고리 존재
중앙대학교	×			
이화여자대학교	×			창의융복합교양 항목 중 "문학과 언어" 카테고리 존재
가천대학교	×			
인하대학교	×			
경북대학교	○	명저읽기와 토론	예과	
부산대학교	○	고전읽기와 토론	예과	예과 과정 교양선택 항목 중 "문학과 예술" 카테고리 존재
인제대학교	○	의학과 문학	예과	
한경대학교	×			
순천향대학교	×			
연세대학교(원주)	×			
전남대학교	○	영어읽기와 토론 한국인의 삶과 문학 고전과 우리 문화	예과	

주입하는 결과를 초래할 수 있다. 위의 자료에 따르면 전국 20개 의과대학에서 개설한 문학 강의를 조사한 표이다.

위의 자료에 따르면 문학 과목이 개설된 대학은 7개, 교양과정 중에 문학과 관련된 카테고리가 존재하는 경우가 4개로, 11개 대학이 문학과 관련된 교과과정을 학생들에게 제공한다. 물론, 의대에서 문학 강의 자체가 전무한 경우도 적지 않다. 그런데 현실을 보면 상황은 더욱 열악하다. 문학 과목이 명목상으로 존재하는 경우가 많기 때문이다. 다시 말해 문학 과목이 강의 편람에는 있지만 실제로는 개설되지 않는 것이 현실이다. 그것은 의대에서 문학 강의를 할 수 있는 전문가가 전무한 상황과 밀접하게 연관된다. 대한민국 의대에서는 문학 전공자를 교수나 강사로 채용하는 데 소극적이다. 전국 의과대학 교수 중에 문학을 전공한 Ph.D.가 전무하다는 사실이 이를 증명해 준다. 이유는 의외로 간단하다. 의과대학의 인사책임자들이 의학교육에서 문학 전공자의 역할을 신뢰하지 않을 뿐만 아니라 이런 결정이 대학 평가에 크게 작용하지 않기 때문이다. 그런데 불행한 것은 의학교육 현장에서 문학을 전공하지 않은 비전문가들이 원칙주의나 실용주의 방향으로 교육하고 실행되고 있다는 사실이다. 예컨대 의예과나 본과 학생들에게 제공되는 비전공자들의 문학 강의가 대표적인 사례가 될 것이다. 이런 강의는 문학의 특수성과 방법론을 무시한 채 진행되는 무모한 아마추어리즘에 불과하다. 소설의 주인공이 의사라고 해서, 작품이 의료행위를 다룬다고 해서 그것이 곧 의학교육의 목적과 방법을 합리화하는 것은 아니다. 교수자의 경우도 마찬가지이다. 의사가 문학에 깊은 교양이 있다거나 문학교육에 높은 관심이 있다는 것이 곧 문학교육의 전문성을 보장하는 것은 아니다. 의사 면허 없이 의료행위를 하는 것이 심각한 문제이듯이 문학을 전공하지 않은 non-Ph.D가 문학 강의를 하는 것은 의학교육의 차원에서 삼가야 할 일인 것이다. 현재 의대생들이 수강하는 문학 강의는 이렇게 전문성이 결여된 아마추어리즘이 지배하는 '개념 없는' 강의가 대부분이다.

3. '문학과 의학'의 교육 사례

　문학작품이 의학교육에 활용된 사례들은 다양하지만 그중에서 매우 흥미로운 예를 하나 소개한다. 아래의 내용은 필자가 2015년 한양의대에서 강의한 내용을 기술한 것이다. 이 강의에서 학생들은 셜록 홈즈의 단편소설과 의사들의 임상경험을 기록한 에세이를 비교, 분석하는 작업을 하였다. 이 작업은 의사의 임상적 추론과 탐정소설의 추리 과정이 구조적으로 유사하며, 이를 통해 의대생들이 임상적 판단의 본질과 과정을 이해하고, 간접적으로 임상적 추론의 경험을 할 수 있다는 가설에 근거한 것이다. 이런 강의 주제와 방법은 이미 캐서린 몽고메리(Kathryn Montgomery) 교수가 노스웨스턴 의대에서 진행한 바 있다. 필자의 사례는 그녀의 강의를 한국의 현실에 응용한 경우라고 할 수 있다. 그러므로 이 강의의 목적과 방법을 정확히 이해하기위해서는 먼저 노스웨스턴 의대 사례를 간략히 소개하는 것이 필요하다.

　캐서린 몽고메리는 노스웨스턴 의과대학에서 의료인문학과 생명윤리를 담당한 교수였다. 하지만 그녀는 의사가 아니라 영문학 박사였다. 그녀는 의사들의 내러티브가 지닌 구조, 임상적 사고와 판단의 본질과 특성에 관한 저서를 남겼다. 대표적인 저서로는 『의사 이야기; 의학적 지식의 내러티브 구조 Doctors' Stories: The Narrative Structure of Medical Knowledge』 (1991)와 『의사는 어떻게 사고하는가: 임상적 판단과 의료행위 How Doctors Think: Clinical Judgment and the Practice of Medicine』 (2005) 등이 있다. 그녀는 노스웨스턴 의대에서 코난 도일의 '셜록 홈즈' 시리즈를 활용하여 임상적 추론과정을 분석하는 강의를 5주간 총 10시간에 걸쳐 세미나 형태로 진행한 바가 있다.[6] 이 세미나는 의대 2학년 학생들의 필수과목인 〈환자, 의사 그리고 사회 Patient, Physician and Society〉의 일부로서 12명의 학생이 참여하였다. "학생들은 이미 진단학 과정(physical diagnosis course)을 성공적으로 이수한 상태였고, 2인 1조가 되어 매주 과제물을 읽었다. 그 외에도 학생들은 논리학, 내러티브 이론, 인지과학, 인식론 등 관련 학문을 조사 연구한 후 보고하는 형식으로 수업을 진행하였고, 수업은 1시간 50분 동안 빠듯하게 진행되었다."[7] 강의 주제는 모두 5단계로 구성되었으며, 그 내용은 다음과 같다.

1. 임상 기호학: 징후 읽기
2. 방법: 플롯 식별과 진단하기
3. 임상적 추론: 체계적 검토와 배제 진단(rule-outs)
4. 대화적 지식: 상상력과 플롯 구성
5. 왓슨의 방법: 사례 만들기

캐서린 몽고메리 교수는 첫 번째 주 강의 주제에서 코난 도일(Arthur Conan Doyle, 1859-1930)의 『주홍색 연구』와 페이스 피체랄드, 로런스 엠 티에르니 주니어가 쓴 임상 증상학의 걸작 『병상의 셜록 홈즈』를 교재로 사용했다고 보고한다. 그녀는 『주홍색 연구』에서 사건을 해결하기 위한 분류학적 접근

---

6 이에 대해서는 K.M.Hunter, "Sherlock Holmes and Clinical Reasoning", *Teaching Literature and Medicine*, Ed. A.H.Hawkins and M.C.McEntyre(New York, MLA, 2000)를 참고할 것.
7 위의 책, 300쪽.

법, 대립 가설, 사건의 단서를 찾아가는 과정을 통한 후향적 줄거리 구성법 등을, 『병상의 셜록 홈즈』에서는 임상증상 목록 중에서 환자의 진단에 중요한 단서를 찾아서 진단하고 치료하는 과정을 다루었다. 이를 통해 학생들은 살인사건의 원인을 찾는 과정과 단계가 임상환자보고서를 작성하면서 기술하는 내용·형식과 유사하다는 것을 발견했다고 한다. 두 번째 주제는 코난 도일의 「머스그레이브 전례문」과 그에 대한 피터 브룩스의 명쾌한 비평을 다룬다. 이와 동시에 학생들은 알반 페인스타인의 『임상적 결절』 중에서 임상진단추론에 필수적 능력인 해석적 접근법을 기술한 부분을 읽는다. 그리고 시에쓰 피얼스의 「유괴」, 움베르토 에토(Umberto Eco, 1932-2016)의 『장미의 이름으로』, 볼테르 (Voltaire, 1694-1778)의 『자디그』 중 3장이나 토마스 세벅의 작품 등을 읽고 토론한다.

세 번째 주제는 셜록 홈즈 시리즈 중에서 「사립 초등학교에서 일어난 희귀한 사건」과 제롬 피 카지르, 지 안소니 고리의 논문 「임상문제 해결과정: 행동에 대한 분석」을 다룬다. 여기서 학생들은 단서를 수집하여 가설을 만들고, 그것을 뒷받침하거나 혹은 그렇지 못한 단서들을 배제해 나가는 과정이 임상추론과정과 흡사하다는 것을 이해하게 된다. 학생들은 이와 동시에 임상추론능력을 다룬 논문들을 읽고 토론한다. 네 번째 주제는 홈즈의 에피소드 중에서 「실버 블레이즈」와 캐서린 몽고메리 자신의 저서인 『의학에서의 지식』를 다룬다. 여기서 학생들은 환자들의 진술이 임상지식과 진료에 미치는 영향을 토론한다. 이와 동시에 학생들은 인지심리학, 인식론적 정신심리치료, 내러티브의 합리성을 모델로 하는 인공지능 분야의 연구를 조사, 발표한다.

다섯 번째 주제는 「커퍼 너도밤나무골」과 마스덴 에스 불리오스의 『의학과 수직적 추론의 속성』을 다룬다. 이 작품에서 학생들은 홈즈와 왓슨의 방법을 비교할 수 있으며, 종종 비이성적 방법을 사용하는 홈즈와 달리 합리적 추론을 고집하는 왓슨의 장점을 배운다. 그리고 학생들은 후자를 통해 "임상적 추론은 확정적 과학이 아니라 매우 복합적인 것이며, 과학적 지식을 단순히 적용만 하는 것과 실제 나에게 주어진 환자의 상황에 과학적 지식을 대입하면서 임상적 결정과 판단을 내리는 것은 상당한 차이가 있다는 것을 알게 된다." 케서린 몽고메리는 이 세미나를 통해 "학생들이 셜록 홈즈의 추론과정을 쉽게 이해하고 서술하였고, 셜록 홈즈의 추론과 임상적 추론 사이의 유사성을 비판적으로 인식했다."[8]고 밝힌다. 이것은 문학을 이용하여 의학적 사고, 특히 임상적 추론을 훈련하고 교육한 대표적인 사례로 꼽는다.

필자는 위 교육 사례를 2015년 7월 20일부터 24일까지 5일간 진행된 한양의대 PDS 3-1 강의에 응용한 바 있다. 이 강의를 수강한 학생은 의대 본과 3학년 학생으로 총 105명이었으며, 총 강의 시간은 15시간(3시간씩 5회)이었고 가정의학과 유상호 교수, 소설가 이수경 선생이 공동으로 참여하였다. 이 강의의 전체 주제는 〈문학과 의학〉이었고, 임상적 추론과 관련된 주제는 모두 2회였다. 강의의 전체 프로그램은 다음과 같다.

1. 청년의사, 우리들의 자화상

    - 문학과 의학의 색다른 만남

    - 불가코프, 『젊은 의사의 수기』 중 「주현절의 태아 돌리기」 감상 및 토론

2. 틀에 박힌 의료윤리는 NO! 인디언 남편은 왜 자살을 했을까?

8 위의 책, 304쪽.

- 내러티브 윤리란 무엇인가!

- 헤밍웨이, 「인디언 부락」 감상 및 토론

3. 의사와 탐정의 공통점은? I

  - 의학적 추론과 문학적 상상력의 관계

  - 셜록 홈즈 시리즈와 『위험한 저녁식사』 비교 및 분석

4. 의사와 탐정의 공통점은? II(학생들 과제 발표)

  - 의학적 추론과 문학적 상상력의 관계

  - 셜록 홈즈 시리즈와 『위험한 저녁식사』 비교 및 분석

5. 질병이 이야기를 한다고! 정말이니?

  - 내러티브 의학의 가능성과 한계

  - 환자의 내러티브와 의사의 내러티브

  *작가와의 만남: 이수경 산문집, 『낯선 것들과 마주하기』(한울, 2015)의 저자

위의 첫 번째 강의에서는 문학과 의학의 관계를 학생들에게 설명하고, 문학작품이 실제로 의학교육에서 어떻게 활용될 수 있는지를 확인하였다. 이를 위해 이 주제를 정리한 강의 자료를 검토하고 러시아 의사작가 불가꼬프(Mikhail Bulgakov, 1891-1940)의 단편을 강독했다. 학생들은 이 강의를 통해 문학작품이 의사들의 삶과 고뇌를 사실적으로 묘사하며, 문학이 의학교육에서 중요한 자료가 될 수 있다는 사실을 깨닫게 되었다. 두 번째 강의는 도식적이고 규범적인 의료윤리 교육이 문학적 내러티브를 통해 얼마나 생생하고 감동적인 현장 체험으로 변할 수 있는지를 보여준다. 학생들은 헤밍웨이(Ernest Hemingway, 1899-1961) 단편 「인디언 부락」을 강독하면서 의사가 이해하고 고려해야 할 다양한 점을 고민하게 되었다. 세 번째와 네 번째 강

의는 의학적 추론이 셜록 홈즈 시리즈에 나오는 추리의 과정과 매우 흡사하다는 것을 알려준다. 이 강의에서 학생들은 코난 도일의 추리소설 중 단편들과 의학적 사례를 보고하는 에세이들을 비교, 분석하면서 의사에게 필요한 사고 훈련을 경험할 수 있다. 이를 위해 학생들은 코난 도일의 셜록 홈즈 단편들, 조너선 에드로의 『위험한 저녁 식사』, 버튼 루셰의 『의학탐정』, 이병훈의 논문 「의학적 상상력, 문학을 디자인하다」 등을 읽고 3인 1조로 구성된 조별 활동을 통해 발표문을 작성했다. 다섯 번째 강의에서는 내러티브 의학의 정의, 방법, 사례들을 검토하고, 환자의 내러티브와 의사의 내러티브를 비교하였다. 자신의 오랜 투병 생활의 경험을 에세이로 묶어 책으로 출간한 소설가 이수경 선생은 학생들과의 직접 대담을 통해 환자의 고통과 심적 상태를 생생하게 들려주었고, 학생들은 이를 통해 환자의 네러티브를 직접 확인하는 경험을 하였다.

PDS 3-1의 일부로 진행된 의학적 추론과 추리소설의 비교, 분석에는 코난 도일의 셜록 홈즈 시리즈 중 단편소설과 의학적 사례에 관한 에세이를 3명의 학생이 읽고 정리하여 도표로 발표하였다. 그중 한 학생은 셜록 홈즈 소설을, 다른 학생은 조너선 에드로나 버튼 루셰의 에세이를, 마지막 학생은 두 내용을 비교, 분석, 정리하고 발표하는 역할을 담당했다. 조너선 에드로는 하버드 의대 내과학 교수로 자신이 경험한 임상경험을 추리소설의 플롯을 빌려 흥미롭게 서술한다. 그는 질병의 원인을 탐구하는 임상적 추론과 범인을 찾는 추리과정이 본질적으로 유사하다는 전제하에 『위험한 저녁 식사』라는 저서를 집필했다. 버튼 루셰는 의학 잡지에서 활동한 기자로서 자신이 취재한 의사들의 임상경험을 위와 같은 형식으로 발표했다. 버튼 루셰의 글은 당시 미국에서 큰 인기를 얻으며 유명해졌고, 조너선 에드로 역시 그의 책을 읽고 크게 감명을 받았다고 고백했다. 그러면 학생들이 수행한 과제의 구체적인 내용을 아래와 같이 몇 가지 예로 제시해 보자.

> 1) 보헤미아 왕국 스캔들-위험한 저녁식사, 2) 붉은 머리 연맹-메리가 가는 곳마다, 3) 신랑의 정체-아기와 목욕물… 15) 증권거래소 직원-너무 좋아도 탈(이상 코난 도일의 소설과 조너선 에드로의 에세이), 16) 글로리아 스콧 호-열한 남자의 청색증, 17) 머즈그레이브 전례문-뉴저지에서 온 돼지, 18) 라이기트의 수수께끼-인디언 놀이… 27) 프라이어리 학교-병든 세 아기… 33) 실종된 스리쿼터백-반감과 혐오 34) 애비 그레인지 저택-샌디(이상 코난 도일의 소설과 버튼 루셰의 에세이)[9]

그렇다면 셜록 홈즈 소설은 대체 어떤 내용이기에 임상적 추론을 교육하는 훌륭한 교재가 되는 것일까? 캐서린 몽고메리가 세미나에서 학생들과 같이 읽던 작품 하나를 구체적으로 분석해보자. 아서 코난 도일(Arthur Conan Doyle, 1859-1930)이 1905년에 출간한 단편집 『셜록 홈즈의 귀환』(The Return of Sherlock Holmes)에 수록된 「사립 초등학교에서 일어난 희귀한 사건」(The Adventure of the Priory School)은 셜록 홈즈가 나오는 56편의 단편 중 하나이다. 이 작품은 줄거리는 다음과 같다. 어느 날 잉글랜드 북부 맥클턴에 위치한 최고의 사립 초등학교 설립자인 헉스터블 박사가 갑자기 런던에 있는 홈즈를 찾아온다. 이 학교를 다니던 홀더니스 공작의 외아들 샐타이어 경이

---

9 조너선 에드로와 버튼 루셰의 한국어 번역본은 아래의 서적을 참고할 것. 조너선 에드로, 『위험한 저녁 식사』, 이유정 역, 모요사, 2010. 버튼 루셰, 『의학 탐정』, 박완배 역, 실학단, 1996.

실종된 사건을 의뢰하기 위해서였다. 사건에 흥미를 느낀 홈즈는 동료인 왓슨 박사와 공작의 아들이 어디로 사라진 것인지 조사한다. 그리고 여러 가지 단서들을 치밀하게 분석하고 추론하여 마침내 사건을 해결한다. 이 단편에서 홈즈는 공작의 외아들이 사라진 당시의 상황을 훌륭하게 추론한다. 아래의 인용문을 살펴보도록 하자.

"자, 왓슨, 우린 오늘 아침에 두 가지 단서를 찾아냈네. 하나는 팔머사(社) 바퀴가 달린 자전거인데, 지금 우린 그걸 따라서 여기까지 왔지. 다른 하나는 고무를 덧댄 던롭사(社) 바퀴를 단 자전거일세. 그런데 그것에 대한 조사를 시작하기 전에, 우리가 지금 알고 있는 게 무엇인지 생각해 보고 본질적인 사실과 부차적인 사실을 나누어 보기로 하지.

우선, 나는 그 소년이 제 발로 나간 것이 분명하다고 생각하네. 그 아이는 창문으로 내려와서 도망쳤는데, 혼자였을 수도 있고 아니면 누군가 옆에 있었을 수도 있네. 그건 틀림없어."

나는 고개를 주억거렸다.

"자, 다음엔 이 불운한 독일어 교사에 대해 생각해 볼까? 소년은 도망칠 때 옷을 다 입고 있었네. 따라서 그 애는 자신이 무슨 일을 할 것인지 미리 알고 준비했던 것이 분명해. 하지만 하이데거 선생은 양말도 안 신고 나갔네. 아주 급하게 움직인 것이지." "옳은 말이야."

"그런데 하이데거 선생은 왜 나갔을까? 그것은 침실 창문을 통해 소년이 도망치는 모습을 봤기 때문이었네. 선생은 아이를 잡아서 데려오려고 했지. 그래서 자전거를 타고 아이를 쫓아갔다가 결국 죽게 된 걸세."

"필시 그랬을 거야."

"이제부터가 내 주장의 핵심일세. 어른이 아이를 쫓아갈 때는 보통 뛰어간다네. 뛰면 아이를 잡을 수 있다는 걸 아니까 말이야. 하지만 독일어 선생은 그렇게 하지 않았어. 자전거를 가지러 갔지. 나는 하이데거 선생이 자전거를 굉장히 잘 탄다는 얘기를 들었네. 아이가 뭔가 빠른 운반 수단을 타고 도망치지 않았다면, 선생이 그렇게 하지는 않았을 걸세."[10]

위 장면은 홈즈가 학교 북쪽을 조사하는 과정에서 얻은 단서로 사건과 관련된 본질적인 사실과 부차적인 사실을 구분하는 장면이다. 홈즈는 이를 통해 사건의 실체에 좀 더 가까이 다가갈 수 있는 몇 가지 사실을 밝혀낸다. 그것을 예로 들면 다음과 같다.

1) 공작의 외아들은 제 발로 나갔다.
2) 아이는 뭔가 빠른 운반 수단을 타고 사라졌다.
3) 누군가 아이를 도와준 정황이 있다.
4) 독일어 선생은 우연히 이 장면을 보고 급하게 따라가다가 봉변을 당했다.

여기서 홈즈는 몇 가지 가설을 세우고 범인을 추적하는 추론적 사유를 한다. 예를 들어 독일어 선생이 급하게 공작의 외아들을 따라갔다는 사실을 뒷받침할 근거를 생각해 보자. 증거는 오직 하이데거 선생이 양말을 신지 않았다는 것뿐이다. 엄밀히 말해 이것만으로 그가 아이가 도망치는 것을 우연히 목격하였고 그래서 급하게 쫓아갔다고 확신하기는 힘들다. 양말은 사

---

10 아서 코난 도일, 『셜록 홈즈 전집 7』, 백영미 역, 황금가지, 185쪽.

프라이어리 스쿨

홀더네스 공작의 외아들 샐타이어의 실종
\<단서\>
- 열려져 있는 창문
- 저항의 흔적은 보이지 않음
- 실종 전날 공작으로부터 받은 편지 한 통
- 같은 층 독일어 교사 하이데거 선생님도 같이 실종

샐타이어와 교사 하이데거의 실종이 어떤 연관이 있을까?

샐타이어: 저항의 흔적이 없는 것으로 보아 스스로 빠져 나갔을 것이다.
- 전날 받은 편지 내용과 관련 있을 가능성
하이데거 교사: 바닥에 떨어진 옷가지, 열린 창문, 사라진 자전거로 보아 어딘가로 가는 샐타이어를 발견하고 급히 쫓아갔을 것이다.
- 자전거를 타고 간 것으로 보아 소년은 동행과 함께 뭔가 빠른 것을 타고 이동했을 것이다.

두 사람의 동선을 파악해 보자

동: 경관이 밤새 보초 섰지만 목격 ×
서: '데드불' 여관 사람들이 교대로 길가에 나와 의사를 기다리고 있었는데 소년은 보지 못함
남: 바둑판식 논밭이 돌탑으로 막혀 자전거가 이동하지 못함
북: 로어 황무지에서 두 개의 자전거 타이어 자국 발견

팔머 타이어 자국
하이데거 선생님 자전거와 일치
따라가 보니 하이데거 선생님이 흉기에 머리를 맞고 죽은 채로 발견됨
주변에 소 발자국 외에는 흔적 없음

던롭 타이어 자국
주변에 소 발자국이 많이 보임
따라가 보니 '싸움닭' 여관에 도달
여관 주인 루빈 헤이즈의 수상한 행동

따라다닌 바퀴 자국마다 모두 소 발자국이 나 있었는데 정작 황무지에는 왜 소가 한 마리도 없었을까?

발자국 모양으로 보아 **말 발자국**일 것이다.
- 마구간에서 소발굽 모양으로 갈라진 말발굽 편자를 발견
2층 여관에 켜진 불 → **샐타이어 발견**

\<사건의 전말\>
공작의 비서인 제임스 와잉ㄹ더는 실종 전날 공작의 편지를 조작해서 따로 살고 있는 어머니를 만나게 해주겠다며 샐타이어를 불러낸다. 헤이즈는 제임스의 부탁을 받고 샐타이어의 납치에 가담하고 이를 발견하고 뒤쫓아 오던 하이데거 교사를 흉기로 쳐서 주긴다. 납치를 계획한 제임스는 사실 홀더네스공작의 숨겨둔 아들이었는데 법적으로 자신이 후계자가 될 수 없다는 질투심에 샐타이어를 납치하여 공작을 협박하려던 것이었다. 살인을 저지른 헤이즈는 도망쳤지만 결국 붙잡혔고, 2층에 감금되어 있던 샐타이어는 무사히 구출된다.

람에 따라 필수적인 옷가지일 수도 있지만 거추장스러운 물건일 수도 있다. 그리고 재미있는 가정을 하자면 독일어 선생이 지독한 무좀 환자일 수도 있는 것이 아닌가. 그러나 이런 의문들은 그가 자전거를 타고 빨리 누군가를 쫓아갔다는 다른 사실로 보충된다. 다시 말하자면 하나의 사실이 그에 상응하는 증거를 가지면서 동시에 다른 증거로 보안되는 것이다. 이렇게 사실이 여러 증거로 보완이 되면 그것은 다른 사실과 연결된다. 이런 과정을 거쳐 서로 관련이 없는 것으로 여겨진 사실들이 현실적인 인과관계를 형성하는 것이다.[11] 위 도식은 이 작품을 읽은 27조 학생들이 발표한 과제물이다.

「병든 세 아기」는 229호실에 입원해 있던 신생아 3명이 심각한 증세를 보이고, 이 중에서 2명의 아기가 사망하는 사건으로 시작한다. 과연 229호실에서는 무슨 일이 일어난 것일까? 세 아기의 검체에서는 모두 녹농균(Pseudomonas)이 발견되었다. 그렇다면 육아실이 녹농균에 감염된 원인을 찾아야 하는데, 녹농균은 물에서 사는 미생물로 원인은 물에 있는 것이 분명하다. 주변의 물을 조사해 보니 227호, 229호의 개수대와 요람에서 균이 발견되었다. 그런데 다른 아기가 분만실에서 육아실로 이동하는 과정에서 비인두물 배양검사를 했는데 거기서 녹농균이 발견되었다는 사실이 밝혀진다. 문제는 육아실이 아니라 분만실 227호실에 있었던 것이다. 결국 신생아의 호흡회복장치를 씻는 분만실의 개수대에서 녹농균이 배양되었고, 그곳이 비극적 결과의 근원지라는 것이 밝혀진다. 학생들은 감염 원인과 과정을 추적하는 스토리를 다음과 같이 정리하고 발표하였다.

학생들은 셜록 홈즈 소설과 의학적 사례를 다룬 에세이를 비교, 분석하면

---

11 이병훈, 「의학적 상상력, 문학을 디자인하다」, 『문학과 의학』, vol.2, 2011, 16-19쪽. 참조.

병든 세 아기

아기 A : 조산아 (227호실 → 229호실)
- 패혈증 증세를 보여 229호실로 옮긴 후 인공호흡기, 항생제 사용 후 사망

아기 B : 만삭아 (229호실)
- 설사 증세를 보임. 태어날 때 겪은 폐렴의 패혈성 여파가 의심됨

아기 C : 조산아 (229호실)
- 출생 후 숨 쉬지 못하여 인공호흡기 사용하다 9일째 사망

229호실에서 일어난 일련의 심각한 병세들이 우연의 일치일까??

A, B, C 환아의 검체에서 모두 Pseudomonas(녹농균)병원균이 배양됨 → Pseudomonas 유행병!!!

어떻게 육아실로 침입했을까??

왜 감염된 아이는 227호실과 229호실에 모두 몰려 있을까??
기구와 연관이 아니라면 사람이 근원일까??

녹농균은 물에서 사는 미생물 → 근원은 물!!
의심가는 근원지 1) 급수통 달린 가습기 2) 개수대 3) 주전자 4) 인공호흡기의 면봉 5) 전공의와 간호사
오염된 것 1) 207, 209, 227호실의 개수대 2) 224, 227, 229호실의 요람
아기들 총 28명 중 6명이 양성 But 증상은 ×

분만실의 호흡회복장치에서 모두 녹농균이 배양됨 → 호흡회복장치를 씻는 분만실의 개수대에서 녹농균이 배양됨
∴ **분만실의 개수대가 근원지!!**
더불어 **Pyosine typing 검사상** 결정적인 증거를 잡을 수 있었음

B산모가 가장 근원일 것으로 생각하고 검사를 시행하였으나 음성
D라는 아기가 태어나자마자 호흡에 문제가 있어 **분만실에서 육아실로 옮겨지는 가운데** 비인두물 배양검사를 하였는데 녹농균이 검출됨!!
→ 근원지는 육아실이 아닌 분말실!!

서 1) 유사성이 있는 상황들을 대조하고 분류하여 상황을 파악한다는 점, 2) 여러 가설을 세우고 증거를 수집하여 가장 가능성이 있는 것을 향해 나아간다는 점, 3) 두 텍스트 모두 치밀한 논리적 흐름이 존재한다는 점 등을 지적하였다. 요컨대 이 강의는 학생들에게 의학적 사고의 본질과 특성이 무엇이고, 그것은 실제로 어떤 과정과 단계를 거쳐 진행되는지를 흥미롭게 파악하고 이해할 수 있는 경험을 제공하였다.

4. 마무리

위에서 소개한 두 가지 사례는 모두 임상적 추론 능력을 교육시키기 위해 의학교육에 문학을 활용한 경우지만 양자는 여러 가지 점에서 차이가 있다. 먼저, 국내 사례는 노스웨스턴 의대의 세미나와 비교하여 수강생이 9배 정도 많은 대형 강의였다는 점이다. 이것은 교과목 자체의 성격이 달라서 발생하는 차이인데, 전자는 의대생 모두가 수강해야 하는 필수과목인데 반해 후자는 선택과목이었다. 이것은 한국의 의학교육에서 문학 강의의 다양성과 전문성이 아직 미흡하다는 사실을 반증한다. 강의가 수준별로 다양하면 선택과목을 개설할 수 있지만 일회적이라면 기초 교양 강의의 수준을 벗어나기 어렵다. 앞서 지적한대로 의대생들에게는 졸업할 때까지 많아야 한 번 정도 문학 강의를 수강할 수 있는 기회가 주어진다. 심지어 대부분의 의대는 전문적인 문학 강의가 전무한 상황이다. 이런 상황에서 의대의 문학 강의는 개괄적이고 일반적인 내용을 벗어나기 어려운 것이 현실이다.

둘째는 강의의 지속성 여부이다. 국내의 경우는 대부분 PDS 강의를 맡는 담당 교수의 판단에 따라 문학 강의의 유무가 결정된다. 한양의대의 사례도 당시 담당 교수가 의학교육에서 문학의 역할을 명확히 인식했기 때문에 가능한 경우였다. 하지만 담당 교수가 바뀌거나 다른 사정이 발생하면 문학 강의는 다른 강의로 대체되기 십상이다. 이것은 의대 교과과정에서 문학 강의가 아직도 인정받지 못한다는 사실을 말해 준다. 그리고 이런 상황이 쉽게 바뀌지 않는 것은 근본적으로 문학 담당 교수를 의대에 전임으로 임명하지 않기 때문이다. 이 문제는 앞으로도 쉽게 해결될 것 같지 않은 것이 현실이다. 그래서 의대 자체 내에서 재원을 마련할 형편이 안 되는 경우에는 교육부의 혁신교육 관련 지원을 받아 문제를 해결하는 것도 한 방법일 것이다.

뜬금없는 이야기로 들릴지 모르지만 의학교육에서 의료문학의 역할은 곧 도래할 AI시대와 관련해서도 중요한 의미가 있다. IBM이 선보인 AI 의사 '닥터 왓슨'은 인간 의사보다 오진률이 낮은 것으로 보고되었다. 의료분야에 AI가 적용되고, 또 기초 진료의 일정 부분을 AI가 담당할 것이라는 예측이 설득력을 얻는 이유이다. 우리는 이 시점에서 환자가 의사를 찾아가는 근본적인 이유를 생각해 볼 필요가 있다. 물론 일차적인 이유는 아픈 곳을 치료하기 위해서일 것이다. 하지만 그것이 전부일까? 아니, 그렇지 않다. 환자는 위로받기 위해 의사를 찾아간다. 환자는 의사의 따뜻한 손길, 위로가 되는 말 한마디, 아픈 몸과 마음을 보살피고 걱정하는 눈길이 그리워 찾아가는 것이다. 만약 환자의 이런 기대를 인간 의사가 저버린다면 미래의 환자들은 AI 의사에게로 발길을 돌릴지도 모른다. 의학교육에서 인문학이 중요한 이유가 바로 여기에 있다. 그중에서 특히 문학은 현대 의학의 새로운 패러다임으로 정착된 '환자 중심 의료'에 필요한 의사들을 육성하는 데 핵심적인 역할을 담당할 것이다. 왜냐하면 인간을 깊이 있게 이해하고, 인간적 정서를 함양하는데 문학만큼 더 훌륭한 자원은 없기 때문이다.

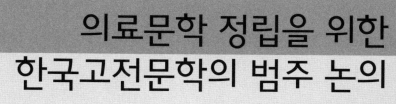

의료문학 정립을 위한
한국고전문학의 범주 논의

- 고전서사를 중심으로

염원희 (경희대학교 통합의료인문학연구단 HK연구교수)

1. 의료문학과 한국 고전문학

의학과 문학이라는 두 분야는 인간을 인식하는 방법이나 실천 방향에서 차이를 보이지만, '치유'를 목적으로 한다는 점에서 동일한 방향성을 갖는다. 문학은 신체적 정신적 고통에 시달리는 환자들의 영혼에 위안을 주고, 사색의 계기를 부여하여 고통을 스스로 극복할 수 있도록 돕는다. 곧 인간의 병든 영혼을 치료한다. 인간이 겪는 실존적 고통과 삶의 의미를 문학작품을 통해 이해할 수 있다. 따라서 질병이나 의료를 소재로 하지 않더라도 모든 문학은 의료문학으로서 의미있는 텍스트이다. 이는 고전문학도 예외가 아니다. 이미 서양 고전문학의 의료문학적 의미는 분명하게 드러나 있다. 호메로스의 『일리아드』에서 헥토르와 안드로마케의 대화를 통해 의료인문학의 필수 가치인 '연민'의 가치를 새길 수 있는 것이나,[1] 중세 유럽의 전설인 『트리스탄과 이졸데』에서 사랑의 회복과 질병의 치유가 하나로 인식되며, 이를 통해 그 시대에 정신과 육체가 동등한 층위에서 다루어졌음을

---

1 앨런 블리클리, 김준혁 옮김, 『의료인문학과 의학 교육』, 학이시습, 2018, 247쪽.

파악하는 것[2] 또한 의료인 교육을 위한 의료문학의 좋은 사례이다.

그런데 서구권 의료문학이 고전의 가치에 주목하는 것과는 달리, 초기 단계인 한국 의료문학 논의에서는 한국 고전문학의 논의가 거의 이루어지지 않았다. 본고의 논의는 그리스 신화와 의학의 관계라든가 중국 신화 전설의 의학적 상상력을 살펴보는 논의가 의료인문학과 관련된 내용으로 소개되기도 하지만,[3] 한국의 대표적인 신화인 〈단군신화〉의 의료인문학적 의미는 논의되지 않는 학계의 인식에 대한 문제의식에서 비롯되었다. 질병이나 의료를 소재로 한 문학 작품들의 논의를 엮은 『감염병과 인문학』[4]이나 『감염된 독서』[5] 등 의료문학 관련 저서를 살펴보아도 한국 고전문학 작품은 다루어지지 않았다는 점에서 의료문학에서 고전문학이 관심 밖의 대상이었음이 단적으로 드러난다. 고전문학에 형상화된 병리적 현상은 상대적으로 기록이 풍부하지 않은 근대 이전 질병과 의료에 대한 관념과 현실을 담은 의미있는 텍스트로 활용될 수 있을 것이다. 게다가 이미 고전문학에서도 질병의 문제를 문학의 소재적 차원에서 논의한 바 있음에도 이를 의료문학과 연

2 정과리, 「프랑스 문학 속의 의학」, 『의학과 문학』, 문학과 지성사, 2004, 208-209쪽.
3 김장환, 「중국 신화전설의 의학적 상상력」, 『의학과 문학』, 문학과 지성사, 2004.
4 정과리·이일학 외, 『감염병과 인문학』, 도서출판 강, 2014. 이 책에 수록된 질병 관련 작가와 작품은 다음과 같다. 서홍관, 「결핵과 일제강점기 한국문학」에서는 결핵에 걸린 문인이었던 나도향, 김유정, 이상, 오장환, 이용악의 삶과 문학작품을 간략하게 다루고 있으며, 이병훈, 「결핵과 러시아 문학」에서는 톨스토이 문학을 다루었다. 최은경, 「일제강점기 한국문학에 나타난 성병」에서는 이광수의 〈재생〉, 김동인의 〈발가락이 닮았다〉, 현진건의 〈타락자〉, 박태원의 〈악마〉, 이효석의 〈장미 병들다〉, 채만식의 〈탁류〉를 관련 작품으로 소개하였다. 김수이, 「박탈당한 '인간'과 세상, 공동체 밖의 삶」에서는 한하운의 시와 나병의 문제를 다루었다.
5 최영화, 『감염된 독서』, 글항아리, 2018. 이 책에서는 질병과 관련된 국내외 50여 문학작품을 다루고 있는데, 국외 고전문학인 〈데카메론〉이나 〈위험한 관계〉 등을 다루면서도 한국 고전문학은 단 한 작품도 거론되지 않았다.

관 짓지 않고 내부적 논의에 한정했다는 점을 고려한다면, 한국 고전문학의 의료문학적 의미를 논의하고 그 연구대상을 구체화하는 것은 한국 고전문학과 의료문학 양 영역에 모두 의미있는 논의가 될 것이다.

"의료문학(literature and medicine)은 의료의 정치, 경제, 사회, 문화적 의미와 역할이 급증하는 시대에 문학과 의료의 본래적 가치, 즉 인간의 정신적·육체적 고통과 상처를 치유하고 인간중심의료를 복원하려는 가치를 지향하는 특수한 문학 개념으로, 의료와 관련된 과거·현재·미래의 모든 문학작품(문학적으로 의미가 있는 의료기록까지 포함하여)을 일컫는다."[6]에서 '과거의 문학작품을 아우르며, 문학적 의미를 가진 의료기록을 포함한다'는 정의에도 불구하고, 지금까지 한국 의료문학의 구체적인 논의는 주로 한국 현대문학과 국외 문학작품을 대상으로 이루어졌다. 질병과 의료를 소재로 한 많은 연구가 현대문학 중심으로 이루어진 것은 "한국문학 속 질병 연구는 근대성 논의와 연동해 심화되었으며, 미셸 푸코, 수전 손택, 가라타니 고진이 질병, 병원, 권력 등을 논의한 내용을 주요한 방법론으로 수용하면서 본격적인 궤도에 들어서게 되었"[7]던 것과도 연관성이 있어 보인다.

하지만 한국 고전문학에서도 질병과 의료, 의료인의 문제는 작품의 중요한 소재이며 때로는 주제 의식과 긴밀한 연관성을 갖기도 하는데 작가의 질병 체험이 형상화되었고, 작품 내에서 질병의 상징성과 은유, 질병에 대한 작가의 태도와 문학의 치유성 등을 중심으로 연구가 이루어졌다. 또한 작중

---

6 이병훈, 「의료문학의 개념 정립을 위하여」, 『의료문학의 현황과 과제』, 모시는사람들, 2020, 18쪽.

7 한순미, 「한국 근현대소설 속 질병 연구 쟁점과 흐름」, 『한국언어문학』 98, 한국언어문학회, 2016, 257쪽.

인물의 병리적 증상을 통해 정신병적 문제를 다룬 고전소설 연구나 의료를 소재로 하는 '의료설화', 명의(名醫)가 등장하는 설화가 연구되었고, 2000년 대 중반부터 이루어진 '문학치료 연구'[8]는 한국 설화를 활용하여 환자를 진단하고 치료하는 시도로 일련의 연구 성과가 축적되었다.

본고에서는 한국 고전문학 연구에서 질병과 의료의 문제를 다룬 논의를 검토하고, 의료인문학의 하위 영역으로서 의료문학에서 한국 고전문학의 연구 범위와 의의를 논의하고자 한다. 한국 고전문학에서 의료문학으로 다룰 수 있는 대상을 살피고 이의 연구 방향성을 논의하는 것을 목적으로 한다. 의료를 소재로 하는 한국 고전문학을 통해 1차적으로는 근대 이전 의료 환경을 이해하는 것은 물론, 질병과 건강에 관한 한국인의 전통적인 사유를 탐구할 수 있을 것이다. 나아가 인간이 겪는 실존적 경험과 삶의 의미, 고통에 대한 성찰, 연민과 감수성, 상상력 등 문학이 제공하는 다양한 차원의 심미적 체험이 가능하도록 의료문학으로서의 고전문학을 정립하고자 한다.

이와 같은 논의를 위한 전제로 의료문학의 정의도 다루어져야 한다. 의철학이 의학 고유의 문제를 철학을 통해 성찰하고자 하는 모든 학문적 실천 행위를 포괄하는 분야라거나, 의사학이 의학에 관한 역사를 체계적으로 연구하는 분야[9]라 정의되면서 범위의 문제도 해소되는 것같이 의료문학도 정의와 범위의 문제가 해소되어야 연구의 심화가 가능하다. 이병훈은 2018년 경희대학교 인문학연구원 학술대회에서 '문학 속의 의학(medicine in

---

8   정운채 외, 「2011년도 『문학치료연구』 게재 논문의 학술적 가치와 성과」, 『문학치료연구』 26, 한국문학치료학회, 2013.

9   황임경, 「의학은 어떻게 철학과 만나는가」, 『인간환경미래』 18, 인제대학교 인간환경미래연구원, 2017, 4쪽.

literature)'과 '의학 속의 문학(literature in medicine)'이라는 관점을 제시하였는데,[10] '문학 속의 의학'은 문학에 형상화된 질병, 의료, 고통, 의사와 환자, 의료윤리의 문제를 논의하였으며, 추가적으로 의사 출신 작가에 대한 연구도 함께 다루어졌다. 그러나 '의학 속의 문학'은 문학적 요소를 어떻게 의학에 접목시킬 수 있는지의 문제이므로 기존 문학치료 연구의 논의를 포함하여 내러티브 이론의 실제적 모델을 만드는 방안, 즉 개체의 주관적 질병 경험에 근거하여 형성된 내러티브를 텍스트로 보고 문학 연구의 대상으로 삼는 것에 대한 논의까지 아우를 수 있어야 한다.[11] 하지만 현실적으로 '의학 속의 문학'은 의료문학의 토대를 마련하고 연구를 심화하는 가운데 순차적으로 이루어져야 할 영역이다. 이에 본고에서는 '문학 속의 의학'의 맥락에서 한국 고전문학에서 의료문학 연구의 문제를 다루고자 한다.

2. 한국 고전문학의 특징과 의료문학 범주 설정의 제 문제

고전문학을 대상으로 의료문학을 논의하기 위해서는, 현대문학과 구분되는 고전문학의 특수성 이해가 전제되어야 한다. 한국 고전문학(古典文學)은 고대의 문학에서부터 19세기 갑오개혁까지의 문학을 말하며,[12] 시대별로 원

---

10 이병훈, 「한국 의료문학 연구와 교육의 과제: '문학'과 의학의 과거와 현재」, 경희대학교 인문학연구원 추계 학술대회 자료집, 2018. 10. 24. 이에 대한 논의는 부분적으로 다음의 논문 서론과 4장에서도 서술되고 있다. 황임경, 「질병과 이야기, 문학과 의학기 만나는 지점들」, 『서강인문논총』 40, 서강대학교 인문과학연구소, 2014.
11 이병훈, 위의 논문.
12 『한국문학통사』의 서두인 '문학사 이해의 새로운 관점'에서는 '중세에서 근대로의

시문학, 고대문학, 고대에서 중세로의 이행기문학, 중세전기문학, 중세후기문학, 중세에서 근대로의 이행기 문학, 근대문학으로 구분한다.[13] 현대문학은 국문문학이면서 서정·서사·희곡·수필의 갈래론이 정착하였지만, 고전문학은 오랜 세월을 거치면서 언어 표현의 문제와 갈래론에서 현대문학과 구분되는 점들이 확인된다. 그래서 고전문학의 특징을 중심으로 기존 의료문학의 논의에서 재고되어야 할 점들이 확인된다.

첫째, "문학의 기본적인 요건은 글이 아니고 말"[14]이기에 한국문학은 구술, 한자, 국문이라는 언어의 삼중구조로 이루어졌으며 "말로 된 구비문학, 문어체 글로 된 한문학, 구어체 글로 된 국문문학"[15]의 총체이다. 이 셋을 대등하게 다루면서 상관관계를 살펴야 하며, 구비문학을 기록문학과 함께 다루어야 한국문학을 온전하게 이해할 수 있다. 구비문학의 하위 영역으로 굿을 길게 하면서 늘어놓는 노래와 말은 서정·서사·교술·희곡이 모두 들어 있다. 그 가운데 서사무가는 서사시로 서사민요, 판소리와 함께 한국 서사시의 역사를 이룬다. 설화(신화·전설·민담), 민요, 무가(巫歌), 판소리, 민속극, 속담, 수수께끼 등이 구비문학에 속하며 기록문학에 비해 형식이나

이행기 문학' 이후 자생적 근대문학의 출발점을 1919년 3.1운동 이후로 보며, '현대문학'이라는 용어보다는 근대문학의 시기가 지속되면서 내부적인 변화가 나타나고 있을 따름이라고 서술하고 있다. 조동일, 『한국문학통사 1』(제4판), 지식산업사, 2005.

13 이러한 문학사의 시대별 구분은 위의 『한국문학통사』(제4판)에서 제시한 것이다. 『한국문학통사』 1-6권까지는 이러한 시대 구분에 따라 서술되고 있다.

14 조동일, 위의 책, 19쪽. "말문학이 앞서서 글문학도 생겨났으며, 글을 쓰게 되면서부터 문학이 비로소 나타난 것은 아니다. 문학은 말문학 또는 구비문학과 글문학 또는 기록문학, 이 두 가지로 존재한다. 둘 다 문학인 점에서는 서로 같아 둘 가운데 어느 것이 문학이 아니라고 해야 할 이유가 없다."

15 조동일, 위의 책, 24쪽.

내용이 단순해야만 구전이 가능하다.

한국 고전문학은 문학의 향유 방법 자체가 문자보다 구술성(口述性)에 의존하는 경우가 많다. 고전문학의 대표적인 양식인 고전소설이나 고전시가는 대개 구전되는 설화나 민요에 기원을 둔다. 그래서 이들 양식의 문학적 특징 가운데 구술성과 관련된 요소들이 적지 않다. 고전소설은 문체 자체가 율문적 성격이 강하며, 시조나 가사는 창곡에 따라 가창되고, 판소리는 창의 방식으로 구전된다. 문자 생활에서 소외된 평민층에서도 구술성에 의존하여 문학을 향유할 수 있었다. 이러한 구비문학과 기록문학의 상관성을 볼 때 고전문학에서는 구비문학이 중요한 위치를 차지하며, 고전문학을 통해 의료문학을 논의하는 연구에서 구전되는 노래와 이야기 전반을 염두에 두어야 한다는 점을 파악할 수 있다.

둘째, 작가론의 문제이다. 의료문학에서는 '문학 속의 의학' 차원에서 실존 의사의 생애와 작품을 연구대상으로 하거나 한센병 환자였던 시인 한하운같이 질병에 걸린 작가의 문학작품을 논의한다. 하지만 한국 고전문학에서는 장편 서사인 고전소설의 경우에도 작자미상의 작품이 많고, 구비문학은 기층문학으로 작가를 특정할 수 없다는 점에서 고전문학은 작가론의 문제가 한문학에서만 제한적으로 적용될 수 있다는 점도 고려되어야 한다. 단, 작가론의 차원에서 조선 후기 '유의(儒醫)'에 주목하여 그들이 남긴 일기류 등의 '의료기록'을 함께 다룰 수 있을 것이다. 또한 의사들에 대한 기록으로, 조선통신사 연구의 주요 자료인 『필담창화집(筆談唱和集)』이 있다. 이것은 선조 40년부터 파견된 조선통신사가 일본 현지에서 주고받은 문답을 기록하였는데, 이 중 의료 관련 문답을 중심으로 한 '의원필담'에는 병증, 치험례, 본초, 그리고 의료와 관련된 양국의 각기 다른 제도나 풍속을 담고 있다.[16] 또한 실존 의원(醫員)을 주인공으로 하는 '전(傳)'도 연구대상에 포함할 수 있을 것이다.

셋째, 서정·서사·희곡이 주류를 이루는 현대문학과 달리 고전문학은 문학 갈래에서 '교술'의 영역이 발달하였으며 이 때문에 시와 소설을 중심으로 다루는 의료문학의 관점에 확장이 필요하다. 고전문학에서 '서정'은 지식인의 문학인 '한시'가 대표적인데,[17] 한시가 서정 양식에 속하고 심미성을 지향하기 때문에 질병이라는 소재를 타인보다는 자신이 앓는 병에 집중하여 다루면서 개인을 매개로 한 사회적 은유에 미약하다.[18] '서사'는 통일신라 때 『수이전(殊異傳)』을 원류로 하여 『삼국유사(三國遺事)』 등 설화집이 전승되나, 본격적으로 '고전소설'이라 할 만한 작품은 17세기 『홍길동전(洪吉童傳)』과 『구운몽』을 출발점으로 하여 18세기에 꽃을 피워 오늘에 이르렀기에 서정과 서사만으로는 고전문학의 전모를 파악할 수 없다. 교술은 '작품

---

16 김형태, 「의원필담(醫員筆談)에 구현된 18세기 조일(朝日) 의료 풍속의 토포스적 특성」, 배달말 55, 배달말학회, 2014. 두 나라의 의원들이 등장하여 문답을 주고받은 '의원필담'의 구체적인 내용은 본초 중심의 실용적인 치료법에 대한 논의와 부인병과 소아병에 관한 의료, 유행병에 대한 관심 등을 서술하고 있다. 이를 통해 17-18세기 조선과 일본의 의료에 대한 인식이 어떠하였는지를 밝힌 논문이다.

17 고전문학의 대표적인 서정인 한시에서도 질병을 직접적으로 다룬 작품이 다양하게 존재한다. 고전지식인의 상병(常病)이었던 '안질(眼疾)'을 논의하였다. 한국고전번역원 DB '한국문집총간'에서 안질을 소재로 쓴 한시는 152종의 문집에서 기록을 확인할 수 있으며, 작가들은 안질을 계기로 다른 감각에 눈뜨고 육안을 넘어선 심안(心眼)의 세계를 추구하기에 이른다. 고전지식인에게 질병은 한계를 극복하고 또 다른 세계로 나아가는 계기가 되었음이 한시 작품을 통해 확인된다. 김승룡, 「고전지식인의 안질과 그 의미에 대하여-눈의 발견, 修養의 방식」, 『한국문학논총』 82, 한국문학회, 2019, 5-40쪽.

18 김동준, 「疾病 소재에 대처하는 韓國漢詩의 몇 국면」, 『고전과 해석』 6, 고전한문학연구학회, 2009.

외적 세계의 개입으로 이루어지는 자아의 세계화'로서 교술문학으로 분류되는 '편지글'과 '일기류' 등은 작가의 심정을 직접적으로 토로한 글로 작가가 명확하게 드러나며, 작가와 작중 화자가 일치하는 점 등을 통해 허구가 아닌 질병의 사실적인 기록이라는 데서 일종의 '병적학(病蹟學, pathography)'으로서의 의미가 있다고 평가할 수 있다.

고려시대에 전염병이 돌 때마다 치러진 여제(厲祭)에서 읊던 제문(祭文)은 여귀를 달래어 재난을 극복하려는 목적의 글로 한문학이자 교술문학에 속한다. 한글로 쓰인 교술산문인 〈한중록(閑中錄)〉은 혜경궁 홍씨의 관점으로 영조와 사도세자의 관계와 갈등을 묘사하였는데 두 인간이 보인 병리적 증상을 관찰한 기록이라 평가할 수 있다. '서간문'도 교술의 한 영역으로 사적 영역의 글이므로 개인의 심정을 솔직하게 토로하였다는 성격을 갖는다. 19세기에 살던 양주 조씨는 조카딸에게 보내는 18편의 편지를 통해 자신이 느끼는 화병의 증상을 서술하고 슬픔과 고통을 토해 냈다.[19] 또한 선비들이 남긴 일기류는 양반들의 교유관계, 관직생활, 유배생활 등 양반 사족의 일상을 광범위하게 서술하는데, 이 가운데 자신과 가족, 집안 노비들의 질병도 충실하게 기록했다. 대표적인 경우가 이문건(李文楗, 1495-1567)의 『묵재일기(默齋日記)』로, 1535년부터 1567년까지 17년 8개월간의 기록을 통해 유의(儒醫)였던 이문건이 가족과 주변인들의 질병을 진료하고 약을 지어 주었던 일 등을 기록하였다.[20] 이 외에도 일기류에 속하는 김령(金坽, 1577-1641)의 『계

---

19 문희순, 「근대격동기 몰락 양반가 여성 양주 조씨 노년의 삶과 '화병'」, 『한국고전여성문학연구』 30, 한국고전여성문학회, 2015.
20 『묵재일기』에 수록된 의학적 기록에 대해서는 신동원, 『조선의약생활사』, 들녘, 2014에서 자세히 정리하였다.

암일록(溪巖日錄)』, 최흥원(崔興遠, 1705-1786)의 『역중일기(歷中日記)』, 금난
수(琴蘭秀, 1530-1604)가 남긴 『성재일기(惺齋日記)』 등에는 감염병에 걸린 자
녀를 지켜보는 아비의 괴로운 심경과 질병의 극복 과정이 서술되었다.[21] 이
처럼 선비의 일기와 견문록과 같은 기록물은 당대의 의료 환경이나 지식을
살펴볼 수 있는 유용한 자료로 의료문학의 중요한 연구대상이라는 점을 파
악할 수 있다.

한편 조선시대 시가 문학의 주역인 가사(歌辭)는 대표적인 교술시로, 조
선 후기에 장편화되면서 당시의 사회상을 담은 작품이 다수 출현하는데 특
히 19세기 〈덴동어미화전가〉는 1886년 병술년(丙戌年) 괴질(콜레라)로 삶이
파괴된 '덴동어미'를 형상화하였다. "옛적에 한 여자 있으되 일신이 갖는 병
신이라"로 시작되는 〈노처녀가(2)〉는 복합적인 장애를 가진 한 노처녀의 심
회를 그린 작품으로, 신체의 문제는 물론 혼사 좌절로 심리적으로 불안정한
모습을 그려 노처녀의 불안정한 심리를 통해서 불편한 몸의 이미지를 확장
한다.[22] 1801년 한씨 집안에 시집간 남원 윤씨가 자결하면서 지은 〈명도자

---

21 『계암일록』의 저자 김령은 1604년 큰 아이를 이질로 잃었고, 그 다음 해에는 남은
자녀들이 홍역과 학질을 앓게 되자 자녀들의 병세를 자세히 읽기에 기록하였다.
『역중일기』의 저자 최흥원은 1741년 큰아들 용장을 돌림병으로 잃고, 1743년에 다시
둘째 아들인 용채가 돌림병에 걸리면서 그 때의 심경과 아들의 질병 극복과정을
기록하였다. 『성재일기』를 쓴 금난수 역시 막내딸이 종향이 역병에 걸리자 의녀 일곱
명을 불러 치료하고, 후에 딸을 피접하였던 과정을 서술하고 있다. 모두 감염병에 걸린
자녀를 살리고 싶은 아버지의 노력을 엿볼 수 있는 기록이다.
22 정환국, 「19세기 문학의 불편함에 대하여-그로테스크한 경향과 관련하여」, 『한국문학연
구』 36집, 동국대학교 한국문학연구소, 2009, 260쪽. 이와 같은 내용이 드러나는
〈노처녀가(2)〉의 원문을 소개하면 다음과 같다. 내 비록 병신이나 남과 같이 못할쏘냐
/ 내 얼굴 얽다 마소 얽은 궁게 슬기 들고 / 내 얼굴 검다 마소 분칠하면 아니 흴까 /
한 편 눈 멀었으나 한 편 눈의 밝아 있네 / 바늘귀를 능히 꿰니 보선볼을 못 박으며 /
귀먹다 나무라나 크게 하면 알아 듣고 / 천둥소리 능히 듣네 / 오른손으로 밥 먹으니

탄사(命道自嘆辭))[23]는 자살의 문학으로 재평가할 수 있다. 남편의 죽음을 당하여 슬픔을 금하지 못하다가 결국 따라서 목숨을 끊은 사대부가 여성들의 심경을 노래한 가사는 '절명가사'로 범주화되기도 한다.[24] 절명가사가 아닌 유서 자체가 남아 있기도 한데,[25] 자결을 앞두고 가족과 주변 사람에게 쓴 사대부 여성의 유서는 죽음을 선택할 수밖에 없는 개인적, 사회적 상황과 자결을 앞둔 심정을 서술한 수기이다. 이처럼 고전문학에서는 서정과 서사의 권역을 벗어나면 오히려 육체적·정신적 질병과 삶과 죽음의 문제를 다룬 수많은 문학작품을 만날 수 있다.

3. 한국 고전서사에서 의료문학의 연구대상

이 장에서는 고전서사를 중심으로 갈래의 하위 영역에 따라 의료문학의 대상과 연구사를 다루고자 한다. 이는 고전서사에서 '문학 속의 의학'을 구체화하는 과정으로 질병과 의료를 다룬 문학작품을 제시하고 의료문학적

왼손 하여 무엇 할꼬 / 왼편 다리 병신이나 뒷간 출입 능히 하고 / 콧구멍이 맥맥하나 내음새는 일쑤 맡네 / 입시음이 푸르기는 연지빛을 발라보세 / 엉덩뼈가 너르기는 해산 잘할 장본(長本)이오 / 가슴이 뒤 않기는 진일 잘할 기골(氣骨)일세 / 턱 아래 검은 혹은 추어보면 귀격(貴格)이오 / 목이 비록 옴쳤으나 만져보면 없을쏜가 노처녀가(2), 한국고전시가선, 임형택·고미숙 엮음, 창작과 비평사, 1997, 185쪽.

23 이상보, 「명도자탄사 소고」, 『명지어문학』 8, 명지대학교, 1976.
24 박경주, 「18세기 절명가사에 나타난 사대부가 여성의 순절의식 연구」, 『국어국문학』 128, 국어국문학회, 2001.
25 이홍식, 「조선 후기 사대부 여성의 유서 창작양상 연구」, 『한국고전여성문학연구』 29, 한국고전여성문학회, 2018.

의미를 부각할 것이다. 고전서사는 구비문학인 설화와 무가·판소리와 기록문학인 한문과 국문으로 쓰인 고전소설 등을 하위 영역으로 다룰 수 있는데, 질병이라는 소재가 아닌 갈래별로 나열하여 연구사나 주요 작품을 검토할 것이다. 이는 의료문학을 위한 고전문학의 정전을 마련하고, 기존 의료문학에서 작품만을 부분적으로 다루어 갈래의 특징이 고려되지 않으면서 작품을 제대로 이해하는 데 한계가 있는 점을 보완하기 위함이다.

1) 설화: 질병 관념의 변화와 의료설화의 존재[26]

설화는 신화·전설·민담을 포괄하며, 무가(巫歌) 중에서도 서사무가는 제의의 구술상관물로 살아 있는 신화이다. 구비문학과 기록문학 양편에서 설화 자료가 축적되었다. 구비설화는 국문문학으로 비교적 근세에 채록된 자료가 대부분이지만, 민족의 원형적 사고가 축적되어 있다. 기록설화(문헌설화)는 지식층이 당대에 떠도는 이야기를 기록한 것으로 『삼국유사』가 대표적이며, 조선 후기에는 『어우야담(於于野談)』, 『천예록(天倪錄)』 및 『계서야담(溪西野談)』·『청구야담(靑邱野談)』·『동야휘집(東野彙輯)』의 3대 야담집(野談集)을 통해 기록된 설화의 일단을 확인할 수 있다. 특히 조선 후기 야담집은 임병양란 이후 변화한 사회상과 관념을 담았다는 점에서 주목할 수 있으며 근대 의식의 맹아를 확인할 수 있다.

질병을 다룬 설화 중에서도 서사무가는 질병신을 주인공으로 한 신화를

---

26 장의 내용 중 서사무가를 대상으로 질병 관념의 변화를 살펴본 부분의 일부는 다음 필자 논문의 일부를 발췌, 요약하였음을 밝힌다. 염원희, 「질병과 신화: 질병문학으로서의 손님굿 무가」, 『우리문학연구』 65, 우리문학회, 2020.

전승하였다. 한국 무속신화는 전염병에 대한 두려움을 신격화하여 손님신이라 하였으며 이에 관련된 제의와 신화를 오랫동안 전승했다. 동해안에서는 '손님', 서울굿에서는 '호구', 제주도에서는 '대별상'이라는 전염병의 신이 등장하여 인간을 위협하지만, 그들의 진정한 존재 의미는 인간을 질병에서 지켜주는 데 있기 때문에 질병신인 동시에 치유신으로 형상화된다. 현재까지 전승되는 '손님굿 무가'는 두창신을 모시는 제의에서 불리며 전염병이 어떻게 인간의 삶에 오게 되었는지 설명하는 신화다. 두창이라는 질병을 관찰하여 그것을 기반으로 질병의 증상 변화와 치유 과정을 서술하며, 특히 질병의 증상 변화에는 구전된 민간의 의료지식을 반영하였다.

> 손님네는 누구든지 들 때는 / 하리 이틀 앓아서 / 사흘나흘만에는 구실이 돈아나며 / 닷세엿세만에 꺼먼딱지 앉아서 / 이레 여드레만에 꺼먼딱지 떨어지며 / 열흘열이틀 열사흘만에는야 / 정예를 내여 보내는데 / 아무리 구실이 돈을 때를 / 기다리고 바래도 / 구실이 안 돈어난다 -김유선본 「손님굿」(1980)

밑줄 그은 내용은 두창의 병세가 진행되는 과정이다. 이 과정 후 회복하면 두창에 대한 면역력을 획득하여 다시는 걸리지 않게 되므로 이는 질병에 관한 매우 중요한 정보였을 것이다. 이것이 무가의 일부로 노래되었다는 점은 두창에 관한 이와 같은 민간의 '의료지식'[27]이 보편적이었음을 짐작케 하

---

27 손님굿 무가에 묘사된 두창의 과정은 질병에 대한 '민간의 의료지식'으로 상정할 수 있다. 두창은 급속도로 퍼지는 전염병이며 치사율이 높았고, 이 질병에 걸려 자가면역을 획득하는 것 외에는 별다른 치료법이 존재하지 않았기 때문에 민간 차원에서 치료의

며, 의료 혜택을 받을 가능성이 희박한 상황에서 스스로 증상을 관찰한 기층의 시선을 확인할 수 있다.

　동해안의 〈손님굿〉은 왜 질병이 생겨났는지를 질문하지 않고, 질병의 원인이 인간의 신체 바깥에 있는 외부적 요인으로 발생한 것으로 전제한다. 〈손님굿〉에서는 이 외부적 존재를 신으로 상징화하고 이를 '노정기(路程記)'라는 형식으로 노래한다. 노정기는 중국에서 들어와 한반도 전역을 휩쓸었다고 생각된 두창의 전염 과정에 대한 문학적 상상력이다. 또한 노정의 과정에서 질병신과 인간이 갈등하고, 이에 대한 벌로 인간이 질병을 얻게 되기도 하는데 〈손님굿〉에 형상화된 두신과 인간의 이야기는 수잔 손택이 말한 대로 "질병을 일종의 인과응보로 여기는 관념"[28]의 재현이다. 하지만 이것이 한 사회의 규범으로 기능한 신화에 형상화된 것이라면 단순히 '미신적 인식'이라는 누명은 재고되어야 한다. 〈손님굿〉에서 벌을 받은 뱃사공과 장자는 규범을 위반하였다는 점에서 공통적이다. 뱃사공은 신이자 여성인 존재를 희롱하였으며, 장자는 타인과 나누는 데 인색하였다. 특히 '장자(長者)'는 한국 설화에서 부를 나누지 않는 인색한 사람을 대표하는 존재로 신의

지식까지 형성되기 어려운 질병이었다. 여기서 말하는 '민간의 의료지식'이란, "인간의 육체를 보존하고 질병에 대응하기 위한 예방 또는 치료이며, 전승 면에서 습속적이며, 그 전승 방식은 주로 구술적이고, 그 관련 행위는 인위적으로 강요되지 않은 자생적인 것이며, 이용 재료는 일상생활 주변에서 손쉽게 구할 수 있는 것"으로 정의한다. 원보영, 「『규합총서』의 의료민속학적 연구-청낭결을 중심으로」, 『민속학 연구』 11, 국립민속박물, 2002.12, 112쪽.

28 수잔 손택, 『은유로서의 질병』, 이재원 역, 이후, 2002, 64-65쪽. "질병이 사악함을 벌주는 일종의 심판이라는 선입견을 갖고 있지 않을 경우라도, 기록자는 질병의 확산이 도덕의 붕괴를 뚜렷이 보여준다는 식의 설명을 강조하곤 했다. 즉, 질병이 공동체에 가해지는 심판이라고 생각하지 않을 경우, 사람들은 질병이 도덕과 풍습을 냉혹하게 붕괴시킬 것이라고-뒤늦게라도-생각했다는 말이다."

징벌의 대상이 되었다. 〈장자못 전설〉의 장자가 그러하며, 제주도 〈천지왕 본풀이〉에서 천지왕이 지상으로 내려오게 된 계기가 된 '수명장자', 〈이공 본풀이〉에서 원강암이를 학대하고 죽음으로 몰고 간 이도 '천년장자'였다. 공동체가 우선시된 농경사회에서 부를 가진 자가 자신이 가진 것을 이웃과 나누지 않는 것은 사회질서에 위배되는 악에 해당하며, 이는 징벌하거나 제거해야 할 대상이다.

또한 두창의 신격은 여성과 남성이 개별적으로 존재하는데 남성 신격이 퇴치해야 할 대상이라면, 여성 신격은 질병신이자 치유신으로 등장한다. 무엇보다 한국 무속의 질병신화는 질병신을 경외하기보다는, 질병에 걸린 환자에 시선을 두었다. 동해안의 '철앵이'와 서울굿의 '호구'는 단지 질병에 걸린 환자의 위치에 머무르지 않고, 죽음을 통해 신의 수호자 또는 질병신 그 자체로 화함으로써 병자를 치유하는 존재로 거듭난다. 역으로 제주도의 대별상은 무분별한 질병의 존재인 탓에 신의 위치에 있음에도 징벌의 대상이 되었다. 한국 무속의 질병신화는 환자를 낫게 하기 위해 부르는 노래이며, 질병신은 환자를 위해 존재한다. 또한 호구나 철앵이같이 '상처받은 자가 상처를 치유한다.'는 맥락을 통해 존재의 유한성에 얽매이지 않음으로써 질병으로 인한 인간 존재의 한계 극복을 지향하는 신화이다.

하지만 질병을 소재로 하는 서사는 시대를 달리하며 다양하게 형상화되어, 질병을 인과응보로 여긴다는 단순성에서 벗어나 다양한 관념이 병존하였고, 특히 임진왜란과 병자호란의 양란을 거치면서 질병과 죽음의 관념도 변화된다. 가장 단적으로 보여주는 것이 18세기 임방(任埅)의 『천예록(天倪

錄)』²⁹ 소재 〈집안 잔치에서 못된 아이가 염병을 퍼뜨리다(一門宴頑童爲癘)〉
라는 설화이다.

> 한 벼슬아치의 집안에 경사가 있어 잔치를 크게 벌였다. 일문(一門)이 모두
> 자리를 함께 하여, 내외의 친척이 집안을 가득 메웠다. 그런데 손님들이 앉
> 아 있는 내청(內廳)의 주렴 밖으로 별안간 머리를 흐트러뜨린 웬 험상궂은
> 사내아이가 나타나 우두커니 섰다. 생김새가 매우 흉악했는데, 나이는 열
> 대여섯 정도 돼 보였다. 주인과 손님들은 서로 이 아이가 누구 집 하인이겠
> 거니 하면서 묻지도 않았다.

집안 잔치 자리에 갑작스레 나타난 아이의 존재는 어떠한 예고도 없이 인
간의 일상에 들어오는 전염병의 모습과 동일하다. 처음에는 누구도 그를 모
르며, 관심조차 없다. 그러다가 아이가 여성의 거주지인 내실에 너무 가까
이 들어와 있다는 것에 불쾌감을 느낀 양반들이 종들을 시켜 아이를 내쫓으
라고 한다. 사람들이 소리를 치고, 끌어내리고, 급기야 장정들이 달려들어
몽둥이로 내리쳐도 "아이는 여전히 머리털 한 올도 뽑히거나 눈도 깜빡하지
않는 것이다." 사람들은 점점 아이가 괴이한 존재라는 것을 자각하고 두려
움을 느낀다. 게다가 다른 질병신과는 달리 '아이'는 행동을 예측하기 어렵
고 소통이 되지 않는 존재이기에 인간이 상황을 설명하여 위기를 모면하거
나 정성을 들여 질병에서 벗어나는 것을 도모할 수 있는 대상이 아니다.

---

29 18세기 야담집인 『천예록』은 우암 송시열의 제자이자 노론의 핵심인물이었던 임방이
   펴낸 야담집인데 전체 62화 중 47편이 비현실적 존재가 등장하는 기이담에 해당하는
   독특한 설화집이다.

사람들은 급기야 놀랍고 두려워 덜컥 겁이 났다. 그가 어쩌면 사람이 아닐지 모른다는 생각에서였다. 그래서 모두들 뜰로 내려와 그 앞에 무릎을 꿇고 절을 올리고 손을 모아 기도를 하면서 간절히 애원하였다. 한참 뒤에야 아이는 빙그레 웃으며 문을 나갔다. 문을 나서자마자 바로 자취는 사라졌다. 사람들은 놀란 데다가 두려운 마음이 들어 그 자리에서 잔치를 끝내고 집으로 돌아들 갔다. 다음날부터 주인과 잔치에 참석했던 사람들의 집에서 염병이 급속하게 돌기 시작했다. 꾸짖고 욕했던 자와 끌어내리려 한 자, 때린 무사, 그리고 손을 댄 하인들이 며칠 지나지 않아 앓아 먼저 죽음을 당했는데, 이들의 머리는 모두 찢어진 채였다. 이렇게 잔치에 참석했던 사람들 모두가 죽임을 당하고 살아난 사람은 아무도 없었다.

마지막 순간까지 아이의 정체는 드러나지 않는데, 이러한 점은 "미지의 존재에 대한 근원적인 공포를 증폭"[30]시킨다. 결국 아이가 사라지고 나서야 질병신임을 인지한다. 〈집안 잔치에서 못된 아이가 염병을 퍼뜨리다〉에서는 전염병(염병)이 인과관계에 따른 결과로서의 재앙이 아니라, 우연적이고 즉흥적이며 누구도 예상할 수 없는 재앙으로 형상화된다. 이는 〈손님굿〉에서 두창이 뱃사공과 장자의 윤리의식 결여때문임이 드러나는 것과 차이가

---

30 정경민, 「귀신으로서의 아이가 지닌 표상성 연구」, 『한국고전연구』 47집, 한국고전연구학회, 2019. 그런데 이 논문에서는 〈집안 잔치에서 못된 아이가 염병을 일으키다〉에 대해 '질병의 은유'를 거론하며 "꾸짖고 욕했던 자와 끌어내리려 한 자, 때린 무사, 그리고 손을 댄 하인들"이 모두 전염병으로 죽었음에 주목하여 질병은 신의 징벌이라는 인식을 여전히 보여주고 있다고 해석하고 있다. 그러나 필자는 『천예록』이라는 책의 성격과 18세기라는 시기를 고려하고 내용을 세밀하게 따져보았을 때 이 이야기의 핵심은 '우연적이며 급작스럽게 일어나는 전염병에 대한 근대적 발상'에 있다고 보았다.

있다. 이 이야기를 통해 전염병을 보는 당시의 관념은 공포와 두려움이며, 임병양란 이후 전염병에 대한 사람들의 감정이 어떠하였는지 확인해준다.

이 외에도 구비문학과 기록문학에 걸쳐 질병과 의료의 문제를 다룬 설화를 연구한 내용을 검토하면 다음과 같다. 직접적으로 질병을 소재로 하지 않더라도 이야기에 담긴 상징성을 유추함으로써 고대 질병의 추상성을 벗기고 구체성을 부여하여 당시의 질병과 이에 대한 대응을 파악할 수 있다. 『삼국유사』에 수록된 질병을 소재로 한 설화에서 귀신이나 악룡은 전염병이며, 설화는 귀신과 악룡을 퇴치함으로써 전염병을 극복하는 것을 상징한다고 보는 것이다. 〈수로부인〉에서는 수로부인을 잡아간 용을 퇴치하여 부인을 구하였고, 〈만파식적〉에서는 나라의 근심과 걱정을 퇴치하고, 〈처용랑과 망해사〉는 남편 몰래 아내를 범한 역신을 처용가로 퇴치하고, 〈혜통항룡조〉에서는 공주의 병의 원인으로 독룡이 등장하여 혜통이 이를 퇴치한다.[31] 전염병뿐만 아니라 정신적인 질병의 문제를 다룬 사례로 〈문무왕 법민〉을 통해 문무왕이 가졌던 스트레스성 질병이 어떠한 신체 이상 징후를 일으키는지를 다룬 사례와, 〈제48대 경문왕〉에서는 정치적 지지기반이 약했던 경문왕이 수면장애와 귀 질환을 앓았던 사례가 보인다.

---

31 표정옥, 「『삼국유사』에 나타난 고대 질병에 관한 사회문화적 의미 연구-자연 재해와 관련된 역사 기술들을 중심으로-」, 『동남어문논집』 제39집, 동남어문학회, 2015. 특히 〈혜통항룡조〉는 독룡이 병을 일으켜 해악을 끼쳤다는 내용인데, 이 때 질병의 원인은 '독룡'이 된다. 이 독룡이 당나라에서 신라로 들어왔다는 점은 질병의 전파를 의미하며, 이 기사에서 혜통의 주요 활동은 당 고종의 공주의 병을 고치고, 효소왕의 공주의 병을 고치고, 신무왕의 등창을 고쳤다는 점에서 僧醫이며, 당나라 공주의 병을 일으켰던 독룡을 물리쳤다는 점은 곧 질병의 치료하였다는 의미로 볼 수 있다. 이에 대해서는 노중국, 「삼국유사 조의 검토」, 『신라문화학술발표논문집』 32, 동국대학교 신라문화연구소, 2011.

구비설화에서의 '의료설화'도 폭넓게 다루어졌다. 의료를 소재로 하는 설화의 경우, '치병설화'라 할 만큼 병을 누가, 어떻게 치료하는지에 초점이 맞추어진다. 특히 누가 치료하는지의 문제를 다루는 '명의담(名醫談)'이 주류를 이룬다. 강진옥은 명의담을 대상으로 문제 상황을 해결해 가는 인물의 행위에 초점을 맞춰 설화를 분석하였다.[32] 그는 명의담은 인간 능력의 한계 인식과 낙관적인 신뢰를 동시에 내포한다고 보고 '명의들은 기술적인 측면은 물론이고 일상적인 관념과 고정성을 벗어나 세계 운행의 비밀까지 이해하는 열린 시선으로 인간의 문제를 응시하는 존재들'이라고 결론지었다. 이는 명의 설화가 지니는 의미와 가치를 포괄적이고도 선명하게 파악해 냄으로써 후속 연구를 위한 길라잡이의 역할을 한 논의이다. 김명수는 '구비명의전설'을 연구하면서 치료 방법을 기준으로 설화를 정리하는 데에 주력하였다.[33] 이지연은 명의의 등장 여부와 무관하게 '치병'을 제재로 한 설화작품을 대상으로, 전승자들이 과거의 병과 삶을 어떻게 생각하는지를 살펴보고자 하였다.[34] 구현희·안상우는 설화에 나타난 명의 유의태의 의료인의 면모를 추적하였다.[35]

의료설화에서는 질병 자체를 소재로 하더라도 질병의 원인이 무엇이었는지를 질문하는 것이 아니라, 질병을 어떻게 치료하였으며 극복하였는지의 문제를 다룬다. 이때 치료를 돕는 존재는 의료인이 아닌 가족인 경우가

32 강진옥, 「명의담에 나타난 인간 및 세계인식」, 『민속어문논총』, 계명대 출판부, 1983.
33 김명수, 「구비명의전설 연구」, 경산대학교 석사논문, 1997.
34 이지연, 「구비설화에 나타난 치병관 연구」, 인제대학교 교육대학원 석사학위논문, 2007.
35 구현희·안상우, 「의료설화를 통해 본 명의 유의태 자취 연구」, 『영남학』 16집, 경북대학교 영남문화연구원, 2009.

많고, 우연한 기회로 얻은 민간요법을 통해 치료에 이르기도 한다. 곽의숙은 '의료설화'를 대상으로 방대한 구전설화와 문헌설화를 망라하여 의료설화를 정리하고 거기에 담긴 상징성과 민중 의식을 추출하였다.[36] 이인경이 제시한 '치병설화'[37]에서는 '환자-의사-가족'[38]이 상정된 다양한 의료 상황이 묘사된다. 다수를 차지하는 것이 명의(名醫)를 주인공으로 하는 이야기이지만, 의원의 역할이 절대적이지 않고 우연성에 기대어 병이 치료되는 이야기들이 많다는 점이 특징이며, 때로는 의료인보다 '가족'의 역할이 부각된다. 그러나 설화에서는 질병을 앓는 환자의 고통이나, 치료 과정에서 환자의 감정이 배제되는 경향이 있다. 또한 이인경은 치병설화를 대상으로 이야기 자체에 나타난 원인 분석과 해결 방식을 물질적이고 합리적인 이해는 물론, 사회심리적, 도덕적, 정치적 측면에서 분석하고 해석하고자 하였다.[39]

그 밖에 특정 질병을 구체적으로 다룬 사례도 있는데, 이은우와 최원오는 설화에서 한센병이 사회문화적으로 어떻게 인식되는지 분석하였다.[40] 특히 최원오는 한센병을 소재로 한 설화를 유형화하여 분석함으로써 이 병의 전

---

36 곽의숙, 「한국 의료설화 연구」, 동의대학교 박사학위논문, 2008.
37 이인경, 「치병설화: 질병체험의 문학적 재현과 병자를 향한 타자의 시선」, 『어문론총』 56호, 2012.
38 의료에서 '환자-의사-가족'이라는 구도는 현대문학 작품을 대상으로도 중요하게 논의된 바 있다. 이영아, 「문학작품에 나타난 한국 현대 의료의 현실」, 『인문과학연구』 36, 2013에서는 박완서 소설을 대상으로 의료를 둘러싼 세 주체의 내러티브를 제시하여 의료인문학 교육에 활용할 수 있는 가능성을 제안하고 있다.
39 이인경, 「구비 '치병설화'의 의미와 기능」, 『국문학연구』 제23호, 국문학회, 2011.
40 이은우, 「문둥이 처녀담 연구」, 성신여자대학교 석사학위논문, 2005; 한순미, 「한국 한센병과 가족이라는 장치-전통 시기 설화에서 근대 소설로의 이행과정에 관한 몇 가지 검토」, 『인문사회과학연구』 제15권 제2호, 부경대학교 인문사회과학연구소, 2014; 최원오, 「한국 설화문학에서의 문둥이[癩病]에 대한 인식과 젠더, 이데올로기의 문제」, 『일본학연구』 제52집, 단국대학교 일본학연구소, 2017.

통적인 인식과 젠더, 이데올로기 문제를 사회문화적 관점에서 규명하였다.

2) 고전소설: 정신적 질병의 문제[41]

　전통사회의 병리적 현상을 살펴보는 데 고전소설이 유용한 텍스트인 이유는 대부분 장편으로 서사의 밀도가 높고, '가정소설(家庭小說)'이나 '가문소설(家門小說)'같이 가족중심적 사고를 기반으로 가부장제에서 벌어질 수 있는 다양한 문제점을 담았기 때문이다. 또한 근대문학이 질병의 병적 원인을 다루고 있으나 그 원인이 불분명한 데 반해, 고전소설에서는 질병의 원인과 증상이 구체적으로 드러난다. 고전소설의 등장인물이 앓는 질병은 대개 등장인물의 행위 및 심리와 밀접하게 연결된다. 주인공의 내적 번민이 심각해질 때 질병에 걸리므로, 질병은 주인공이 겪는 심적 고뇌의 깊이를 드러낸다. 또한 '전지적 작가 시점'에 따라 전개되면서 등장인물의 감정이나 상황이 설명적으로 묘사된다. 서술자가 등장인물의 증상을 직접적으로 언급하기 때문에 질병의 특징을 파악하기 용이하다. 특히 등장인물의 개성을 형상화하거나 인물이 처한 상황의 심각성을 표현하는 방법으로 인물의 병리적 특징을 과장되게 표현하기도 한다. 이는 고전소설 인물이 대부분 '전형적'이라는 점과 맥을 같이 한다.

　고전소설에서는 육체적 질병은 물론이고, 전통사회의 구조적 문제를 기반으로 발생하는 정신적 질병의 문제가 좀 더 심각하게 드러난다. 국문 장

---

41 장의 내용 중 국문장편소설의 화병의 문제에 관한 논의는 다음 필자 논문의 일부를 발췌, 요약하였음을 밝힌다. 엄원희, 「국문장편소설 인물들의 갈등과 화병, 치유의 문제」, 『한국민족문화』 76, 부산대학교 한국민족문화연구소, 2020.

편소설에 나타난 '정신적 강박증'을 다룬 탁원정(2016)의 연구는 이러한 특징을 잘 보여준다. 이 글에서는 정신적 강박증을 '이념의 강박증'과 '심리적 강박증'으로 구분하여 논의하였으며, 겉으로 드러나는 증상으로 '토혈(吐血)'을 들었는데,[42] 이는 수많은 고전소설에서 등장하는 중요한 증상이기도 하다. 또한 고전소설에 나타난 '갈등'과 '우울'의 원인을 분석하거나,[43] 신경증적 증상의 사례와 그 원인을 다루기도 하였다.[44]

질병은 역사와 문화 경험을 공유하는 집단의 사람들이 공통으로 체험하는 것이라는 사회문화적 구성물로 볼 수 있으며, 한국의 '화병'이 대표적인 예일 것이다.[45] 질병 중에서도 심인성(心因性) 질환같이 징후만 있을 뿐 뚜렷한 임상적 증상을 기술하기 힘든 병은 더 이상 사실(fact)이 아니라 상상(fiction)과 은유(metaphor)의 영역에서 의학이 아닌 문화가 구성하는 병으로 서술된다.[46] 화병같이 '문화 연관 증후군(Culture-Bound Syndrome)'으로 명명

---

42 탁원정, 『정신적 강박증과 육체의 지병-국문장편소설을 대상으로』, 「고소설연구」 41, 한국고소설학회, 2016. 이 논문에서 거론한 고전소설과 인물의 강박증은 다음과 같다. 이념적 강박증으로는 〈유효공선행록〉의 유연, 〈성현공숙렬기〉의 임희린 등 남성인물에게서 나타나는 효제 강박증, 〈옥원재합기연〉의 이현영, 〈성현공숙렬기〉의 주숙렬 등 여성인물에게서 나타나는 효열 강박증이 있다. 심리적 강박증은 〈완월회맹연〉의 소교완과 〈쌍천기봉〉 연작의 소월혜에게서 나타나는 증오강박증, 〈완월회맹연〉의 장성완에게서 나타나는 불안 강박증이다. 탁원정은 이 논문 외에도 「국문장편소설 〈완월회맹연〉에 나타난 여성 인물의 병과 그 의미-소교완, 이자염, 장성완을 중심으로」, 『문학치료연구』 40, 한국문학치료학회, 2016.

43 조현우, 『〈방한림전〉에 나타난 '갈등'과 '우울'의 정체-젠더 규범의 균열과 모순을 중심으로』, 「한국고전여성문학연구」 33집, 한국고전여성문학회, 2016.

44 황혜진, 「신경증에 걸린 고전소설의 인물들-〈주생전〉의 배도, 〈운영전〉의 안평대군과 유영을 중심으로」, 『고소설연구』 41권, 한국고소설학회, 2016.

45 여인석, 『의학사상사』, 살림, 2007, 35-36쪽.

46 김일구, 「질병과 문학: 문학 속의 역병의 4가지 공간」, 『신영어영문학』 27집, 신영어영문학회, 2004, 3쪽.

된 질병은 그 문화 안에서 발아하여 오랫동안 널리 읽힌 고전소설을 통해 심화하여 연구될 수 있음이 자명하다. 화병은 '울화병(鬱火病)'이라고도 하며, 억울한 감정을 제대로 발산하지 못하고 억지로 참는 가운데 생기는 신경성적인 울화로 발생하는 질환을 말한다.[47] 한국의 민간에서 사용된 병명으로 현재 신경정신과 영역에서 광범위하게 사용되는 질병 개념이다. 이 병은 『조선왕조실록』에서 1603년 선조 대에 처음으로 기술된 이래로 광범위하게 활용되었다. 고전소설의 주인공들은 다양한 화병의 증상을 보이는데, 특히 『완월회맹연』의 소교완은 소설 속에서 전형적인 반동 인물이지만, 화병의 증세를 보여준다는 점에서 의료문학에서 주목할 인물이다. 소교완은 정잠의 후처가 되어 쌍둥이 아들까지 낳았건만, 남편이 일말의 재고도 없이 자신이 결혼 전에 들였던 양자 정인성을 계후(繼後)로 삼자 마음의 병을 얻는다.

금회(禁懷) 요요(擾擾)ᄒ며 분해 치셩(熾盛)ᄒ여 혹 번조(煩操)ᄒ고 초갈(焦渴)ᄒ여 입이 트며 후셜(喉舌)이 말르고 소변이 젹홍(赤紅)ᄒ여 화통(火痛)의 근졔 비경(非輕)ᄒᆯ 아ᄂ 밧진 눅ᄂ 모녀 삼인 싸름이오… 텬뉸의 졍과 부ᄌ의 ᄌ이로 구별지여(久別之餘)의 단취(團聚)을 다힝ᄒᄂ 그 질셰(疾勢) 비경ᄒ여 음식을 슌강(順嗞)치 못ᄒ고 일신을 허번(虛煩)ᄒ여 면모 안칙(眼彩)의 열ᄒ(熱火)ᄌ로 오르며 입이 트고 목이 갈ᄒᆯ 니끼지 못ᄒ여 빙슈을 ᄌ로 ᄂ오ᄆᆯ 근심ᄒ여 소공이 ᄌ로 니르러 증세를 물으며 쥬부인이 슈셔(手

47 김종우, 「화병(火病)에 대한 한의학의 이해」, 『한국심리학회 학술대회자료집』, 2000, 8쪽.

書)로 가감(加減)을 ᄆᆞ르니 소시 냥친의 우려을 민망ᄒᆞᆮᄃᆡ 분화(憤禍)을 일시
의 소석(消釋)지 못홀 ᄲᆞᆫ 아냐 ᄉᆞ인 부부의 무우(無憂) 화락홀 바을 더욱 통
한ᄒᆞ여 신봉(新奉) 초혼(初婚)시로부터 우환을 더으고 근심을 깃쳐 그 몸이
괴로오며 정녁이 진갈토록 보치려 ᄒᆞᄂᆞᆫ 즁 오히려 즁구(衆口)의 시비을 쩌
려 것츠로 ᄉᆞ인 부부을 혈심 진졍으로 귀즁 연이ᄒᆞᄂᆞᆫ 듯 ᄒᆞᄂᆞ 신부의 좌석
이 밋쳐 덥지 아냐셔 침질(沈疾) 상셕(床席)ᄒᆞ니 ᄉᆞ인의 우우(憂憂) 초박(焦
迫)ᄒᆞᄆᆞᆯ 돕거늘 신뷔 ᄯᅩ 엇디 ᄉᆞ실의 안휴(安休)ᄒᆞ리오.『완월회맹연』권35

위의 인용문에 나타나는 소교완의 1차적인 증상은 입이 타는 느낌, 붉은
색 소변, 목마름 등인데, 화가 올라와 느낄 수 있는 증상과 일치한다. 한의
학에서 설명하는 화병의 원인이자 증상인 '화'는 위로 올라가는 특성이 있
기 때문에 입이 바짝 마르고, 얼굴이 붉어지고, 무엇인가 치밀어 오르며 화
끈거림과 같은 직접적인 증상이 나타난다. 이 외에도 머리가 아프고, 어지
러우며, 잠이 잘 안 오고, 눈이 뻑뻑하고, 목이 뻑뻑하며, 몸에 습기가 부족
하여 가렵고, 심지어는 변비나 설사 증상까지 연관이 있다.[48] 소교완의 입이
타는 증상은 그 전에 가슴 속에서 '분홰 치셩(熾盛)', 즉 분함이 불길같이 성
한 것이 원인이 되어 신체적인 증상으로 나타난 것이다. 소교완의 눈에서도
(안치(眼彩)) 뜨거운 불길같이 매우 급한 화증이 나타난다. '열홰(熱火) ᄌᆞ로
오르며'는 그러한 뜻이다.

소교완은 시어머니 주부인 등 가족들의 간호를 받지만, 분을 삭히지 못하
여 병중이 나아지지 않는다. 특히 인용문의 후반부에서는 소교완이 이렇게

---

48 대한한방신경정신과학회 화병연구센터 편, 『화병 100문 100답』, 집문당, 2013, 57쪽.

분화를 품은 이유가 아들인 정인성 부부가 아무런 걱정없이 화락하는 바를 통한히 여기는 마음 때문이라고 서술한다. 양자인 정인성을 향한 미움과 그를 어떻게든 장자의 위치에서 몰아내고 자신의 아들을 계후로 세우려 하였는데, 정인성이 좋은 가문의 여식인 이자염과 혼인하면서 장자로서의 위치를 공고히 하는 모습을 보니 '분노'의 감정이 더 심해졌던 것이다.

급기야 소교완은 화병의 병증으로 등창이 생긴다. 소교완의 이러한 증세를 남편인 정잠은 '병의 독기가 오장육부에 사무쳐 심각한 등창으로 번진 것'으로 파악하고, 그녀의 종기를 도려내고자 한다. 소교완의 등창은 가슴에 화가 쌓인 결과이며 등창의 병근을 흰 뼈가 보이도록 도려내는 작업은 소교완의 미움의 뿌리를 도려내는 과정으로 환유된다.[49] 결국 창을 도려내어 질병에서 벗어나는 것과 함께 소교완의 내적 갈등도 해소된다. 종창(腫瘡)은 『조선왕조실록』에서 관련 기사가 400여 건으로 단일 질병군으로는 가장 많이 등장하며, 역대 왕의 질병으로 사인(死因)이 되기도 하였다.[50] 『완월회맹연』의 소교완뿐만 아니라 고전소설의 여러 주인공들의 병증으로 등장하는데 작품 내에서 종창은 내적 번민의 결과이거나 악행으로 인한 천형(天刑)이고, 외모와 결부되어 등장인물의 천함과 못남의 표상으로 역할하기도 한다.[51]

조선 후기 고전소설 작가인 박지원은 청년기에 우울증을 심하게 앓았다

---

49 탁원정, 앞의 논문, 127쪽.

50 김동, 맹웅재, 「조선전기 군왕의 질병에 관한 연구」, 『대한한의학원전학회지』 10권 2호, 대한한의학원전학회, 1997.

51 한길연, 「대하소설 속 종창(腫瘡) 모티프 연구」, 『고전문학과 교육』 36, 한국고전문학교육학회, 2017.

고 알려진다.[52] 이를 극복하기 위해 거리로 나아가 거지, 이인, 천한 역군과 몰락한 양반을 만나기 시작했다. 이러한 경험을 담은 것이 『연암집(燕巖集)』 8권 「방경각외전(放璚閣外傳)」에 수록된 9편이다. 그중에서도 특히 박지원 자신의 우울증 극복 과정을 담은 것이 〈민옹전〉이다.

> "계유 · 갑술년 간, 내 나이 17, 8세 오랜 병으로 몹시 지쳐있을 때 집에 있으면서 노래나 서화, 옛 칼, 거문고, 이기(彝器)와 여러 잡물들에 취미를 붙이고, 더욱더 손님을 불러들여 우스갯소리나 옛이야기로 마음을 가라앉히려고 백방으로 노력해 보았으나, 그 답답함을 풀지 못하였다."[53]

〈민옹전〉에 묘사된 질병은 우울증, 거식증과 불면증을 동반하는 아주 지독한 병이었다.[54] 치유자로 등장하는 민옹은 탁월한 이야기꾼으로 등장하는데, 특히 대화 상대자의 기대에 역행하는 화법으로 환자의 시야를 넓히고 생각을 전환할 수 있도록 유도한다. 소설의 '나'는 민옹을 만나 대화함으로써 자신의 상황을 전혀 다르게 해석하는 방법을 깨닫고, 시야를 넓히고 생각을 전환하면서 치유된다. 민옹은 세상에서 가장 두려워하는 것이 무엇이냐는 질문에 '자신'이라고 대답한다. 작은 틈만 생겨도 이기심과 사악함이 침투하여 망상을 만들고 자기 자신을 물어뜯기 때문이다. 마음병에서 벗어나려면 자기 안에 갇히는 것을 경계해야 한다고 역설하는 작품이 박지원의 〈민옹전〉이다.

---

52 고미숙, 『동의보감-몸과 우주 그리고 삶의 비전을 찾아서』, 북드라망, 2012.
53 박지원, 『연암집(하)』, 신호열 · 김명호 역, 돌베개, 2007, 166쪽.
54 고미숙, 앞의 책, 93-94쪽.

근대 이전에는 신체의 고통을 진단하고 치료하는 것 자체가 쉽지 않았으며, 특히 정신적인 문제가 생겼을 경우 이를 해결하기 어려웠다. 하지만 마음의 문제도 질병이라고 분명하게 인식되었고, 이를 소재로 한 다양한 이야기가 만들어졌다. 고전문학의 질병서사는 명확한 치료의 상황을 제시하기보다는 마음병의 상황과 증상을 묘사하고 이것이 관계의 문제에서 발생한다고 지적한다. 또한 정신적, 신체적 질병을 치료하는 방법으로는 스스로 병을 예방하거나 치료하는 양생법이 유행하거나 민간요법이 형성되었고, 때로는 민간신앙의 차원에서 이를 해결하는 시도도 이루어졌다. 마음과 육체는 함께 다스려야 할 대상이었고, 마음의 문제가 해결되는 것이 몸의 고통을 해소하는 중요한 방법이었다.

또 한 가지 주목할 것은 의원을 주인공으로 한 한문소설이 형성되었다는 점이다. 현대소설에서 의사를 주인공으로 한 작품이 의료문학의 관심사인 것처럼 한국 고전소설에서도 의원에 관한 작품은 의료인에 관한 당대의 인식을 살펴볼 수 있는 대상이다. 주로 18세기 의학에 관한 관심을 기반으로 근대적 지식인들이 이런 한문소설을 형성하였다. 정약용의 〈몽수전(蒙叟傳)〉은 『마진기방(痲疹奇方)』을 저술한 의학자 몽수(蒙叟) 이헌길(李獻吉, 1738~1784)의 생애를 다루었다. 이계(耳溪) 홍량호(洪良浩, 1724~1802)의 〈침은조생광일전(針隱趙生光一傳)〉과 〈피재길소전(皮載吉小傳)〉, 더 이른 시기의 정래교(鄭來僑, 1681~1757)의 〈백태의전(白太醫傳)〉은 좋은 성품이나 뛰어난 의술로 사람들을 구제한 의원에 관한 전(傳), 즉 명의(名醫)를 입전(入傳)한 것이다.

3) 판소리계 소설: 판소리에 반영된 의학지식과 질병에 걸린 몸

판소리계 소설은 장편소설이면서 작가가 특정되지 않는 기층문학인 판소리를 기반으로 하여 형성되었기 때문에, 그 시대의 보편적인 질병 인식을 이해할 수 있는 텍스트이다. 판소리는 17-18세기에 형성되어 기록문학 시대에 등장한 구비문학으로 한국문학사에서 독특한 위치를 점하고 있다. 판소리계 소설은 작가를 특정할 수 없는 기층문학이지만, 구전과 기록의 양 주체의 관념을 모두 포괄하는 문학사적 위상을 지닌다. 현존하는 판소리 다섯마당은 〈춘향가〉, 〈심청가〉, 〈수궁가〉, 〈적벽가〉, 〈흥보가〉이며, 실전(失傳)판소리인 〈변강쇠가〉가 있다. 이 중에서도 〈수궁가〉와 〈변강쇠가〉는 특히질병의 상황과 이에 대한 당대의 지식과 그 대응이 풍부하게 형상화되었다.

먼저 〈수궁가〉의 경우, 용왕이 득병한 것이 서사의 출발점이므로 작품 초반에 용왕이 수궁(水宮)으로 찾아온 도사에게 자신의 병을 설명하고 처방을 받는 '약성가(藥性歌)' 대목이 질병과 치유의 문제를 직접적으로 다루는 대목이다. '약성가'는 도사가 용왕을 진맥하는 장면에서 불리는 노래인데, 본래한의학에서 약재 정보를 노래 형식으로 기록하거나 한시체(漢詩體)로 지어약물의 성질과 효능을 쉽게 기억하도록 한 것이다. 의서인 『제중신편(濟衆新編)』에 처음으로 실렸고, 또 다른 의서인 『방약합편(方藥合編)』에 실린 내용이 판소리 사설로 재구성된 것으로 보인다.[55] 다음은 〈수궁가〉의 가장 기본적인 서사 구조를 잘 갖춘 '정광수 창본'에서 용궁에 찾아온 도사에게 용

---

55 김형태, 「세계문학의 패러다임과 한국고전시가의 보편적 가치: "약성가(藥性歌)"의 성립과 전승 양상 연구」, 『한국시가연구』 30권, 한국시가학회, 2011.

왕의 병중을 설명하고 처방을 받는 대목이다.

① 왕(王)이 팔을 내여 주니 도사 맥(脈)을 볼 제 심소장(心小藏)은 화(火)요 간담(肝膽)은 목(木)이요 폐대장(肺大臟)은 금(金)이요 신방광(腎膀胱)은 수(水)요 비위(脾胃)는 토(土)라 간목(肝木)이 태과(太過)하야 목극토(木克土)허나 비위(脾胃)는 토(土)라 간목(肝木)이 태과(太過)하야 목극토(木克土)허니 비위(脾胃)가 상(傷)하옵고 담성(痰盛)이 심(甚)허니 신경(腎經)이 미약(微弱)허고 폐대장(肺大臟)이 왕성(旺盛)허니 간담경(肝膽經)이 자진(自盡)이라 방서(方書)에 일렀으되 비(脾)는 내일신지조종(內一身之祖宗)이요 담(膽)은 내일신지표본(內一身之標本)이라 심정즉만병(心靜則萬病)이 식(息)허고 심동즉만병(心動則萬病)이 생(生)하오니 심정(心情)이 곧 상(傷)하오면 무슨 병(病)이 아니 나리 ② 오로칠상(五勞七傷)이 급(急)하오니 보중탕(補中湯)으로 잡수시오 숙지황위군(熟地黃爲君)하여 닷 돈이요 산사육천문동세신(山査肉天門冬細辛)을 거토(去土)허고 육종용택사앵속각(肉從容澤瀉櫻束角) 각(各) 한 돈 감초(甘草) 칠푼(七分) 수일승전반(水一升煎半) 연용(連用) 이십여첩(二十餘貼)을 허되 효무동정(效無動靜)이라 설사(泄瀉)가 급(急)하오니 가감백출탕(加減白朮湯)을 잡수시오 (중략) ③ 침구로 다스릴 제 천지지상경(天地之上經)이니 갑일갑술시(甲日甲戌時)에 담경유주(膽經流注)를 주고 을일유시(乙日酉時)에 대장경삼양(大腸經三陽)을 주고 영구(靈龜)로 주어 보자 일신맥(一新脈) 이조해(二照海) 삼외관(三外關) 사임읍(四臨泣) 오손공(五孫空) 육공손(六公孫) 칠후계(七後溪) 팔내관(八內關) 구열결(九列缺) 삼기(三奇)를 붓쳐 팔문(八門)과 좌맥(坐脈)을 풀어주되 효험(效驗)이 없으니 십이경(十二經) 주어 보자 승장(承醬) 염천(炎泉) 천돌(天突) 구미(龜尾) 거궐(巨闕) 상원(上元) 중원(中元) 하원(下元) 신궐

(腎關) 단전곤륜(丹田崑崙)을 주고 족태음비겸(足太陰飛兼) 삼음교음릉천(三陰
交陰陵泉)을 주어보되 아무리 약(藥)과 침구(鍼灸)를 허되 병세(病勢) 점점(漸
漸) 위중(危重)하다.[56]

'약성가'는 '병사설-진맥사설-약사설-침사설'로 구성되는데[57] 위의 인용문
을 통해 보면, ①은 용왕의 맥을 짚은 도사가 오장육부의 관계를 설명하며
심정이 상하면 병이 날 수 있다고 하였고, ②는 구체적인 처방을 이야기하
는데, 특히 '보중탕(補中湯)'은 담화(痰火)로 인한 구토나 가슴 답답함을 치료
하는 처방이며, '가감백출탕(加減白朮湯)'은 '백출탕'[58]에 일부 약재를 가감한
탕약으로 습수(濕嗽)를 치료하는 데 처방한다. 습수(濕嗽)란, 습사(濕邪)가 폐
에 침범하여 생긴 기침인데 이때에는 몸이 무겁고 뼈마디가 안타깝게 아프
며 으슬으슬 추운 증상으로 약의 처방을 통해 용왕의 병중이 어떠하였는지
더욱 구체적으로 파악할 수 있다. ③은 침술 대목으로 혈자리에 따라 침을
놓았으나 병이 나아지지 않는 장면이다. 혈자리로는 '신맥(申脈)', '조해(照
海)', '외관(外關)' 등 혈자리를 바탕으로 사설이 전개된다.

---

56 김진영 외, 「정광수 창본 수궁가」, 『토끼전 전집 1』, 박이정, 1997, 253-254쪽.
57 인권환, 「판소리 사설 '약성가' 고찰《수궁가》를 중심으로」, 『문학한글』 제1호, 한글학회,
   1987. '약성가'는 '병 사설, 진맥사설, 침사설, 약사설'로 나누고, 다시 약사설을 '약명
   사설, 약조제사설, 약처방 사설, 약성가'로 나누는데, 일반적으로 '약성가'라 하면 전자의
   경우를 말한다. 또한 약성가는 〈수궁가〉 외에도 〈봉산탈춤〉, 〈변강쇠가〉에도 등장한다.
   이 논문에서는 판소리에서 '약성가'의 역할을 해학적, 풍자적, 전문지식 과시의 기능
   등으로 설명하고 있으며, 한의학에 유식한 창자나 개작자에 의해 비교적 후대에
   '약성가'가 차용 삽입되었으리라 추정하였다.
58 백출탕(白朮湯)은 습수(濕嗽)로 담(痰)이 많고 몸이 무거우며 맥이 유세(濡細)한 것을
   치료한다. 許浚 著, 東醫學研究所 譯, 『東醫寶鑑 3-雜病編 Ⅰ』, 여강출판사, 1994,
   1706쪽.

수많은 판소리 이본에 등장하는 약성가의 내용은 한의학적으로 의미 있는 지식인가 하는 1차적인 궁금증과 함께 이러한 지식이 왜 판소리 사설에 삽입되었는가 등의 문제의식을 가질 수 있다. 18-19세기 판소리는 공연을 지원하는 패트런의 구미에 맞게 문어체와 구어체가 혼용된 이중적 사설이 구성되거나 특정 장면이 확장되기도 한다. 상당수의 〈수궁가〉 이본에 용왕의 질병과 치료에 관한 한의학 지식이 반영되었다는 점은 조선 후기 한의학의 위상과 의료인으로서의 의원 집단이 어느 정도의 사회적 경제적 지위를 가졌는가의 문제를 가늠해보게 한다.

"아, 그놈의 신사년(1821) 괴질, 괴질"이라는 대사가 등장하는 〈변강쇠가〉는 전염병과 기타 질병을 소재로, 질병과 시체를 경험한 공포가 작품 전반의 미적 특질과 구조에까지 영향을 미쳤다는 점에서 매우 독특[59]한 작품이다. 〈변강쇠가〉는 유랑민의 떼죽음과 시체 부착(屍體 附着)이라는 기괴한 현상을 그리고 있는데, '땅과 사람들에게 붙어 떨어지지 않는 시체'는 속수무책으로 전염병에 당한 시신들이 쌓여 있는 경험이 문학적 상상력으로 표현된 것이다. 정상적인 죽음이 아닌 재난으로 인한 죽음, 위험에 무방비로 노출된 환경, 여기에서 느끼는 당혹감과 공포, 해결 방법이 없는 데서 오는 절망 등은 전망의 부재를 낳는다. 그리고 공포는 인간이 완전히 지배하지 못한 불확실한 세계에 대한 불안과 위협을 통해 경험된다. 〈변강쇠가〉를 비롯하여 19세기 문학에 등장하는 전염병은 "새로운 방식의 문제에 부딪혔을 때, 더 이상 기존의 사고방식이나 관습으로는 해결할 수 없는 것의 은유라

---

59 이주영, 「〈변강쇠가〉에 나타난 강쇠 형상과 그에 대한 적대와 의미」, 『어문논집』 58, 민족어문학회, 2008, 7쪽.

고 할 수 있다. 즉 문제의 해결 방법이 없는 것이다."⁶⁰ 〈변강쇠가〉는 옹녀를 중심에 두고 남편들이 바뀌는 서사인데, 이때의 남편은 모두 질병이나 재난 때문에 죽은 불온한 몸을 상징한다. 게다가 남편들은 사회적 요건이 결핍된 존재로 사회적으로 받아들여지기 어려운 존재적 문제가 있었다. "변강쇠를 비롯한 불온한 남성들이 어이없게도 사회적 약자인 여성에게로 질주하는 형국이었다. 따라서 여기 변강쇠의 몸은 불편한 사회에 향한 병리적 반응"⁶¹ 으로 볼 수 있다.

이 외에도 〈심청가〉의 경우, 심봉사를 통해 맹인의 존재를 다루기 때문에 장애를 보는 당대의 관념과 장애인 처우에 관한 사회제도의 일단을 보여주는 작품이다. 또한 판소리계 소설 〈심청전〉은 조선 후기에 대중적으로 널리 읽히다가 무속 제의의 일부로 편입되는 독특한 양상을 보이는데, 동해안 지역에서 연행되는 '심청굿'이 그것이다. '심청굿'은 심봉사가 눈을 뜨듯이 마을 사람들이 병에서 치유되기를 기원하는 것이 목적인데, 본래 굿에 존재하였던 '맹인거리'와 판소리 〈심청가〉의 일부 대목이 결합하여 주술적 의미를 획득하였다. 이러한 변화는 20세기 이후 비교적 근래에 이루어진 것이기에, 20세기 전반기 의학의 사회적 의미와 종교와 의학의 관계를 고민하는 등의 논의가 필요하다고 본다.

---

60 이주영, 「19세기 疫病체험의 문학적 형상」, 『동악어문학』 55, 동악어문학회, 2010, 61쪽.
61 정환국, 앞의 논문, 266쪽.

4. 맺음말

본고는 의료문학의 범위를 확정하고 정전 마련에 기여하기 위해 한국 고전문학과 의료문학의 상관성을 논의하고, 고전문학이 가진 특수성을 바탕으로 의료문학의 범위를 설정하고자 하였다. 또한 연구사적 관점에서 질병과 의료의 문제를 다룬 작품을 '고전서사'를 중심으로 논의하였다. 서사문학은 소재측면에서 질병과 의료의 문제를 직접적으로 다루고 있어서 관련 작품 선별이 명료하게 이루어질 수 있으며, 또한 기존 의료문학 연구에서 대부분 현대문학의 소설이 중심이 된다는 점에서 이에 상응하여 고전문학의 의료문학적 범위의 문제를 논의하기에 적합한 영역이라 판단하였다. 앞으로 서사 외에도 한국 고전문학의 교술과 서정을 대상으로도 의료문학의 전모를 밝히는 정리 작업을 수행할 것이다.

기존에 질병을 소재로 한 고전문학 작품을 다룬 연구를 아우르면서 의료문학을 심화할 수 있는 설화, 고전소설, 판소리계 소설의 작품 몇 가지를 예로 들어 연구 가능성을 제기하였다. 이로써 문학을 통해 질병을 바라보는 사회문화적 인식을 살펴보고, 사회문화적 특수성을 배경으로 하는 병리 현상에 관한 구체적인 논의의 필요성을 부각하고자 하였다. 이러한 논의는 질병이 과학적이거나 정보공학적 연구 대상에 머물지 않게 만들고자 하는 의료인문학의 목표를 수용한 것으로 질병의 인문학적 의미를 드러내는 과정이 될 것이다.

또한 의료인문학은 교육을 전제로 범주화된 분야라는 사실[62]을 고려한다

---

62 여인석, 「의료인문학 교육-왜, 무엇을, 어떻게」, 2018 경희대학교 인문학연구원

면 의료문학 역시 교육적 측면에서 고민이 있어야 한다. 의사학과 의철학이 분과학문으로 자리잡은 것에 비해 '의료문학'은 정체성이나 현실적인 수요 면에서 자리잡지 못한 것이 사실이다.[63] 문학을 통해 의사의 공감 능력을 키우고 의사소통 능력을 신장하며, 나아가 문학을 통한 의료윤리 교육이나,[64] 질환 내러티브를 활용한 교육[65]으로 확장되기 위해 의료문학을 정립하는 작업은 우선적으로 이루어져야 한다. 문학이 의료인문학의 정식 교과과정으로 자리잡기 위한 노력이 필요하며, 이를 위해서는 커리큘럼을 구체화해야 하기에 의료문학의 정전을 마련하는 일은 그 선행 단계로서의 의미가 있다.

학술대회, 2018, 2쪽.
63 이병훈(2018), 앞의 글, 4쪽.
64 이병훈, 「의학과 문학의 접점들」, 『의학과 문학』, 문학과 지성사, 2004, 19쪽,
65 지 토마스 쿠저, 「내러티브를 이용하여 심각한 질병 이해하기」, 『문학과 의학교육』, 동인, 2005.

정신질환의
의료문학사를 위한 일고찰*
- 화병과 신경쇠약을 중심으로

박성호 (경희대학교 통합의료인문학연구단 HK연구교수)

* 이 글은 필자의 「근대 초기 소설에 나타난 기독교와 치유의 문제」(2020.1.), 「신소설 속 여성인물의 정신질환 연구」(2020.5.), 「《매일신보》 소재 번안소설 속 여성인물의 신경쇠약과 화병의 재배치」 3편의 논문에서 분석했던 내용을 바탕으로 하였다.

1. 들어가며

문학에서 정신질환이라는 소재는 낯설지 않다. '미치다', '광증', '광기' 등으로 표현되는 인물형은 문학의 단골 소재라고 할 법하며, 사적(史的)으로 보더라도 고전문학에서부터 현대문학에 이르기까지 폭넓게 퍼진 보편적 소재라고 해도 과언은 아닐 것이다.

이런 양상은 근대 초기 문학에서도 크게 다르지 않았다. 이인직의 「혈의 누」를 필두로 하는 1900-1910년대의 소설에는 다양한 질병이나 의료 장면이 등장하지만, 이 중에서 가장 압도적인 빈도수를 차지하는 것은 역시 정신질환이다. 「혈의누」에서 집에서 홀로 가족을 기다리다가 착란과 우울증 증상을 겪는 최씨 부인이나, 「은세계」에서 남편을 잃고 유복자를 출산한 직후 실진해 버린 본평댁, 「안의성」에서 남편과 이별하고 시모에게 모함을 받다가 심경병(心境病)에 걸린 정애 등이 대표적이다.

정신질환이라는 소재는 비단 신소설에서만 그치지 않는다. 1910년대 중반 《매일신보》에서 큰 인기를 끈 「쌍옥루」의 이경자나 「장한몽」의 심순애도 히스테리, 신경쇠약, 멜랑콜리아 등 여러 형태의 정신질환에 노출된다. 심지어는 이를 진단하는 의사나 이들을 치료하기 위한 정신병동까지 등장할 정도다. 「비봉담」에서는 아예 신경열병이 사건을 해결하는 데 중요한 열쇠로 작용하기도 한다.

반면 이에 대한 연구는 정신질환의 구체적인 양상에 집중하기보다는 주로 '광기'라는 차원에서 접근하는 경향이 강하다. 일단 이들 소설에 나타나는 정신질환에 주목한 연구 자체도 그리 많다고 볼 수 없는 상황이기도 하지만, 그중에서도 작중에 거론되는 각종 질병들, 이를테면 심화병이나 심경병, 화증, 히스테리, 멜랑콜리아, 신경쇠약 등의 양상이나 관계 등을 본격적으로 살핀 연구는 더욱 찾기 어려운 형편이다.

물론 여기에는 근대 초기 문학에서 나타나는 정신질환이 본격적인 '질병'이라기보다는 실진(失眞), 전광(癲狂) 등으로 대변되는 '현상'으로 치부되는 경향이 강하다는 점도 무시할 수 없다. 「혈의누」 초반에 등장하는 옥련의 총상(銃傷)이나 「구마검」 전반부를 관통하는 천연두 등은 특정 작품에서만 발견할 수 있는 것과 달리, 점증되는 고난 속에서 이로 인한 스트레스를 견디지 못하고 정신질환에 노출되는 인물은 다수의 소설에서 손쉽게 발견된다. 울화와 같은 부정적인 감정을 해소하지 못하고 누적된 결과로 병든 상태에 빠진다는 인과관계는 굳이 근대적인 병리학의 이해를 전제로 하지 않더라도 당시의 독자 일반에게 손쉽게 이해될 수 있는 요소였기 때문이다.

하지만 1920-1930년대 문학의 연구에서는 정신질환, 특히 신경쇠약에 다각도의 천착이 이루어진다는 점, 그리고 인접한 동아시아 문학 연구에서도 신경쇠약을 중요하게 다룬다는 점 등을 감안할 때 근대 초기 문학에서의 정신질환 역시 좀 더 구체적인 검토와 분석이 필요하다고 판단된다. 이는 비단 1900-1910년대 문학에서 정신질환이 어떻게 형상화되었으며 어떤 의미를 내포하고 있는지를 보는 데에만 그치는 것이 아니라, 이후 대두되는 신경쇠약과 문학 사이의 관계가 어떤 역사적 경로를 통해 형성된 것인지를 가늠하기 위한 정지(整地) 작업으로서도 기능할 수 있을 것이다.

따라서 이 글에서는 그간 근대 초기 문학에서 정신질환과 관련된 기존의 연구들을 검토하고, 이를 바탕으로 정신질환과 문학 사이의 사적 맥락을 재구성하기 위한 토대를 마련하고자 한다. 이를 위해서 '화병(火病)'과 '신경쇠약(神經衰弱)'이라는 두 질환을 중심에 두고 1900-1910년대 신소설과 번안소설 등을 중심으로 근대 초기의 문학 내에서 전통적인 질병관이 근대의학과의 접목을 통해 재배치되는 양상을 추적할 단초를 마련해 보고자 한다. 물론 이에 대한 구체적인 분석과 연구는 별도의 논문을 통해서 구성되어야 할 것이므로, 이 글에서는 일단 이러한 작업을 위한 기존의 연구사 검토와 각 개념의 검토를 통해 기초 작업을 수행하는 것을 목표로 삼을 것이다.

2. 근대 초기의 화병과 신경쇠약

화병(火病)은 울화병의 준말로 분노 같은 부정적 감정의 누적으로 화(火)의 양상으로 폭발하는 증후군으로 정의된다.[1] 이는 전통적으로 통용된 질병임과 동시에, 오늘날의 한의신경과학과 신경정신의학에서도 다루는 질병이다. 미국정신의학협회가 1994년 발간한 DSM-IV에서 문화연계증후군

---

1 전국한의과대학 신경정신과 교과서편찬위원회 편, 『한의 신경정신과학』, 집문당, 2016, 497-501쪽; 최은지·서효원·김종우·정선용, 「화병(火病) 유사 병증의 한의학적 치료에 대한 임상연구 동향분석-CNKI를 중심으로」, 『동의신경정신과학회지』 28-4, 대한한방신경정신과학회, 2017, 350쪽에서 재인용.

의 일환으로서 화병(hwabyoung)을 포함시킨 것이 그 대표적 사례다.

화병은 억울하고 분한 감정을 표출하지 않고 억누른 결과로 발생하는 질환으로서 한국인의 고유 정서인 '한(恨)'과 밀접한 것으로 이해되기도 한다.[2] 그런 까닭에 양반가 여성이 남긴 기록[3]이나 〈소씨삼대록〉과 같은 고전소설 등[4]에서도 화병은 심심찮게 등장한다. 이는 화병이 근대 이전부터 사람들 사이에서 폭넓게 이해되는 질병으로서 동시대의 문학작품 속에서도 나타날 만큼 보편적인 인식하에 있었음을 보여준다.

근대 초기에도 이런 상황은 크게 다르지 않았다. 아들을 찾으려다가 뜻을 이루지 못하여 심화병(心火病)을 앓는 아비[5]나 울화병으로 사망한 영국 영사(領事)[6] 등 화병과 관련된 기사를 찾기는 어렵지 않았다. 혹은 굳이 심화병, 울화병 등의 병명을 거론하지 않더라도 울화로 병을 얻어 죽었다든지, 울화증으로 병이 생겼다든지 하는 서술은 당대 매체에서도 흔히 나타나는 바였다.

이는 화병에 대한 인식이 근대 초기에도 비교적 보편적이었음을 뜻한다. 혹은 화병이라는 별도의 질환으로 이해하지는 않더라도, 부정적인 감정을 해소하지 못한 채 억누른 결과로 병을 얻게 된다는 일종의 '기전'에 대해서 만큼은 일반인들 사이에서도 폭넓게 공유되었다고 파악된다. 그런 만큼 화

2　민성길·이종섭·한종옥, 「한(恨)에 대한 정신의학적 연구」, 『신경정신의학』 36-4, 대한신경정신의학회, 1997, 603-610쪽.

3　문희순, 「근대격동기 몰락 양반가 여성 양주조씨 노년의 삶과 '화병'」, 『한국고전여성문학연구』 30, 한국고전여성문학회, 2015.6, 5-34쪽.

4　정선희, 「삼대록계 국문장편소설의 공주/군주 형상화와 그 의미-부부관계 속 여성의 감정과 반응 양상에 주목하여」, 『한국고전여성문학연구』 31, 한국고전여성문학회, 2015.12, 225-258쪽.

5　「부안박남긔」, 《독립신문》, 1899.10.30.

6　「英法啓釁傳信」, 《한성순보》, 1884.5.25.

병, 혹은 화병으로 설명될 수 있는 일정한 증상이나 기전의 서사가 당대 소설에서 등장할 것이라는 추론은 그렇게 어렵지 않을 것이다.

반면 신경쇠약은 화병 같은 인식의 저변을 확보한 상태는 아닌 것으로 보인다. 원래 신경쇠약은 미국인 의사인 조지 M. 비어드(George M. Beard)가 만들어 낸 개념으로, 1880년 그의 저서 『신경성 피로에 관한 실제적 논문(A Practical Treatise on Nervousness)』에서 확인할 수 있다.[7] 신경쇠약은 인간 신경 체계에 가해지는 과도한 압박 때문에 발생하는 것으로, 이러한 압박의 가장 주요한 요인은 근대 문명 그 자체라고 설명되었다. 말하자면 신경쇠약은 근대 문명이 가져오는 해로운 결과물임과 동시에, 문명화 과정 자체의 긍정적 징후로 여겨지는 성향의 질병이었다.[8]

일본이라는 제국의 틀 내에서 신경쇠약은 근대성의 징표임과 동시에 위험스러운 진보의 잠재성을 나타내는 징후로 간주되었다.[9] 신경쇠약은 정신병으로 발전할 수 있으며, 이것이 다시 병적인 공격성으로 진행될 수 있기에 신경쇠약에 노출된 환자의 유약함은 사회적 분열을 야기할 수도 있다고 보았다. 이런 관점은 동시기의 일본문학에도 적잖은 영향을 끼쳤는데, 그 대표적인 사례가 나쓰메 소세키의 『산시로』, 『명암』 등에 나타나는 남성 인물들의 신경쇠약이나 『문』, 『노방초』의 여성이 보이는 히스테리가 그것이다. 신경쇠약은 서양 문명 때문에 생긴 병이므로 서양 문명의 부작용의 산물로 등장하며, 히스테리는 부부 관계가 여성에게 부과하는 불안과 중압감

---

7 C. 한스컴, 「근대성의 매개적 담론으로서 신경쇠약에 대한 예비적 고찰」, 『한국문학연구』 29, 2005, 154쪽.
8 위의 글, 155-156쪽.
9 위의 글, 158-159쪽.

이 원인인 것으로 분석된다.[10] '불안'은 신경쇠약의 원인 가운데 하나로 지목되거나[11] 신경쇠약과 동반하는 정신적 증상으로 자주 거론된다. 이는 상기한 나츠메 소세키의 경우에도 마찬가지여서, 그의 문학 속에 나타나는 신경쇠약은 죄의식, 고독감, 죽음, 자살 등에 수반하는 불안[12]으로 해석되기도 한다.

한국에서의 신경쇠약은 다른 여타의 신경계 질환이 그러하듯 근대 문물의 도입과 함께 개념화·범주화되었다. 제중원에서는 1885년 신경계에 질환을 가진 환자를 치료했다는 기록이 있으며, 일본 해군이 부산에 설립한 제생의원에서도 비슷한 시기에 일본인 정신질환자를 치료했다고 한다.[13]

다만 신경쇠약은 1900년대까지는 그다지 보편화된 개념은 아닌 것으로 보인다. 당대의 신문 보도 등을 통해서 나타나는 정신질환은 보통 정신병, 미친병, 광증 등으로 대변되었고, 종종 화병이나 전광(癲狂) 같은 근대 이전의 단어로 표현되기도 했다. 신경쇠약은 외보(外報), 즉 외국 신문의 기사를 전재 또는 인용하는 보도에서 등장하거나, 혹은 약 광고에서 효험이 기대되는 질병 중 하나로 언급[14]되는 정도가 전부였다. 외보나 광고의 특성을 감안

---

10 김숙희, 「나츠메 소세키 문학과 병-신경쇠약과 히스테리의 양상」, 『일어일문연구』 69, 2009, 114쪽.
11 찰스 테일러, 송영배 역, 『불안한 현대사회』, 이학사, 2003, 154-158쪽 참조.
12 권혁건, 「나츠메 소세키의 『第十夜』에 나타난 불안 연구」, 『일본문화학보』 28, 2006.2, 264쪽 참조.
13 여인석, 「세브란스 정신과의 설립과정과 인도주의적 치료전통의 형성」, 『의사학』 17-1, 2008, 57-59쪽.
14 《大韓每日申報》 1908년 10월 23일부터 게재된 제생당약방의 壯陽復元丹 광고가 대표적이다. 뇌통(腦痛), 폐약(肺弱), 유정다몽(遺精多夢) 등과 함께 신경쇠약이 거론되어 있다.

한다면, 신경쇠약은 한국 내에서 보편화된 용어라기보다는 박래품(舶來品)의 일종으로 정신과 관련된 피로감이나 이상 징후 등을 포괄하기 위한 신식 단어로 채택되었던 게 아닐까 한다.[15]

　　일단 문헌상 신경쇠약이라는 용어가 처음으로 눈에 띄는 것은 《황성신문》 외보(外報)[16]에서다. 이 기사에서는 "西太后의 病氣가 아즉 快愈흔 模樣이 無ᄒ고 漸漸 疲勞흠이 目下 侍醫 宦官 等이 百方看護ᄒᄂᄃᆡ 病源은 心勞로 發흔 神經衰弱이라"고 하였는데, 신경쇠약의 원인으로서 심로(心勞), 즉 심리적 과로를 거론했다는 점에서 눈에 띈다. 이처럼 신경쇠약은 등장 초기부터 정신의 과도한 작용에서 비롯되는 질병으로 여겨졌고,[17] 신경쇠약에 관한 인식이 보편화되기 시작한 1920년대에는 '어떻게 정신의 과로를 해소할 것인가?'에 관한 담론을 형성하기도 했다.[18] 이러한 담론은 가급적 정신에 가해지는 자극을 줄임으로써 신경을 과도하게 사용하지 않는 쪽에 초점을 두었고,[19] 계절적 요소에 따라 사람의 질병에 영향을 준다는 관점하에 그 원리를 규명하려는 시도도 있었다.[20]

15　보통 외보의 경우에는 해외 신문의 기사를 거의 그대로 가져오는 일이 많았고, 이 과정에서 논설이나 잡보와 같은 한국발 기사에서는 등장하지 않는 단어들이 채택되기도 했다. 신경쇠약의 경우에도 1900년대까지는 외보나 광고에서만 모습을 드러낸다는 점은 이런 추론을 가능케 한다.

16　「西太后의 病狀」, 『皇城新聞』, 1901.5.27.

17　鄭子英, 「朝鮮婦人의 疾病이 만흔 緣由」, 『時代日報』, 1924.4.2.;「神經質인 男女는 春野散策도 危險」, 『每日申報』, 1927.3.19.

18　夏節과 婦人, 여름철에 만히 생기는 『회스테리』의 예방법」, 『每日申報』, 1923.6.1.

19　흥미로운 사실은 이런 관점 아래 연극, 소설, 활동사진 등도 기피해야 할 대상으로 거론되곤 했다는 점이다. 신경쇠약에 대한 예방책은 가급적 과도한 신경의 활동을 줄이는 데 초점을 맞추고 있었는데, 이러한 활동은 신경에 자극이 커서 증상을 악화시킬 수 있다는 관점이었다. 위의 기사.

20　「神經質인 男女는 春野散策도 危險」, 《매일신보》, 1927.3.19. 이 기사에서는 총독부의원의

이렇게 보면 화병과 신경쇠약은 별개의 정신질환인 것처럼 보인다. 화병이 전통적인 질병관에 기반을 둔 정신적 억압의 분출이었다면, 신경쇠약은 근대문명의 급격한 변화가 낳은 과도한 자극으로 발생하는 소모성(消耗性) 증후군에 가까웠다. 적어도 신경쇠약의 원개념을 따진다면 화병과의 사이에서 뚜렷한 인과나 연계를 찾기는 어려웠을 것이다. 화병이 전통적 질서나 가치관으로 생긴 증후군이었다면 신경쇠약은 새로운 것, 즉 근대적인 요소에 의해 발생하는 증후군인 셈이므로 양자는 오히려 대척점에 놓였다고 할 수도 있겠다.

그러나 박래(舶來)하는 개념들 상당수가 그러하듯, 신경쇠약은 이와 같은 본래의 의미를 고스란히 유지한 채로 한국에 유입된 것은 아니었다. 오히려 신경쇠약은 '번안'의 과정을 거쳐서 당대 한국인들이 손쉽게 받아들이고 유통할 수 있는 개념으로 재구성된 것으로 보인다. 그리고 이 과정에서 화병은 신경쇠약과의 접촉을 통해 근대 병리학이 포괄하는 용어나 기전, 치료 등의 술어로 재배치되었다고 판단된다.

이러한 추론을 가능하게 하는 대표적인 요소는 바로 '여성'이다. 근대 초기 한국에서 신경쇠약은 보통 여성의 질병으로 여겨졌다. 대체로는 여성이 남성보다 신경이 예민하고 감정적으로 충동되기 쉽다는 것이 이유였다.[21] 실제로 신경쇠약과 관련된 대다수의 보도는 보통 그중심에 여성을 두었다. 물론 이는 비단 한국에서만의 경향이라고 보기는 어려웠으며, 신경쇠약이

통계와 더불어 "봄날 따쓋한 기운이 돌면 갑작이 운동력이 증가"하므로 정신에 이상이 생기는 일이 많다는 식으로 날씨와 정실질환의 관계를 설명한다.

21 "대뎌 부인들은 남주보다 봉통으로 감정이 빠르고 따라 무삼 일에든지 희노애락의 충동과 자극이 심흔 것은 누구나 아는 바이지만", 위의 기사.

나 히스테리의 젠더화는 보편적인 현상이기는 했다.[22] 하지만 이는 시부모와의 긴장 관계로 자궁병이나 위장병과 더불어 신경쇠약이 생기기 쉬우며 나아가서는 화병(火病)으로 이어진다는 맥락으로 변주되기도 했다.

> 셋재로 우리 조선 부인들은 싀집사리를 하느라고 싀부모 압히 어려워서 찬 데 진 데 말은 데 할 것 업시 긔를 못 펴고 안는 까닭에 자궁병과 톄증이 생깁니다만은 여자의 자궁병이란 것은 목숨에 관계가 뎨일 무서운 병입니다 사실 우리 조선 부인 처노코는 자궁병이나 위병(胃病)은 대개 업는 분이 업슬만치 만습니다 그런데 <u>위병이나 자궁병에는 신경쇠약징이 늘 짤하단이는 까닭에 조선 녀자에게는 화ㅅ병이란 것도 만습니다</u>

위 글은 도쿄여자의학전문학교를 졸업하여 귀국 후 산부인과병원을 개원했던 여성 의사 정자영(鄭子英)[23]이《시대일보》1924년 4월 2일 자에 기고한 글의 일부이다. 〈조선부인의 질병이 많은 까닭〉이라는 제목의 이 글에서 정자영은 부인에게 호발하는 질병으로 위장병, 자궁병, 그리고 신경쇠약을 지목한다. 그런데 여기서 신경쇠약은 위장병이나 자궁병과의 합병증을 일으켜 화병을 낳기도 한다고 설명된다.

원래 화병은 신체화 증상을 동반하는 것으로 알려졌다. 주로 답답함, 숨

---

22 M. S. Micale, *Hysterical Men : The Hidden History of Male Nervous Illness*, Harvard Univ. Press, 2008, pp.81-84; 이수형, 「1910년대 이광수 문학과 감정의 현상학」, 『상허학보』 36, 상허학회, 2012.10, 211쪽에서 재인용.

23 신동원, 「일제강점기 여의사 허영숙의 삶과 의학」, 『의사학』 21-1, 2012.4, 56-57쪽.

막힘, 두통, 몸과 얼굴의 열기, 화끈거림, 소화 장애, 가슴의 치밂 등인데[24] 정자영의 설명에서는 신경쇠약과 같은 신경 계통의 질환과 위장병 등의 신체 질환이 복합되어 화병으로 진행되는 것처럼 되어 있다. 그 순서에서 다소의 차이가 있기는 해도 화병과 신경쇠약의 관계가 당대에 어떻게 인식되었는지를 엿볼 수 있는 대목이다. 화병에 대한 인식은 근대적인 병리학 지식이나 제도가 본격적으로 도입되기 이전부터 폭넓게 공유되던 것이었으되, 신경이나 뇌와 같은 새로운 의료 관련 지식의 보급과 더불어 화병에 본래 있던 신체화 증상이 분리되고 신경쇠약이라는 정신질환 계통의 병명이 남게 된 결과가 바로 위의 글과 같은 해석으로 남게 된 것이 아닌가 한다.

물론 이것이 병리학적 인과를 뜻하는 것은 아니며, 의료의 측면에서 화병을 신경쇠약과 그에 수반되는 여타의 신체적 질병으로 나누어서 진단하고 치료하게 되었다는 사실을 의미하지는 않는다는 점을 재차 확인해야겠다. 이는 질병을 바라보는 사회 일반의 '인식'과 '문화'의 문제이자, 근대적인 기술과 제도의 도입에 따른 급격한 변화 속에서 화병이 이러한 체계에 맞는 형태로 재배치되는 양상이라는 측면에서 접근하고자 함이다. 이는 거꾸로 이야기하면 신경쇠약이라는 '박래품'이 당대 한국 사회의 현실에 맞게 번안되는 과정을 들여다보는 작업이기도 할 것이다. 익숙하지 않은 질병 개념이 정착되는 과정에서 나타나는 변주와 재해석은 기존의 익숙한 질병 개념을 해체 또는 재배치의 과정과 맞물려 있을 것이기 때문이다.

---

24 유승연·김미리혜·김정호, 「마음챙김 명상이 중년 여성의 화병 증상, 우울, 불안 및 스트레스에 미치는 효과」, 『한국심리학회지: 건강』 19-1, 2014.3, 84쪽.

3. 점증하는 고난에 대한 표상
─신소설과 화병

신소설에서는 다양한 질병이나 의료 상황이 등장하지만, 그중 가장 높은 빈도로 나타나는 것은 역시 정신질환이다. 이 정신질환은 우울증에서부터 착란·망상에 이르기까지 비교적 폭넓은 스펙트럼으로 나타나는데, 대체로는 전자에서 후자로 점증되는 양상을 보이는 경우가 많다. 그리고 이는 소설 내에서 등장인물이 겪는 고난의 강도가 점증되는 양상과도 일치하는 편이다.

그러나 신소설에서 나타나는 정신질환은 대체로 그 병명이 정확하게 나타나지 않는 경우가 많다. 보통은 실진(失眞), 전광(癲狂), 광증(狂症)이나 '미쳤다'와 같은 일반적인 술어로 표현되거나, 정신질환에 노출된 인물의 외양 묘사 또는 행동거지 등을 보여줌으로써 '광인(狂人)'으로 묘사하는 정도에 그친다. 따라서 신소설에 등장하는 정신질환을 의료의 관점에서 접근하고 분석하는 데에는 어느 정도 한계가 존재할 수밖에 없다.

이런 정황은 기존의 연구에서도 드러난다. 신소설에서 나타나는 정신질환을 지칭하는 용어를 일별해 보면, 박진영[25]이나 서연주[26], 송명진[27]은 '광기', 권보드래[28]는 '광증' 등으로 표현한다. 이는 상술했듯이 정신질환을 전

---

25 박진영, 「1910년대 번안소설과 '실패한 연애'의 시대」, 『상허학보』 15, 상허학회, 2005.8.
26 서연주, 「신소설에 나타난 여성인물의 광기」, 『여성문학연구』 34, 한국여성문학학회, 2015.
27 송명진, 「이식된 '광기'와 소설적 형상화-1910년대 소설을 중심으로」, 『대중서사연구』 22-4, 대중서사학회, 2016.
28 권보드래, 「신소설의 성(性), 계급, 국가-여성 주인공에 있어 젠더와 정치성의 문제」,

광증(癲狂症)이나 광증, 발광(發狂) 등 '미치다[狂]'는 술어를 채택한 신소설의 그것과도 상당 부분 맞닿아 있다. 한편으로는 작중 인물이 구체적으로 어떤 질환에 노출되었는지보다는 일탈의 상태에 놓인 인물이나 현상 그 자체에 집중하는 것이 작중의 의미를 파악하는 데 더 유의미하다고 볼 수도 있을 것이다.

하지만 신소설이 등장한 1900년대에는 신경쇠약, 정신병, 우울병 등이 앞의 용어들과 동시에 등장하였으며, 이는 광(狂)이라는 술어 외에도 정신질환을 파악하고 분류하는 방식이 조금씩 다양해지는 상황이었음을 보여준다. 아직 이러한 용어들이 동시대의 소설 내에 침투할 정도로 사회에 보편화된 것은 아니었으되, 정신질환을 인식하고 표현하는 방식은 이러한 징후를 상당 부분 포착한 것으로 보인다. "광기라는 주제는 보통 세기말의 시대적 불안을 투영한다."[29]는 서연주의 서술은 신소설의 여성 인물들이 겪는 정신질환이 광(狂)이라는 술어를 넘어서 신경쇠약이나 히스테리와 같은 근대적 용어에 접목할 만한 여지를 충분히 내포하고 있음을 시사한다.

다른 한편으로는 화병과 같은 전통적 개념의 유통도 여전히 활발했음을 지적해야겠다. 앞 장에서 언급한 것처럼 화병은 당대 매체 내에서도 적잖이 등장하던 질환이었고, 이에 대한 인식 역시 폭넓게 퍼져 있었다. 이러한 전통적인 질환과 관련된 용어나 기전은 물론이려니와 개항 이후 유입된 서구식 병명이나 의료 관련 개념 등이 혼재된 것이 당대의 상황[30]이었음을 고려

『여성문학연구』 20, 한국여성문학학회, 2008.

29 서연주, 앞의 논문, 42쪽.

30 장근호·최규진, 「신소설에 비친 개화기 의료의 모습」, 『역사연구』 35, 역사학연구소, 2018.12, 117-118면.

한다면, 광기나 광증과 같은 보편적인 술어만으로는 신소설에 등장하는 정신질환의 의미를 파악하는 데 충분하지 못하리라는 것을 짐작할 수 있다.

다만 신소설이 적극적으로 의료와 관련된 용어나 소재를 채택하였을지라도, 그 저자가 전문적인 의료인도 아닐뿐더러, 오늘날과 같이 전문적인 의료 지식을 비교적 손쉽게 접할 수 있는 시대도 아니었던 만큼 어떤 질병이 등장하더라도 그에 대한 상세한 묘사나 설명이 부가되기는 어렵다는 점[31]을 상기해야 한다. 이는 거꾸로 이야기하면 신소설에서 등장하는 정신질환 묘사나 그 의미화란 당시의 일반적인 독자들이 공유하던 인식과 상당 부분 맞닿아 있으리라는 뜻도 된다. 결국 우리는 신소설을 통해서 당대 사람들이 어떤 질환에 가장 주목하였으며, 이를 어떤 식으로 인식하였는지를 엿볼 수 있다는 이야기다.

이런 관점에서 본다면 역시 가장 눈여겨볼 법한 것은 바로 화병이다. 이해조의 「우중행인」이나 최찬식의 「해안」에서는 심화(心火)로 병이 든 인물이 등장한다. 최찬식의 「안의성」에서는 심경병(心境病)이라고 거론되는데, 전반적인 증상은 화병과 거의 다를 바가 없다. 화병·심화병·울화병·화증·심경병 등 화병을 나타내거나 이와 직결되는 병명이 직접 거론되는 경우는 신소설에서는 그리 많지는 않다. 그러나 굳이 병명을 직접 밝히지 않더라도 화병임을 추론할 수 있는 경우까지 포괄한다면 그 범위는 훨씬 넓어진다.

이인직의 「은세계」에서는 남편의 억울한 죽음 때문에 실성하는 부인(본

---

31 위의 논문, 112쪽.

평댁)이 등장한다.[32] 최종적으로는 실진(失眞)한 것으로 서술되지만, 그 과정에서 본평댁은 남편을 따라 죽고 싶으면서도 어린 딸과 유복자 때문에 죽을 수도 없는 상황 속에서 삶의 의욕을 잃은 채 마음속의 울분만 쌓여 간다는 내용이 제시된다. 「혈의누」에서도 전쟁통에 남편과 자식을 잃은 최씨 부인은 홀로 집에서 가족과의 재회를 기다리는 과정에서 헛것을 보거나 혼잣말을 하다가 이내 재회의 희망을 잃으면서 자살 시도까지 한다. 이들의 공통점은 외부에서 가해진 고난으로 가족과 이산했다는 점이며, 최종적으로는 가족과의 재결합을 통해 정신질환에서 벗어난다는 데 있다. 즉 이들의 정신질환은 가족이라는 전통적 범주가 흔들릴 때에 나타나는 것으로, 남성들과 달리 여성은 이 경계선이 무너질 때 극도의 정신적 불안에 직면할 수밖에 없다는 당대의 현실과 무관하지 않다는 것이다.[33]

「혈의누」의 후속작인 「모란봉」에서는 서모의 괴롭힘과 효 사이에서 딜레마에 빠진 장옥련이 결국 그 화를 견디지 못하고 자결을 결심한다. 그러나 이 과정에서 착란으로 정신병에 걸린다. 이해조의 「봉선화」에서는 주위의 계략과 모함으로 간통, 낙태, 나아가 살인 누명까지 뒤집어쓴 박씨 부인이 토혈(吐血)과 함께 기절하는 장면이 나온다.

억울한 처지에 놓인 인물이 그 억울함을 적절한 방식으로 해소하지 못한 결과 병에 걸리고 만다는 서사는 당대에 폭넓게 용인되던 화소였다. 실제 화병을 다룬 기사들은 남녀노소나 국적을 가리지 않고 다양한 사람들에게서 화병이 발견된다는 점을 보여주지만, 이러한 화병이 신소설에 도입될 때

---

32 서연주는 이를 "정신분열증 중 피해망상 장애에게 가깝다"고 분석한다. 서연주, 앞의 논문, 2015, 48쪽.

33 위의 글, 46-48쪽.

에는 유독 여성인물에게서만 집중적으로 나타난다는 데 유의할 필요가 있다. 이는 앞서 서연주가 분석한 것처럼 가정이라는 경계선이 무너질 때 극도의 불안에 직면할 수밖에 없는 당대 여성의 특수성이 작용한 결과라고도 볼 수 있다. 그러나 이면에는 이러한 여성들이야말로 그와 같은 불안에도 불구하고 신소설이 긍정하는 가치관, 즉 가정이라는 울타리를 흔들림없이 고수하려는 인물이라는 점도 함께 고려해야 할 것이다.

다른 한편으로는 이러한 여성인물의 정신질환이 곧 현실의 모순이라는 기제와 직결된 요소였음을 감안할 필요도 있다. 1900년대 당시 병에 대한 은유는 곧잘 국가나 사회 단위로 연결되고, 문명화 담론으로 병든 국가를 치료하는 형태로 역설하는 논설이나 시가 등이 무수히 등장했다.[34] 「병인간친회록」(病人懇親會錄)은 병든 자들을 내세워 사회 비판을 수행하는 소설이며, 이는 병자라는 육체적 결함을 정신적으로 극복한 이들이 육체적 정상인들의 비리와 불의, 부정을 극렬하게 비판하는 역설을 담았다.[35] 신소설 속 여성인물의 정신질환 역시 이러한 사회적 모순의 꼭지점과 맞닿아 있다는 점에서, 남성인물을 통해서는 드러내기 어려웠던 역설적 비판으로 읽을 여지도 존재한다.

신소설이 여성인물, 특히 전통적인 가정의 틀을 벗어날 수 없었던 기혼여성에게 화병을 부여한 것은 이들이야말로 당대 사회의 모순에서 벗어나거나 이를 적극적으로 해소할 수 없는 약자이자, 그러한 약자임에도 다른 '강자'들이 회피하거나 외면해 버린 전통적인 가치관을 마지막까지 고수하는

---

34 신동원, 『호환 마마 천연두』, 돌베개, 2013, 341-347쪽 참조.
35 권영민, 『풍자우화 그리고 계몽담론』, 서울대학교 출판부, 2008, 48쪽.

인물이기 때문이다.

그리하여 이들 여성인물의 화병은 의료행위나 여타의 돌봄을 통해서 치유되는 게 아니라, 가족의 재결합이나 종교적 구원을 통해서 해소되는 것이 일반이다. 「은세계」의 본평댁이 장성한 아들 옥남과 재회하는 과정에서 "한국대개혁"을 접하는 순간 광증에서 깨어나는 것이 대표적이다. 가족의 이산을 불러온 원인인 '강원감사' 같은 탐관오리들이 처벌받게 되었다는 이야기를 들음으로써 병의 근원을 씻어 낸 셈이다.

이처럼 화병에 노출된 여성들은 화병의 원인이 된 고난이 해소됨과 동시에 병에서도 해방된다. 사실 이는 의료의 형태라기보다는 고난과 극복의 서사를 발병과 치유의 서사로 대체한 것에 가까운데, 왜냐하면 정작 소설 속에 등장하는 의료는 화병 앞에서는 무력한 것으로 묘사되기 때문이다. 「은세계」에서 각종 약재를 사용했음에도 본평댁이 병중에 아무런 차도를 보이지 못하는 점이나, 「안의성」에서 심경병이나 뇌점과 같은 구체적인 진단이 등장함에도 별다른 의료적 처방을 받지 못한 정애의 경우만 보더라도 그러하다. 「은세계」의 본평댁이 그러했듯이, 「안의성」의 정애 역시 남편인 김상현과 재회하는 순간 즉시 정상 상태로 회복된다.

현대 한의학에서 화병의 주된 치료법으로 채택하는 것은 환자와의 대화[36]이지만, 신소설에서 이런 대화를 통해 화병에 노출된 여성인물이 치유되는 경우는 거의 볼 수 없다. 굳이 거론한다면 기독교 계열의 소설인 「몽조」 정도가 유일하다고 볼 수 있는데, 남편을 잃고 홀로 자식을 키우면서 온갖 물질적·정신적 고난을 겪는 과정에서 화병의 전조를 보이는 정씨 부인의 존

---

36 김종우, 『화병으로부터의 해방』, 도서출판 여성신문사, 2007, 23쪽.

재는 마치 「은세계」의 본평댁을 연상시키는 측면조차 있다. 그러나 「몽조」의 정씨 부인은 본평댁과 달리 본격적인 발병 단계에까지 이르지는 않으며, 그 이전에 조력자인 전도마누라와의 대화를 통해 종교에 대한 귀의하는 새로운 치유법을 발견한다는 점에서 적잖은 차이가 있다.

따라서 신소설에서 등장하는 화병은 대체로 신소설의 서사가 부여하는 고난과 궤를 같이하는 경향이 크며, 특히 이러한 고난을 정면으로 받아 내야 하는 여성인물에게 호발하는 것으로 나타난다. 화병은 여성인물이 처한 고난의 크기를 대변하면서, 이러한 고난을 견뎌 냄으로써 최종적으로는 가족이나 배우자와 재결합하여 고난의 해소와 동시에 화병의 치유까지 얻는 형태로 진행된다. 즉 신소설의 화병이란 피할 수 없는 고난의 상징이자 긍정적 가치관을 고수하는 여성인물의 선성(善性)을 징표한다고 볼 수 있다.

4. 개인의 속죄와 신경쇠약
─1910년대 번안소설

1910년대 초반부터 등장하기 시작한 번안소설에서는 신소설의 그것과는 다소 다른 양상이 나타난다. 여전히 여성인물은 고난에 빠지고 정신질환을 앓지만, 그 원인은 외부 현실에서 비롯되지 않는다. 앞서 신소설의 여성인물이 정신질환을 앓게 된 원인의 정치성을 감안한다면, 총독부의 등장과 더불어 치세(治世), 낙토(樂土), 신정(新政) 등의 수사를 내세우며 대한제국기의 정치적 모순이 해결되고 일본 제국의 완결된 체제 내에서 안정을 취하게 되었다는 동시대 《매일신보》의 담론 내에서라면 이러한 변화는 필연적인 것으로 읽히기도 한다.

조중환의 번안작 「쌍옥루」에서는 사생아를 낳은 뒤 다시 처녀 행세를 하여 결혼한 여인 경자가 등장하고, 「장한몽」에서는 정혼자를 둔 채로 돈과 외모 때문에 다른 남자에게 마음이 끌리는 순애가 나온다. 이들은 결국 자신의 욕망을 좇은 대가로 정신질환에 노출되는데, 이는 「혈의누」나 「은세계」 등 전대 신소설의 여성들이 선(善)과 정결성에서 그 어떤 동요도 겪지 않았던 것과는 사뭇 다르다.[37] 요컨대 병인(病因)의 소재지는 외부의 정치적 현실에서 인물 내면의 갈등과 죄의식으로 변환되었고, 증상을 지칭하는 방식 역시 실진(失眞), 성광(成狂), 광증(狂症)에서 히스테리[히스데-리]나 멜랑콜리아[메랑고리아], 우울증[우울병]과 같은 병리학적 용어로 전환되었다.

정신질환을 진단하고 치료하는 데 병원이 본격적으로 개입한 것도 이때의 일이다. 「장한몽」에서 심순애의 멜랑콜리아를 진단한 것, 그리고 이러한 심순애를 수용하고 관리한 것은 총독부의원 내의 정신병동이다.[38] 「쌍옥루」에서의 이경자는 처소로 방문한 의사에게 히스테리 진단을 받는다. 이때 의사는 비교적 상세하게 이경자의 증세를 진단하는데, 심리적 과로가 히스테리를 일으켰고 이것이 산후에 우울증으로 발전하였으며, 결국은 정신병 초기 증세까지 이르게 되었다고 설명한다.[39]

---

37 권보드래, 「죄, 눈물, 회개」, 『한국근대문학연구』 16, 한국근대문학회, 2007, 17-18쪽.
38 정확하게는 총독부의원 동8호실이다. 이 정신병동의 존재는 일반인들에게도 관심의 대상이었는지, 《매일신보》에는 종종 동8호실에 대한 동향을 담은 기사나 견문록 등이 등장한다. 「동8호실 병실 방문」, 《매일신보》, 1919.10.3.; 「함춘원 뒤 동8호실」, 《매일신보》, 1921.9.9.-12. 「정신병자 40명을 위안」, 《매일신보》, 1922.11.20.
39 이 대목에서 의사는 이경자의 부친에게 혹 정신질환과 관련된 가족력이 있는지의 여부를 확인하고, 구체적인 치료법과 향후 대책 등을 설명한다. 신경과민-히스테리-우울증-정신병의 구체적인 진행 과정이 제시된다는 점이 흥미롭다. 조중환, 「쌍옥루」

상대방을 알아보지 못하는 착란 증상이나 급작스러운 폭력성 등을 노출하는 것은 전대의 신소설과 크게 다르지 않다. 정신질환의 기제가 되는 사건에서도 상당 부분 유사성을 보이기도 한다. 여성인물 자신의 욕망과는 달리 정상적인 가정을 유지할 수 없는 현실 때문에 과도한 신경의 피로를 느끼고, 나아가 발병의 단계에 이른다는 점은 큰 차이가 없다. 그러나 이렇게 발병하게 된 정신질환은 애초에 신경의 과로를 유발한 원인이 외부에서 해결됨으로써 해소되는 방식을 택하지 않는다. 해소의 기제는 여성인물 자신의 내면에서부터 등장한다.

「쌍옥루」의 이경자는 서병삼과의 연애 끝에 아이를 가지지만, 정작 서병삼은 정혼자와 결혼을 했다. 이 사실을 뒤늦게 안 이경자는 배신감과 사생아를 가졌다는 수치심 등이 얽혀서 심리적 과로 상태에 놓였다가 출산과 더불어 히스테리, 나아가 정신병으로 이어진다. 이러한 증상은 정욱조와 만나 가정을 이루면서 다소 가벼워지지만, 다시 아들을 낳는 과정에서 사생아에 대한 죄책감과 함께 다시 신경쇠약 증상을 보이기 시작한다.

이경자의 정신질환은 결국 정욱조에게 모든 사실을 고백하고 이혼을 당함으로써 해소되며, 이후 그는 애국부인회(愛國婦人會)의 간호부에 자원하는 것으로 자신의 '죄'를 씻겠노라고 다짐하면서 자연스럽게 신경쇠약에서도 벗어난다. 비록 딜레마와 정신질환을 겪어 가면서까지 지키려고 한 가정은 해체되었으나,[40] 질환과 고백 그리고 봉사를 통해 속죄의 과정을 거쳤기

48, 《매일신보》, 1912. 9. 18.

40 서병삼과의 사생아인 옥남과 정욱조 사이에서 낳은 정남 두 아들이 모두 죽은 까닭에, 이경자는 이를 '천벌'로 받아들이고 정욱조에게 자신의 죄를 고백한다. 조중환, 「쌍옥루」下 33회, 《매일신보》, 1913. 1. 12.

에 이경자는 신경쇠약을 떨칠 수 있었다.

「장한몽」의 심순애도 마찬가지다. 그는 이수일과의 언약을 저버리고 김중배와 결혼을 택하지만, 김중배와의 결혼생활도 순탄하게 보내지 못한다.[41] 김중배와의 파경 이후 다시 이수일에게 돌아가려 하지만 차갑게 거절당하는데, 자신의 배신을 이수일에게 용서받지 못했다는 심화로 정신질환에 노출된다. 해당 내용을 다룬 《매일신보》 연재분의 소제목마저도 아예 '성광(成狂)'이라고 직접적으로 거론한다.

심순애는 정신병동에 입원한 상태에서 환각과 착란 등의 증상을 보이는데, 이 과정에서 계속하여 이수일을 부르면서 자신의 죄에 대한 용서를 구한다. 부친 심택과 친구 백락관의 설득으로 심순애를 찾아온 이수일이 심순애를 용서할 것임을 직접 말해 준 뒤에야 이 '멜랑콜리아'에서 벗어난다. 이 과정을 두고 이수일은 아예 "김중배에게로 시집갔던 순애는 이미 죽어 없어지고, 지금 여기 나와 한가지로 있는 순애는 다시 부활"[42]한 것이라고 선언하기조차 했다.

전대 신소설과 비슷한 맥락을 공유하면서도 외부 현실, 특히 정치적 문제와의 연결고리를 상실하고 대신 여성인물의 욕망에서 질환의 발발과 해소를 찾게 된 데에는 역시 시대의 변화가 한몫 했을 것이다. 앞서 언급했듯이

---

41 사실 이 부분은 조중환이 원작인 『곤지키야샤(金色夜叉)』를 번안하는 과정에서 "결혼한 부인의 순결"이라는 다소 억지스러운 코드를 집어넣으면서 형성된 내용이다. 이수일을 향한 '정조'를 지키기 위해 남편인 김중배에 대한 육체적 순결을 선언하게 하는 조중환의 설정은 원작에서는 존재하지 않던 심순애의 '회개'를 등장하게 만들었다. 권정희, 「번역/번안의 분기-『장한몽』과 '번안의 독창성(originality)'」, 『상허학보』 39, 상허학회, 2013, 109-110쪽 참조.

42 조중환, 「장한몽-순애의 쾌복」, 《매일신보》, 1913.9.30.

1910년 총독부 정치의 성립과 더불어 국가나 사회의 상태를 '병든 것'으로 묘사하고 이를 고칠 '영약'으로 문명개화 담론을 제시하던 언술은 완전히 사라진다. 조선은 병든 신체에서 하루아침에 건강한 제국의 사지(四肢)가 되었으므로, 고쳐야 할 병든 신체는 사라지고 깨끗이 다듬어야 할 말단만이 남았다. 1910년대 초반《매일신보》가 줄기차게 내놓은 담론은 '건강한' 일본 제국 내에서 '아직 병들어 있는' 조선인을 비판하고 각성을 촉구하는 것이다.[43] 비록 법적으로는 조선인 역시 일본 제국의 신민이 되었지만, 아직 완전한 신민이라고 하기에는 부족한 부분이 많으므로 일본인의 지도 편달을 통하여 제국에 어울리는 신민으로 거듭나야 한다는 식이었다.[44]

이런 시대에 신소설이 보여준 것과 같은 탐관오리나 외국끼리의 전쟁, 이로 인한 나라의 '병듦'이 가정까지 침투하는 이야기를 구성하기란 아무래도 어려운 일이었다. 1910년대 초반《매일신보》의 소설을 담당한 이해조는 이 문제를 해결하기 위해 작중 시간 배경을 전대(대한제국기 또는 조선시대)로 잡기도 했지만, 이런 방식은 독자의 호응을 얻기도 어려웠고《매일신보》의 기획에 부응하기도 힘들었다. 이해조 자신도 이에 문제의식을 가졌던 터라 연

---

43 이를 다룬 논설이나 기사는 여럿 있지만, 그중 가장 상징적인 것은 당시 수상이었던 가쓰라 타로(桂太郎)과 과거 의병장이었던 민종식(閔宗植)의 회견을 다룬 기사다. 원래 의병장이었다가 체포되어 사형 선고를 받았으나 1907년 사면으로 풀려나고, 합방 이후에는 조중응 등이 주도하는 일본관광단에 참여하여 현지에서 가쓰라 수상을 접견하는데, 이 과정에서 "원래 완고한 사상을 품었던" 민종식이 가쓰라의 말에 감화되어 눈물을 흘리면서 동조하는 것으로 묘사된다. 「桂首相과 閔宗植氏의 會見」, 《매일신보》, 1910.11.10.
44 「貴族子弟에 對ᄒ야」, 《매일신보》, 1910.12.16.; 「趙子爵의 感想談」, 《매일신보》, 1911.5.23.; 「斷指의 毒習」, 《매일신보》, 1911.5.31.; 「倂合 一週年 感想」, 《매일신보》, 1911.8.29.; 「內地人의 鮮人指導」, 《매일신보》, 1912.3.19.

해주 이민자를 소재로 하는 소설 「소학령」으로 새로운 시도를 해 보기도 했지만, 이 또한 좋은 결과를 낳지는 못했다.[45]

「쌍옥루」나 「장한몽」들의 번안소설은 동시대의 신소설이 봉착했던 문제를 아예 다른 방향에서 풀어 나갔다. 번안소설 속 여성인물은 신소설과 달리 당대의 윤리 관념에 철저하게 봉사하지 않으며, 자기 나름의 욕망을 드러내기도 한다. 욕망과 윤리의 대결에서 전자를 좇지만 후자를 완전히 방기하지 못하는 여성인물 내면의 아이러니는 결국 어떤 선택도 할 수 없는 딜레마의 상황을 만들어 내고, 이 딜레마에서 탄생한 파국이 극에 달할 때 여성인물들은 정신질환에 노출된다. 신소설이 외부 세계의 균열, 즉 정치적 파국이 가정까지 영향을 끼쳐서 여성인물에게 정신질환을 부여한다면, 번안소설은 이미 안정된 외부 세계에 여성인물 자신이 겪는 내면의 딜레마가 극에 달함으로써 정신질환에 도달한다. 그러하기에 번안소설이 상대적으로 신경쇠약, 즉 '신경의 과로'를 묘사하는 데 적잖은 비중을 할애한 것은 자연스러운 현상이었다.

1910년대 번안소설의 여성인물들은 전대 신소설에서와는 달리, 이미 결혼하여 가정을 이룬 상태로 등장하지 않는다. 이들은 연애 과정에서 실패와 좌절을 겪고, 이후 '사죄'와 '용서'나 '자복(自服)'과 '회개'의 과정을 거친다.[46] 이는 여성인물들이 정신질환을 앓았다가 치유되는 과정과 유비 관계에 놓인다.

사실 이런 과정은 비슷한 시기 《매일신보》의 단편소설 지면에 나타나는

---

45 이에 대해서는 박성호, 「「소학령」을 통해서 본 이해조 연재소설의 변화와 한계」, 『비교한국학』 25-2, 국제비교한국학회, 2017.8. 참조.
46 박진영, 앞의 논문, 285쪽.

여러 작품과도 맥락을 공유한다. 《매일신보》는 1912년 2월 10일 자 1면에 현상공모를 내면서 단편소설, 속요, 기담, 시 등을 모집한다. 이 현상공모에서 1등을 차지한 「파락호」는 도박과 밀매음으로 가산을 탕진한 사람이 꿈에서 자신의 잘못을 깨닫고 뉘우친다는 내용을 담았다.[47] 다른 단편소설들도 비슷하다. 시대가 요구하는 가치에 뒤떨어진 인물을 제시하고, 이 인물이 반성하여 '회개'하는 모습을 보여주거나,[48] 혹은 이 인물이 겪는 파국을 적나라하게 보여줌으로써 독자들의 각성을 촉구하는 식이다.[49] 이러한 단편소설의 공통점은 치세(治世)로서의 총독 정치를 괄호 안에 넣어 둔 채, 그에 반해 지체된 개인으로서의 조선인을 제시함으로서 그 낙차를 노출하고 이를 봉합해야 할 당위성을 제시하는 데 있었다.

번안소설 속 여성인물의 정신질환이란 치유라는 당위에 도달해야 할 낙차였다. 「쌍옥루」의 이경자든 「장한몽」의 심순애든, 이들은 '죄'를 지었고 이에 대한 형벌로 정신질환을 앓는다. 이 형벌은 경미한 신경쇠약증에서 시작해서 환자 자신의 생명을 위협하는 중질환[50]으로 점증된다. 하지만 이러

<hr />

47 김성진, 「파락호」, 《매일신보》, 1912.3.20.
48 오인선, 「산인의 감추」, 《매일신보》, 1912.4.27.; 김진헌, 「허욕심」, 《매일신보》, 1912.5.2.; 조상기, 「진남아」, 《매일신보》, 1912.7.18.; 천종환, 「육맹회개」, 《매일신보》, 1912.8.16.; 이수린, 「단편소설」, 《매일신보》, 1912.8.18.; 김수곤, 「단편소설」, 《매일신보》, 1912.8.25.; 박용협, 「섬진요마」, 《매일신보》, 1912.8.29.
49 김성진, 「허영심」, 《매일신보》, 1912.4.5.; 김성진, 「수전노」, 《매일신보》, 1912.4.14.; 김성진, 「잡기자의 양약」, 《매일신보》, 1912.5.3.; 수석청년, 「걸식녀의 자탄」, 《매일신보》, 1912.6.23.; 이철종, 「단편소설」, 《매일신보》, 1912.7.20.; 김광순, 「청년의 거울」, 《매일신보》, 1912.8.10.
50 이러한 중질환은 보통 수척한 얼굴, 파리한 안색, 초점을 잃은 눈동자 등으로 묘사되며, 이에 수반하여 정신착란으로 인한 발작을 보여준다. 그리고 이 발작의 과정에서 여성인물은 보통 자신이 저지른 '죄'를 고백하거나, 이에 대한 '회개'의 의지를 드러내곤 한다.

한 질환은 여성인물이 자신의 죄를 자각하고 회개하게끔 만드는 기제로도 작용하며, 서술자는 외부에서 이러한 속죄와 회개의 과정을 적나라하게 보여준다.

이런 구조는 신소설이 고난의 점증과 해소를 화병과 그 치유에 등치한 서사를 연상케 한다. 사실 「장한몽」의 심순애나 「쌍옥루」의 이경자가 정신질환에 노출되는 과정도 신소설의 여성인물들이 겪는 그것과 유사한 지점이 적지 않다. 무엇보다도 해결 불가능한 딜레마의 상황에서 점증된 스트레스가 병을 유발한다는 기전은 양자가 거의 동일하다고 볼 수 있다. 그러나 신소설의 화병이 외부의 고난에서 비롯되는 것과 달리, 번안소설에서의 신경쇠약은 환자의 내면에서 출발한다는 점에서 결정적인 차이를 보인다. 이에 대해서는 좀 더 본격적인 분석과 논의를 요하겠지만, 이러한 차이는 앞서 언급한 신경쇠약의 '번안'과도 일정한 관계가 있을 것으로 판단된다. 그리고 이 관계를 바라보는 작업은 이후 신경쇠약이 그 주체를 여성에서 남성으로, 그리고 고난의 징표에서 예술적 감수성의 표상으로 전환되는 과정을 읽어 내는 데에도 적잖은 시사점을 제공할 것이다.

5. 고난과 속죄에서 벗어나는 정신질환
—조중환의 「비봉담」

위와 같은 흐름 속에서 한 가지 이채를 발하는 작품이 있다. 바로 「비봉담」이라는 소설이다. 이는 1914년 7월 21일부터 《매일신보》 지면에 연재되었는데, 이 역시 조중환의 번안소설이다. 여성인물을 중심에 내세우고 있다는 것, 그리고 이 여성인물이 착란이나 단기적인 기억상실과 같은 정신질환과 관련된 증상을 앓는다는 것은 이전의 다른 번안소설과 큰 차이가 없다. 다만 특이한 점은 이전까지와는 달리 외부 화자가 아니라 작중 중심인물인 '박화순'의 관점에서 서술이 진행된다는 사실이다.

「비봉담」은 박화순의 유서를 읽으면서 과거에 벌어진 사건을 추적하는데, 유서의 첫머리에서부터 박화순은 "신경의 음습을 당"했노라 호소한다. "마음에 죄가 있는 자가 자기 신경에 음습된다"는 것이다. 이 유서에서 박화순은 '자백', '죽을 몸', '내 몸의 지은 죄'라는 표현을 사용하는데, 여기까지만 본다면 박화순이 '어떤 죄', 즉 자신의 연인인 임달성을 물에 빠뜨려 죽인 죄를 지은 결과 그 죄의식이 신경쇠약으로 이어진 것처럼 보인다.

하지만 이는 소설적 장치에 불과한 것으로, 박화순은 실제로 임달성을 죽이지 않았다. 다만 자신이 그렇게 믿은 결과 '신경의 음습'에 이르렀을 뿐이다. 그나마도 박화순은 자신이 실제로 임달성을 죽인 것인지에 대해 명확하게 기억해내지 못하는데, 이로 인해 나중에는 고준식을 불태워 죽인 혐의 사이에서 딜레마 상태에 놓이게 된다. 즉 임달성을 죽이지 않았다고 주장하면 고준식을 죽인 것이 되고, 고준식을 죽이지 않았다고 주장하려면 임달성 살인 혐의를 인정해야 하는 상황에 직면하는 것이다.[51]

흥미로운 점은 이러한 딜레마가 박화순의 정신질환으로 이어지지 않는다는 데 있다. 거꾸로 박화순은 신경쇠약 증세가 원인이 되어 이와 같은 딜레

---

51 "첩(박화순)은 옥중에 앉아 아무리 생각하나 허물을 벗어나기 어렵도다. 고준식을 죽인 일이 없다 하면 임 의사(임달성)의 그림자로 하여 진주의 사실이 발각될 것이요, 진주의 사실을 숨기려 하면 고준식을 죽인 죄를 입을 것이니…." 조중환, 「비봉담」 24, 《매일신보》, 1914.8.18.

마에 빠진다. 죽은 줄 알았던 임달성이 살아서 박화순에게 편지를 보내고, 이 편지의 내용이 다시 재판부에 전해지면서 이번에는 류정숙을 죽였다는 혐의를 얻는다. 그러나 이런 무수한 살인 또는 살인미수 사건의 중요한 대목마다 박화순은 신경쇠약으로 인해 당시의 상황을 정확하게 기억해내지 못하거나, 혹은 기억하더라도 기억나는 대로 말할 수 없는 처지에 놓인다.

「비봉담」에서는 박화순의 질환을 '신경열병'이라 표현하는데, 이 질환은 과도한 신경의 자극을 받을 때 발생하여 일시적인 기억상실이나 착란 등의 증상을 일으키는 것으로 되어 있다.[52] 다만 이 병은 동시대의 다른 텍스트에서는 찾아볼 수 없고, 오직 「비봉담」에서만 등장한다. 작중에서 거론되는 증상의 양상을 본다면 신경쇠약과 정신병의 사이, 즉 「쌍옥루」에서 사생아를 낳은 후 히스테리를 일으켜 우울증 단계까지 이르렀던 이경자와 유사하다.

하지만 박화순의 '신경열병'은 속죄나 회개의 과정을 은유하지 않는다. 애초에 박화순은 누구도 죽이지 않았고, 살인 혐의에 대해서도 부인한다. 이경자(「쌍옥루」)나 심순애(「장한몽」)가 자신의 잘못을 알면서도 이를 고백할

---

52 "제가 피고를 진찰하기는 8월 2일 아침이온대 그때는 피고의 병이 아주 쾌복되었으므로 그토록 지난 일을 잊어버릴 지경은 아니올시다. 그러하오나 그 병은 무엇에 심히 놀라든지 하는 때는 다시 발각되는 일이 있습니다. 그러하온데 피고는 그 후 다시 그 병이 발각되었으니까 지나간 일을 잊었을는지도 알 수 없습니다. … 그러하오나 그 병은 다른 병과 같지 아니한 병이라 한번 잊어버린 일을 다시 생각하기는 대단히 어려운 일이올시다. 여기에 대하여 의학자의 말을 들으면 두 가지의 경우가 있습니다. 제1은 병이 나은 후에 그 당지에 가서야 비로소 깨닫는 일도 있고, 그 자리에 가서도 생각이 나지 아니하면 그 병이 또 들어 앓는 중에 생각하는 수도 있지요. 그리하고 제2는 요사이 의학박사가 발명한 말인데 그 당지에 가서 보고도 생각하지 못하는 때는 영영 다시는 그 생각을 못한다 하는 말도 있고 또는 병중에 그 일을 생각하는 사람이라도 그 병으로 알고 있을 동안만 생각을 하였지 그 후 병이 낫는 날에는 도로 잊어버린다 하는 말도 있습니다." 조중환, 「비봉담」 54회, 《매일신보》, 1914.10.14.

수 없는 딜레마에 빠졌던 것과는 다르다. 자신이 무죄라고 생각하지만, 신경열병에 따른 기억상실과 착란으로 인하여 자신이 정말 무죄인지를 확신하지 못하는 것뿐이다.

> 이와 ᄀ흔 말을 드르ᄆᆡ 첩은 스스로 의심치 안이치 못ᄒ엿도다 첩은 분명이 그러ᄒᆫ 일이 업것만은 다른 사ᄅᆞᆷ이 이럿틋 인뎡ᄒ면 과연 첩이 류졍슉이도 죽이엿슴인가 림의ᄉ를 물 속에 ᄲᅡ치고 임의 몱은 졍신을 일허 류졍슉이ᄉᆫ지도 물 속에 집어너헛ᄂᆞᆫ가 (39회)

박화순의 신경열병은 그가 지은 죄에 대한 처벌과 속죄를 위한 장치라기보다는, 「비봉담」을 이끄는 사건의 핵심으로 작동한다. 후반부의 재판 장면에서 박화순의 주장을 검증하기 위해 의사를 불러 신경열병의 특징을 확인하고 박화순의 서술이 그러한 환자에게서 나올 수 있는 것인가를 자문하는 장면은 이런 차이를 명확하게 보여주는 대목이다.

결말 역시 속죄와 회개를 통한 회복이라는 도식과는 다소 거리가 있다. 새로운 인물인 '방이어미'가 등장하여 임달성을 물에 빠뜨린 것은 고준식이요, 이를 목격한 류정숙이 고준식을 고발하겠다고 협박하자 이를 제지하기 위해 역시 물에 빠뜨려 죽였다고 증언함으로써 모든 사건은 일단락된다. 박화순은 석방되고, 연인이었던 임달성과의 관계도 회복하여 가정을 꾸린 것으로 서술된다. 자신은 비밀스러운 사랑을 한 까닭에 죄를 얻은 것이므로 이러한 자신의 이야기를 경계삼아야 한다는 서술자의 마지막 말이 있기는 하나, 이것이 박화순의 속죄나 회개를 뜻하지는 않는다. 애초에 박화순은 재판 시점에서는 더 이상 신경열병을 앓지 않는 상태였기 때문이다.

「장한몽」과 같은 번안소설뿐만 아니라 그 이전의 「혈의누」나 「은세계」와 같은 신소설에서조차도 신경쇠약을 비롯한 여러 신경정신질환은 일정한 은유를 형성하며 서사를 이끌어 나갔다. 그 은유의 대상과 범주가 사뭇 다르기는 했어도, 은유된 질병으로서의 신경쇠약은 근대문학 초창기에 한 축을 점하였다. 그러나 「비봉담」에 이르러 이러한 은유는 해체되기 시작했고, 이후 Literaure에 대한 역어로서의 문학 개념이 본격화되면서 신경쇠약에 대한 은유의 지형도 큰 변화를 겪는다. 이미 「비봉담」에서도 신경쇠약은 갱생의 대상(또는 과정)이 아니었지만, 문학 주체로서의 '작가'와 '문단'이 등장하는 시기에 이르면 신경쇠약은 역으로 세상을 날카롭게 통찰할 수 있는 예술적 감수성에 대한 은유가 된다.

6. 신경쇠약과 예술의 연접
—1920년대의 문학 속 신경쇠약

앞서도 보았듯이 신경쇠약은 젠더의 문제 내에서 이해되는 경향이 강했다. 신경쇠약이나 히스테리는 보통 남성보다는 여성이 앓기 쉬운 병이고, 여성은 외부 자극에 저항력이 상대적으로 약하고 예민하다는 당대 특유의 젠더 인식에서 비롯되었다.

신소설이나 번안소설은 이런 관점을 충실하게 답습하여, 작중에서 정신질환을 앓는 인물 대다수는 여성이며 이들의 치유는 보통 외부자인 남성인물이 담당하는 경우가 많았다. 신소설의 경우는 말할 필요도 없거니와, 번안소설의 경우에도 표면적으로는 여성인물의 참회나 속죄를 통해 치유에 도달하는 방식을 취하기는 했으나 그 이면에서 이러한 참회-속죄의 정당성을 부여하는 존재는 여전히 외부에 놓인 남성이었다. 이들 소설에서 남성은 대개 여성의 정신질환을 외부에서 관망하거나, 방조하거나, 혹은 판정하는 역할을 맡는다. 가족과의 이산 후 홀로 유학길에 올라 버린 「혈의누」의 김관일에서부터 순애의 투병과 회복을 지켜보며 마지막에 완치 선언을 내리는 「장한몽」의 이수일에 이르기까지 이 경향성은 크게 달라지지 않는다.

그러나 1910년대 중후반 무렵부터 유학생들의 학회지나 동인지 등을 중심으로 문학이 독자적인 영역을 형성하기 시작하면서 소설 속 신경쇠약의 지형도 다소간 변화를 겪는다. 신소설이나 번안소설에서는 여성인물에게 호발하는 신경쇠약이 문학 주체이자 세상에 대한 예민한 감수성의 소유자인 남성인물이나 작가 자신에게로 환원되는 경향을 보인다. 신경쇠약에 관한 서술 역시 외부자로서 환자의 행위나 외양을 관찰하거나, 투병의 중심이 되는 속죄의 과정을 서술하는 대신 신경쇠약을 앓는 주체 자신의 시선에 천착하는 방향으로 전환된다. 이와 같은 변화가 본격적으로 나타나기 시작한 것이 바로 1920년대의 일이다.

1920년대에 접어들면서 신경쇠약은 문학의 자장 내에서 결핵과 인접 관계를 형성한다.[53] 종래에는 이러한 현상을 두고 3.1운동의 실패와 이에 대한 지식인들의 절망감이나 허무 의식이 발현된 결과 관념적 세계로의 도피를 낳았다고 해석되기도 하였으나,[54] 이러한 현실 반영의 관점은 해당 시기의

---

53 이에 대해서는 이수영, 「한국 근대문학의 형성과 미적 감각의 병리성」, 『민족문학사연구』 26, 민족문학사학회, 2004; 권보드래, 「현미경과 엑스레이-1910년대 인간학의 變轉」, 『한국현대문학연구』 18, 한국현대문학회, 2005 등을 참조할 만하다.
54 박헌호, 『식민지 근대성과 소설의 양식』, 소명출판, 2004, 46-47쪽.

작품을 고립된 '관념'과 '추상'의 과잉으로 규정하는 딜레마를 낳는다는 비판을 받았다.[55] 오히려 신경쇠약, 히스테리, 강박신경증, 광기와 같은 병리적 현상과 문학의 결합은 문학이 정신질환에 대한 사회적 통념을 뒤집고 독자적인 가치를 확보하는 수단으로 전유되었다. 1910년대 이후 신경쇠약은 결핵과 더불어 병리학적 인과성의 결여에도 불구하고 인접 혹은 유비의 관계를 형성하며 새로이 부각되었고, 이는 문학 주체들의 '예술'과 '천재성'에 대한 감수성을 형성해 갔다.[56]

이런 조짐은 이미 1910년대의 이광수나 최남선의 담론에서부터 드러난다. 일찍이 최남선은 『소년』 제2년 2권에서 지난여름 동안 신경쇠약증에 걸려서 쾌유하지 못하고 있다고 고백한 바 있다.[57] 『소년』의 창간이 1908년이었음을 감안한다면, 자기 입을 통하여 신경쇠약을 고백한 최남선의 문장은 동시대의 흐름과 사뭇 다른 결을 취한다고 볼 법하다. 또한 『청춘』에서 이광수의 폐결핵 발병을 두고 "남이 느끼지 못하는 바에 느끼"고 "남의 깨치지 못하는 것에 깨치"는 데에서 비롯된 근심과 우울이 병의 원인이라고 서술했다.[58] 이수형에 따르면 결핵과 심병(心病)은 인과관계로 묶일 수 있는 것이 아니나, 근대적 담론으로 유입된 심리학·신경학적 지식이 반영된 결과로 이와 같은 인식들이 나타나기 시작했다고 한다.[59]

이는 비단 신경쇠약과 폐결핵의 수사적 결합에서 그치지 않았다. 앞서 보

---

55 이수영, 「1920년대 초반 소설과 근대적 인간학의 기획」, 『민족문학사연구』 32, 민족문학사학회 2006, 95쪽.
56 권보드래, 앞의 논문, 2005, 27쪽.
57 송명진, 앞의 논문, 2016, 90쪽.
58 이수형, 앞의 논문, 186쪽.
59 위의 논문, 187-188쪽.

았듯이 신경쇠약은 우울병이나 히스테리 등과 더불어 정신질환의 일종으로 여겨졌고, 그리하여 어떻게 하면 신경쇠약의 상태를 잘 다스릴 수 있을 것인지를 논하는 게 일반적이었다. 즉 신경쇠약은 질환의 일종으로 예방과 치료의 대상이었다. 그러나 문학에서 형성된 신경쇠약 담론은 이러한 일반론의 관점을 역전시킨다. 병들기 쉬운 예민한 신경의 소유자라는 사실은, 은폐되어야 할 속성이 아니라 오히려 자부심의 대상이 되었다.[60]

1920년대 초반의 소설이 병리적 양상을 수없이 등장시킨 배경도 이와 무관하지 않을 것이다. 이는 고전소설이나 신소설이 정신질환을 다룬 것과는 사뭇 다른 속성으로, 이는 정신질환에 능동적으로 접근하는 것에서 비롯되었다. 김동인의 「약한 자의 슬픔」이나 나도향의 「젊은이의 시절」에서 나타나는 성적(性的) 욕망의 증폭과 세분화가 대표적인 사례일 것이다.[61] 정신질환이 지닌 병리적 특성은 1920년대 초반의 소설에서는 치료나 부정의 대상이 아니라 세밀한 관찰과 표현을 요하는 속성이었으며, 이는 문학이 1910년대의 정치적·윤리적 포섭에서 이탈하여 독자적인 영역을 확보하는 과정의 산물 가운데 하나였을 것으로 추정된다.

이를 단적으로 보여주는 사례 중 하나가 김동인의 「광염소나타」이다. 이 작품의 주인공 백성수는 어머니의 죽음을 계기로 그간 억제되었던 열정과 충동을 자유분방하게 풀어낸다. 원래 백성수의 어머니는 그에게 "어진 교육"을 하여 이러한 충동을 억눌러 왔으나, "하늘에서 타고난 광포성과 야성"이 어머니의 죽음과 함께 해방되면서 원수의 집에 불을 지르고 "야성적

---

60 위의 논문, 191쪽.
61 이수영, 앞의 논문, 99-102쪽.

쾌미 가운데 으뜸"을 만끽한다. 이후 사형을 선고받은 백성수에 대해서 한 음악비평가는 "죄 때문에 생겨난 예술을 보아서 죄를 용서해야 합니까?"라 는 질문을 던진다.[62]

원래 신경쇠약은 치료의 대상이었으며, 이 질환을 앓는 사람은 언젠가 치 유되어 사회의 범주 내로 안전하게 다시 편입되어야 했으나, 문학은 이를 치료와 치유의 관계에서 분리하여 신경쇠약 자체가 세상을 관찰하는 독자 적인 감수성의 근원이 되게끔 하였다. 1930년대에 이르면 비단 문학계만이 아니라 의학 전문가의 입을 통해서도 이런 발언이 제기되는데, 1934년 《동 아일보》에 신경쇠약의 처방을 자문받은 의사 안종길이 대표적이다. 그는 "탁월한 천재가 적지 않으며, 그중에도 시문, 미술, 수학, 과학의 지식에 매 우 우수한 자가 있"[63]다며 신경쇠약이 지니는 진보적인 측면을 부각하기도 했다.

박태원은 이러한 양상을 선명하게 보여주는 작가로 일찌감치 연구자들 의 주목을 받았다. 그의 소설 「적멸」에서는 스스로를 정신병자 · 허무사상 가 · 염세사상가 · 신경병환자 · 우울병환자 · 정신이상자 · 염인병환자 등 으로 지칭하는 인물이 등장하는데,[64] 이러한 병적 인물들은 대체로 치료할 수 있는 길을 알면서도 군이 대학 노트를 들고 복잡한 거리로 나서고, 심지 어는 스스로를 환자로 자처하기까지 한다.[65] 「소설가 구보씨의 일일」에서 구보 역시 신경쇠약을 겪는데, 이는 이상적 형태의 모더니티와 현실에서의

---

62 김동인, 「광염소나타」, 『김동인 전집』 2, 조선일보사, 1988, 44-45쪽.
63 안종길, 「신경쇠약은 어떤 병인가」, 《동아일보》, 1934. 2. 25.
64 이수형, 「박태원 문학과 일상생활의 정신병리학」, 『구보학보』 9, 구보학회, 2013, 256쪽.
65 위의 논문, 260쪽.

왜곡된 모더니티 간의 간극에서 기인하는 것으로 해석된다.[66]

이런 경향성은 신경쇠약을 둘러싼 기의의 변화와도 접맥되었다. 상술한 것처럼 신경쇠약은 이미 1910년대부터 적잖이 등장한 단어이지만, 초창기의 신경쇠약은 말 그대로 '질병', 즉 치료 대상으로서의 이상 상태를 나타내는 것이었다. 그런데 1920년대에 접어들면서 《동아일보》 등에서 나타나기 시작한 신경쇠약은 전자의 의미만이 아니라, 당대 식민지 조선의 정치적 · 사회적 상황과 그에 대한 반응을 보여주는 은유적 용어로서도 활용된다.[67]

최남선과 이광수에게서 시작해서 김동인, 박태원, 이상 등의 다양한 작가 · 작품으로 이어지는 신경쇠약의 계보에는 이미 많은 연구 성과가 누적된 상태이다. 다만 이러한 성과의 출발점은 대체로 신경쇠약의 외래적인 측면, 즉 근대 병리학의 한 요소이자 박래품으로서의 신경쇠약 개념에 두었다는 점에서 전대 신소설이나 번안소설과의 사적(史的) 연계를 찾기 어렵게 만든다.

그러나 앞서 화병과 신경쇠약의 관계에서도 보았듯이 신경쇠약이 수입되고 '번안'된 과정에는 엄연히 화병과 같은 근대 이전의 질병의 인식이나 이해가 일정 부분 영향을 끼쳤으며, 이러한 번안의 흔적은 문학사의 흐름에도 일정한 영향을 주었으리라는 것이 이 글의 관점이다. 따라서 앞으로의 연구 방향은 문학 작품을 통해서 나타나는 화병과 신경쇠약의 관계, 그리고 신경쇠약의 전변(轉變) 양상을 구체적으로 추적하는 데 집중해야 할 것이다.

---

66 장성규, 「분열된 모더니티와 고현학의 전략들- '구보씨' 표제 소설의 계보학」, 『구보학보』 15, 구보학회, 2016, 76쪽.
67 유승환, 「시선의 권력과 식민지의 비가시성」, 『구보학보』 16, 구보학회, 2017, 223-224쪽.

7. 정리하며

문학사에서 근대 초기 정신질환과 관련하여 수행된 연구는 정신질환의 근대성에 주목한다. 제도나 기술, 용어 등의 측면에서 보자면 광중(癲狂)이나 광증(狂症)과 같은 포괄적 범주로 표현되던 정신질환은 신경쇠약, 히스테리, 멜랑콜리아 등 구체적인 병명으로 세분화 · 대체되기 시작했으며, 문학 내에서는 신소설과 번안소설의 차이를 통해서 이러한 변화가 십분 드러난다.

기존의 연구에서 채택하는 접근 방식도 이러한 외래적 충격에 따른 변화에 집중하는 양상을 보인다. 「쌍옥루」와 「장한몽」에 나타난 여성 인물의 정신질환을 분석한 박진영은 "고소설에서는 전혀 찾아볼 수 없는 새로운 것-즉 근대적인 것이자 수입된 장치의 하나"라고 분석한다.[68] 이러한 광기를 이식된 것으로 규정한 송명진의 경우도 마찬가지다.[69] 두 작품에서 거론되는 정신질환이 "히스데리"(히스테리), "메랑고리아"(멜랑콜리아)와 같은 근대 의료 제도의 범주 내에서 규정된다는 점, 특히 「장한몽」의 경우 심순애가 총독부의원 동8호실에 입원하는 장면이 제시되었다는 점은 이런 분석에 더욱 힘을 실어 준다.

그러나 이는 정신질환을 바라보는 근대 문학의 시선이라는 관점에서는 이해할 수 있다 할지라도, 거꾸로 이러한 정신질환이 외부에서 이식된 것임을 입증한다고 보기는 어렵다. 예컨대 우리는 신경쇠약이라는 개념이 외부

---

68 박진영, 앞의 논문,
69 송명진, 앞의 논문.

에서 이식되었다고 말할 수는 있지만, 신경쇠약으로 지칭되는 증상이나 질환이 근대에 접어들면서 시작되었다고 주장하기는 어렵다. 조중환의 번안작 「쌍옥루」나 「장한몽」에서 '히스테리', '멜랑콜리아'가 등장하기 전에도 정신질환은 문학과 사회의 자장 내에서 구체적인 의미망을 형성하였다. 이인직의 「은세계」에서 본평댁의 실진(失眞)이 단지 특정 인물의 발광(發狂)만을 표현하는 것이 아니라, 이인직이 묘사하고자 한 구한말의 난세(亂世)에 대한 표상임을 보더라도 이는 명확하다. 좀 더 시선을 당겨서 전대 화병(火病)이나 전광(癲狂)을 소재로 한 설화 등을 살펴보더라도 이 맥락이 근대와 단절된 것이라고 단정하기는 어려울 것이다.

물론 기존의 논의가 이식인지 내재적 발전인지를 묻는 단순한 이분법 내에서 전자를 택했다는 것은 아니다. 다만 신경쇠약과 히스테리를 중심으로 하는 문학 연구의 접근법은 명확하게 이전 시대와의 차이를 찾아내고 분석하는 데 초점을 맞춘다는 점이다. 신경쇠약이 앞서 언급된 것처럼 (서구)문명의 급격한 유입으로 인한 질병, 즉 '근대의 산물'임을 감안하더라도, 이러한 이식의 배경에는 이와 같은 전변을 가능하게 한 배경적 요인이 존재할 것이다. 다르게 말하자면, 신경쇠약이나 히스테리로 나타나는 근대문학의 정신질환은 어떤 형태로든 전대의 정신질환이 문학과 맺었던 의미망을 전유하였으리라는 것이다.

이를 파악하기 위해서는 먼저 근대 이전의 문학이 정신질환을 어떻게 다루었는지에 대한 접근이 필요하다. 이 글에서 신경쇠약 이전에 화병을 화두로 삼은 것도 그러한 문제의식에 바탕을 둔 것이다. 서론에서 언급했듯이 여러 질병 가운데 정신질환만큼 신소설에서 자주 등장하는 것도 없으려니와, 그중에서도 가장 두드러진 존재는 역시 화병이기 때문이다. 이러한 화병의 자리가 신경쇠약으로 대체되고, 그 환자군 역시 여성에서 남성으로, 서술 대상에서 서술 주체로 옮겨오는 과정이 근대 초기 문학사의 흐름과도 맥락을 공유하는 것이라고도 볼 수 있다. 이 과정에서 화병 역시 신경쇠약으로 '대체'된 것이 아니라, 신경쇠약이라는 술어로 '재편'되었다고 보아야 한다는 것이 이 글의 주된 흐름이다.

화병이 신경쇠약으로 재편되면서 문학에서도 어떠한 변화를 야기하였는지, 혹은 문학사 내에서 나타나는 변화상과 어떻게 접목될 수 있는지에 대한 구체적인 분석과 논증은 별도의 지면을 통해서 개별적으로 수행되어야 할 작업이다. 일단 이 글에서는 그간의 연구 성과를 검토하되, 구체적인 질병과 그 사적 흐름의 고찰이 필요하다는 문제의식을 제기하고 이를 바탕으로 한 대략적인 흐름을 개괄하는 것으로 마무리를 짓고자 한다.

의료문학과
대중서사[*]
- 웹툰과 드라마를 중심으로

최성민 (경희대학교 통합의료인문학연구단 HK연구교수)

* 이 글은 2019년 12월 14일 근대문학회 학술대회에서 발표한 「웹 플랫폼과 독자의 역할」, 2020년 2월 『건지인문학』 27집에 수록된 「질병체험서사와 독자의 역할(1)」, 2020년 2월 경희대 『인문학연구』 42집에 수록된 「한국 메디컬 드라마 연구 현황과 전망」을 바탕으로 하여 재구성하면서, 수정·보완한 것임을 밝혀둡니다.

1. 서론: 대중문화 속 의료와 질병

의료는 가장 전문적이고 고급의 지식 정보가 필요한 분야이다. 그렇기 때문에 일반 대중들의 입장에서는 가장 이해하기 힘든 분야이기도 하다. 의사들이 쓰는 전문 용어는 대중에게 어려운 암호처럼 느껴지기 마련이다. 그러나 우리는 살아가면서 피치 못하게 낯선 의료 전문 용어에 익숙해져야 하는 경우에 직면할 때가 많다. 메르스와 코로나19를 겪으면서, '확진', '격리'와 같은 단어는 물론, '레벨 D 방호복', '코호트 격리', '사이토카인 폭풍'과 같은 단어들도 대중들에게 익숙하게 전달되기도 했다. 감염병이 세상을 휩쓰는 이런 상황이 아니었더라도, 일반 대중이 전문적인 의료 현장을 엿볼 수 있는 대표적인 통로가 바로 '대중문화' 콘텐츠들이다. 대중들은 영화나 TV 드라마, 웹툰 등을 통해 전달되는 의료 서사를 통해 의학을 접할 기회를 얻는다. 바꾸어 말하면, 의료인들은 대중문화 콘텐츠를 통해 자신들의 직업 생활과 윤리적 고뇌를 대중에게 전달할 기회를 얻게 된다.

최근 현대 문학의 이론은 종이와 문자라는 매체에 국한된 전통적인 '문학 작품'만을 문학 연구의 대상으로 보지 않는다. 문학은 문자 문학보다 더 오랜 역사를 가진 '구술 문학'의 전통으로부터 시작하여, 다양한 수단과 통로,

매체를 통해 대중들과 교류해 왔다.[1] 최근 문학 연구의 대상이 전통적인 종이에 인쇄된 문학 작품에 그치지 않고, 영화, 연극, TV 드라마, 웹툰, 컴퓨터 게임까지 확장하고 있는 것은 보편화된 현실이다. 문학보다 '서사'라는 개념이, 작품보다 '텍스트'나 '콘텐츠'라는 개념이 대중적으로도 널리 쓰이는 것도 현실이다. 이러한 시도는 모든 것을 '문학'의 영역을 포괄하려는 제국주의적 발상이 아니라, 시대의 흐름과 매체 기술의 발전에 맞추어 전통적인 경계를 허물려는 '탈경계적 전환'의 일환이다.

그렇다면 이제 바야흐로, 개념을 정립해 가는 '의료문학'일지라도, '문학'의 영역을 반드시 고전적이고 전통적인 인쇄 '책'에 수록된 문학에 국한시켜 살펴볼 이유는 없을 것이다. 우리는 1957년에 출간된 소설 『닥터 지바고』를 통해 러시아 군의관 유리 지바고를 살펴볼 수도 있고, 1959년의 영화 〈파계〉를 통해 간호 수녀 가브리엘의 헌신을 살펴볼 수도 있다. 두 작품 중 어떤 쪽이 더 잘 짜여진 서사이고, 더 감동적인 텍스트냐는 것을 따진다면 다른 답을 할 수 있겠지만, 만약 20세기 초 유럽의 의료 현실을 더 잘 엿보고 싶다면 영화 〈파계〉 쪽을 선택하는 것이 낫다.

의료문학 연구의 목적은 일반적인 문학 교육의 목적과 똑같을 수 없다. 전통적 문학의 이론과 원리, 창작법을 가르치는 것은 의료문학의 목적일 수 없다. 의료문학의 목적을 의료인들의 공감과 소통 능력 배양, 의료 현실에 대한 전문인과 대중 사이의 상호적 이해 도모, 의료 서사를 통한 의료 현실의 쟁점화, 의료 상황을 둘러싼 사회적 담론의 형성과 윤리적 성찰, 예술적

---

1 이와 관련해서는 최성민, 『다매체시대의 문학이론과 비평』, 박이정, 2017, 28~29쪽. 참조.

감상을 통한 심신의 치유와 분석, 첨단 의료 기술 시대를 위한 인문학적 상상력의 활용, 의학적 딜레마 상황에서의 판단과 분석력 습득, 더 나아가 생로병사 전반에 대한 인문학적 이해 증진 등 그 외 어떠한 것에 둘 수 있다면, 의료문학의 대상이 되는 텍스트 역시 장르와 매체의 폭을 넓히는 것이 필요하다.

필자가 이 글을 통해, '문학'이 아니라, '대중문화'라는 폭넓은 영역으로 시야를 확장하여 살펴보고자 하는 이유는 분명하다. 의료문학 분야의 가치가 중대하고, 그것을 통하여 도달할 수 있는 우리의 학문적, 사회적 성과가 클 것이라고 보기 때문이다. 그리고 그 목표를 위해, 우리가 좁은 문학의 틀을 넘어, 대중문화 텍스트, 혹은 대중적 서사 텍스트들에 폭넓게 관심을 둘 필요 역시 분명하기 때문이다.[2]

이 글은 대중문화들 중 질병 체험이 드러나는 웹툰과 병원이나 질병이 배경과 중심 사건으로 다뤄지는 TV 드라마들을 중심으로 살펴볼 것이다. 웹툰의 경우에는 웹툰에 묘사된 질병에 대하여 독자들이 느끼는 감정이입과 공감에 대하여 주로 살펴보고, 드라마의 경우에 드라마 속 의료인들의 삶과 윤리에 대해, 그리고 질병이 우리 삶에 미치는 영향에 대해 시청자들이 느끼는 성찰과 감정적 기회를 주로 살펴볼 것이다. 그리고 그것을 통해 의료문학 연구의 확장 가능성을 검토하고자 한다.

---

2 김은하는 '의학드라마'를 하나의 '대중문학'으로서 들여다볼 수 있다고 보면서, "영상의 언어로 소통하는 세대에게 드라마는 한 편의 대중소설이다."라고 말한다. 김은하, 「대중문학으로서 의학드라마 읽기」, 『문학과 의학』 4호, 문학의학학회, 2012, 19(18-25)쪽.

2. 웹툰에서 일상툰의 의미, 그리고 일상에서 의료의 의미

만화는 간단한 그림과 문장이 결합되어 일정한 메시지나 서사적 스토리를 담고 있는 문화 텍스트를 일컫는 말이다. 만화의 원류를 논하는 경우에는 고대의 동굴 벽화나 중세의 종교화, 불교의 탱화 등을 언급하기도 한다. 성당에서 볼 수 있는 '십자가의 길' 회화나 불당의 '심우도(尋牛圖)'는 일정한 인물과 스토리를 가진 몇 개의 그림들이, 때때로 글자와 함께 순서대로 나열되어 있다는 점에서 만화와 유사하다. 그러나 근대 이후 신문과 잡지를 통해 하나의 대중적 '장르'로 자리 잡게 된 '만화'라 하면, 네모 모양의 프레임의 구획 안에 이미지의 연속을 갖춘 것을 일컫는 경우가 대부분이었다.

우리가 '만화적 상상력'이라는 표현을 쓰는 것은 '만화'의 내용 특징과 관련된 것인데, 흔히 만화는 엉뚱한 상상력, 과감한 생략과 단순화, 과장된 표현과 웃음 유발 요소가 특징이라고 생각된다. 일반적 범주에서 만화라 하는 것에 앞서 말한 종교화가 포함되지 않는 이유는 바로 이런 특징 때문일 것이다.

1930년대 미국에서는 'DC 코믹스'와 '마블 코믹스'가 만화 출판 시장의 양대 산맥으로 떠오르며 큰 인기를 누렸다. 우리의 경우에도 1910년대 신문 잡지에서부터 197,80년대 '만화방'의 전성기를 거쳐, 현재의 웹툰에 이르기까지 다양한 만화들이 인기를 끌고 있었다.

현재 만화 시장을 이끄는 플랫폼은 신문 잡지나 단행본 형식의 종이 인쇄물이 아니라 웹 공간이다. 1990년대 후반, 인터넷이 보급되고 웹 기반의 콘텐츠들이 등장하게 될 무렵, 자연스럽게 만화도 웹을 통해 볼 수 있게 되었다. 영화를 디지털 파일로 저장한 것이 업로드되었고, 음악 역시 디지털 파일로 저장하여 업로드되고 공유되었다. 초창기 웹은 기존에 존재하던 텍스트들을 디지털 파일로 업로드하던 공간이었다. 새로운 미디어에 적합한 새로운 콘텐츠가 생산되지 못하고 있을 시기였고, 저작권에 대한 개념 역시 미흡하여, 웹은 '불법 파일 저장소' 이상의 역할을 하기 어려웠다.

만화 역시 웹 공간에 올려지게 되는데, 이미 종이 인쇄물로 출판된 만화들을 스캔하여 업로드해 놓은 '불법 자료'들이 대부분이었다. 1997년《조선일보》에 연재되기 시작했던 박광수의 〈광수생각〉이 큰 인기를 끌면서, 1999년《조선일보》의 웹사이트였던 '디지틀 조선일보'는 '만화조선'이라는 웹 공간에 〈광수생각〉를 지면과 동시에 연재하기 시작했다. 〈광수생각〉은 기존의 펜과 붓이 아니라, 컴퓨터 그래픽을 이용하여 그려진 만화였고, 이미 종이 인쇄물로 유통된 만화를 스캔하여 올려놓은 것은 아니었다는 점에서, 웹툰의 태동기에 중요한 의미를 가지는 콘텐츠였다.

비슷한 무렵이었던 1998년 등장한 〈스노우캣〉은 사실상 최초의 '웹툰'이라고 볼 수 있는 콘텐츠이다. 디자이너로 활동하던 권윤주는 자기의 홈페이지에 자신의 일상을 투영한 '고양이' 캐릭터 그림을 올리기 시작했다. 기존만화의 네모 프레임도 없이, 몇 개의 그림과 글자들로 이루어진 〈스노우캣〉은 종이 위 그림을 스캔하여 업로드한 것도 아니고, 종이 매체와 동시에 게재된 것도 아니었다. 오로지 '웹' 공간만을 매체로 한 만화의 등장이었다.

2000년 심승연의 〈파페포포 메모리즈〉, 2001년 정철연의 〈마린블루스〉가 등장하면서, 개인 홈페이지나 커뮤니티 사이트라는 웹 공간에 '만화'를 게재하는 것이 익숙해지기 시작한다. 2003년 포털 사이트 〈다음〉은 '만화속 세상'이라는 코너를 마련하였다. 여기서 강풀의 〈순정만화〉가 연재되고 큰 인기를 누린다. 세로 방향 스크롤 형식[3]을 정착시켰다는 평가를 받는 〈순정만화〉가 다음 포털에 연재되면서, 포털이라는 플랫폼에서의 '웹툰' 연재라는 형식은 만화 유통의 보편적 방식으로 자리 잡게 되었다.[4] 이 무렵부터 포털 사이트라는 '플랫폼' 위에서 '요일별 연재'라는 형식이 보편화되었고, 이는 현재까지도 주도적인 웹툰 유통의 방식이 되었다.

웹툰의 세로 스크롤 방식의 속성에 대해 또 하나의 획일적 방식이라는 한계를 지적하거나 좀 더 다양한 디지털 기술을 활용한 인터랙션 기법 활용에 대한 전망을 내놓는 경우도 있다.[5] 그러나 10년도 더 된, 새로운 인터랙션 인터페이스에 대한 전망[6]은 실현되고 있다고 보기 어렵다. 사실 웹툰 태동기와 비슷한 시기에 등장한, 〈마시마로〉(김재인), 〈졸라맨〉(김득헌)과 같은 플래시 애니메이션들은 당시로서는 웹툰보다 훨씬 진일보한 디지털 기술을 활용한 콘텐츠였지만, 그 인기가 그리 오래 지속되지 않았다.

세로 스크롤 방식의 한국형 웹툰은 스캔 파일의 업로드에 그치고 있는 미국의 '디지털 코믹스(Digital Comics)'나 네 컷 정도의 짧은 분량으로 된 '웹 코믹스(Web Comics)'와는 차별화된 서사적 콘텐츠로 자리 잡았다.[7] 특히 인터

---

3 세로 방향 스크롤 형식이 정착되고 '스마트폰' 기반으로 미디어 환경이 변하는 과정에서 웹툰이 어떻게 달라졌는가에 대해서는 최성민, 『다매체시대의 문학이론과 비평』, 박이정, 2017, 159~161쪽.
4 고정민 외, 『만화 유통환경 개선방안 : 웹툰산업을 중심으로』, 한국콘텐츠진흥원, 2016, 11~16쪽.
5 김건형, 「웹툰 플랫폼의 공동독서와 그 정치미학적 가능성」, 『대중서사연구』 22(3), 대중서사학회, 2016.8, 120~121(119-169)쪽.
6 김용현 · 고은영, 「웹툰에서의 몰입을 위한 인터랙션 분석 연구」, 『한국디자인문화학회지』 15(4), 한국디자인문화학회, 2009, 74-84쪽.
7 고정민 외, 앞의 보고서, 9쪽.

넷 환경이 PC에서 모바일 중심으로 옮겨오면서, 세로 스크롤 방식은 웹툰 뿐만 아니라, 카카오톡, 페이스북 어플리케이션 등에서도 활용되는, 매우 보편적인 사용자환경(UX)이 되었다.[8]

2015년 기준으로 만화 이용자의 온라인-오프라인 이용 비중은 7:3 정도였 다.[9] 2018년 기준 조사에서는 디지털 만화만 이용한다는 답변이 약 68%, 둘 다 이용한다는 답변은 약 27%인데 비해, 종이 만화만 이용한다는 답변은 약 5%에 불과했다. 빠른 속도로 만화 산업의 중심이 디지털 환경, 즉 웹툰으로 옮겨 왔다는 것을 알 수 있다. 소위 '쌍천만' 관객을 동원한 영화 〈신과 함께〉 를 비롯해, 영화 〈이끼〉, 드라마 〈미생〉, 〈쌉니다, 천리마마트〉 등 웹툰 원 작의 영화, 드라마 제작이 계속되는 것을 보아도 웹툰이 문화 산업 전반에 서 차지하는 위상을 짐작할 수 있다. 웹툰은 현재 문화산업에서 가장 영향 력 높은 원 소스(one source) 공급원이 되었다.

현재의 웹툰은 매우 다양한 장르와 주제를 포괄하고 있다. 지금과는 달 리, 한국 웹툰 초창기의 중요한 흐름은 대체로 '일상툰'이었다.[10] 작가가 어

---

8 모바일에서는 가로 스크롤은 수평적 이동이나 상위 메뉴의 선택에서 활용되고, 세로 스크롤은 하나의 앱 안에서 이슈를 탐색하거나 하나의 콘텐츠를 전개해 나가는 과정에서 활용하는 것으로, 클릭은 실행이나 위계의 전환을 선택하는 것으로, 이미 대다수의 사용자들이 익숙해져 있다. 물론, 2012년 이후 네이버 웹툰이 '터치'로 화면을 전환하는 '스마트툰', 컷 마다 댓글을 남길 수 있는 '컷툰'을 내놓고, 2014년 다음이 '무빙툰', '공뷰' 등을 내놓으면서, 인터페이스의 변화를 추구하고 있다. 그러나 세로 스크롤 기반의 웹툰의 본질이 변화한 것으로 보기는 어렵다.
9 고정민 외, 앞의 보고서, 41쪽.
10 박인하, 「한국 웹툰의 변별적 특성 연구」, 『애니메이션연구』 11(3), 한국애니메이션학회, 2015, 82-97에서는 강풀의 〈순정만화〉를 최초의 웹툰으로 보는 시각에 대해, 〈순정만화〉와 같은 '스토리툰'이 아니라 홈페이지에 연재되던 '스노우캣'과 같은 '일상 툰'을 기원으로 보아야 한다고 주장한다. 웹툰에 있어 일상성, 공유성, 상호작용성이 강조되는 것은 바로 '일상툰'에서 비롯된 전통 때문이라는 주장이다.

떤 주제를 정해 두고 그 의미를 전달하기 위해 그리거나, 다양한 인물이 등장하며 사건이 전개되고 위기감이 고조되다 절정과 결말로 치닫는 전통적인 서사들과는 달랐다. 〈스노우캣〉이나 〈마린블루스〉가 그 대표적인 예였다. 서나래의 〈낢이 사는 이야기〉, 조석의 〈마음의 소리〉도 그러한 흐름 위에 있었다.

현재의 포털 기반의 웹툰들과는 달리, 본격적인 게재 플랫폼도 뚜렷하지 않던 시절부터 '작가의 스스로의 일상'을 다룬 웹툰들은 독자들에게 친근하게 다가설 수 있었다. 유난히 누워 있거나 빈둥거리는 모습이 많이 등장하는 〈스노우캣〉에서 비롯한 "귀차니즘"이라는 용어가 퍼져나갔던 것도 공감이 없었더라면 불가능했을 것이다. '일상툰'의 경우, 고스란히 작가의 성장과정도 드러난다. 말하자면, '일기'의 공유라고도 할 수 있다.[11] 웹툰에서 작가 자신의 모습을 그려놓은 1인칭 캐릭터를 흔히 '오너캐릭터', 혹은 '오너캐'라고 부른다. 독자들은 '오너캐'의 행동과 대사를 통해 작가의 실제 현실을 직접 마주하는 느낌을 받게 된다. 그리고 작가는 '오너캐'를 통해 자신의 생활을 표현하고 전달한다.[12] 〈낢이 사는 이야기〉는 작가의 개인 홈페이지에 부정기적으로 업로드되던 웹툰이었는데, 2007년 네이버에서 정식 연재를 시작한 이후 시즌 1~4를 이어가며 2015년까지 연재된 바 있다. 이 과정

---

11 〈스노우캣〉의 경우에도 처음에는 '스노우캣다이어리(초기에는 '쿨캣'이라는 이름을 사용하다가 추후 '스노우캣'으로 변경)'라는 표현을 썼고, 〈낢이 사는 이야기〉도 '일기'라는 표현을 썼다. '일기'와 유사한 일상툰의 '자기고백'적 서사의 특징에 대해서는 박인하, 앞의 논문, 88쪽을 참조.
12 이 매커니즘과 관련하여 김건형은 "내포작가의 창출"이라는 표현을 사용한 바 있다. 김건형, 「일상툰의 서사 문법과 자기 재현이라는 전략 - 여성 일상툰의 정치미학을 중심으로」, 『대중서사연구』 24(4), 121-160쪽.

에서 대학생의 일상, 독립과 회사 생활이 이어졌고, 웹툰 속 등장인물인 '이 과장'과의 연애와 결혼, 그리고 신혼 생활까지, 작가 자신의 생활 변화가 고스란히 전해졌다. 〈마음의 소리〉(2006~2020)에서도 웹툰 속 인물인 애봉이와 작가의 오너캐릭터는 연인 관계이다가 2013년 실제로 결혼했다.

일상툰 중심의 '웹툰'을 문학의 "디지털 트랜스포메이션"의 측면으로, 혹은 '확장된 문학의 영역'에서 다룰 수 있다면, '일상툰'은 '수필 문학'의 부활을 가져왔다고 해도 과언이 아닐 것이다. 1인칭 수필이라고 볼 수 있을 '일상툰'

그림1 최훈 〈삼국전투기〉 중 (왼쪽이 작가의 오너캐)
© Naver.com / 최훈

과는 달리, 창작된 스토리 중심의 '스토리툰'의 경우에도 작가는 수시로 1인칭이 되어 등장하곤 한다. 강풀 작가의 경우에도 작가의 의도를 밝히는 예고편이나 연재 후기에서는 '오너캐'가 직접 출현하며, 삼국지를 웹툰으로 그린 〈삼국전투기〉의 최훈 작가도 야구공을 머리에 꽂고 펜을 들고 있는 '오너캐'로 종종 등장한다. '1인칭'이 주는 친근함과 솔직함이 전달되는 효과를 노리는 것이다.[13]

'만화'에 대한 오래된 편견은 "애들이나 보는 것", "실없고 의미 없는 저급한 것"이라는 생각들이다. 웹툰을 중심으로 한 국내 만화 산업이 1조 1천억

---

13 최근 유튜브를 비롯한 1인 미디어의 인기를 다양한 장르, 세밀한 취향의 분화, 개인주의적 속성 등을 이유로 분석할 수 있겠지만, 중요한 지점 하나는 바로 '1인칭'이 주는 친근함과 솔직함, 그리고 거기에서 유발되는 '공감'과 '연대감'에 있다.

원대 규모로 성장[14]한 지금도 부정적 시선은 여전하다. 그저 편견일 뿐이라고 무시하기도 어려운 것은 웹툰의 내용적 '가치', 형식적인 '장치와 기법'이 수준 이하의 것들도 적지 않기 때문이다. 현재 웹툰의 주요 플랫폼은 아니지만, KT가 운영하는 '케이툰(KTOON)'의 첫 화면에서 한눈에 들어오는 '일부' 선정적 표현들은 불편한 수준이다. 물론, 4대 웹툰 플랫폼으로 불리는 네이버웹툰, 다음웹툰, 레진코믹스, 카카오페이지[15]의 경우에는 이러한 첫 화면 구성이 나타나지는 않지만, 웹툰에 대한 부정적 견해도 근거가 없지는 않다.

일각에서는 지나치게 신변잡기적인 '일상툰', 유치한 '학원물', 선정적인 '로맨스물' 위주의 웹툰 주제와 내용 문제를 제기하기도 한다. 그러나 아리스토텔레스가 '비극'에 대해 논하며 언급했던, "공포와 연민의 감정을 불러일으키는 사건의 모방"을 다루는 웹툰들, 독자로 하여금 공감과 연민, 감동을 불러일으키는 웹툰들이 존재한다. 바로 인간의 일상들 중에 가장 비극적이면서, 가장 연민의 감정을 불러일으키는, '질병'을 다루는 웹툰들이다.

3. 환자와 질병을 다룬 웹툰들과 독자의 공감

김보통의 〈아만자〉는 2013년 9월부터 '케이툰'의 전신인 '올레웹툰'에서 연재되었고, 2016년 웹툰 전문 플랫폼 레진코믹스에서 재연재된 웹툰이다.

---

14 정미경 외, 『2018 만화산업 발전계획 수립 연구』, 한국콘텐츠진흥원, 2019.10., 17쪽.
15 웹툰 작가의 '주활동 플랫폼' 기준. 참고로 '케이툰'은 5위이다. 김태영 외, 『2018 웹툰 작가 실태조사』, 한국콘텐츠진흥원, 2019.5., 18쪽.

웹툰의 제목인 '아만자'는 한 네티즌이 TV 드라마에서 나온 대사 중에 "암환자"의 발음을 오해하여 "아만자가 뭔가요?"라는 질문을 인터넷에 올렸다는 데서 따온 것이다. 〈아만자〉는 2014년 '오늘의 우리 만화상'[16]과 2015년 '부천만화대상'[17]의 부천시민만화상을 수상한 바 있어, 독자들과 평단, 전문가들에게 두루 호평을 받았던 웹툰이다.

웹툰 〈아만자〉는 26세 젊은 청년이 말기 암 진단을 받고, 암 투병 과정에서 겪게 된 고통을 실감나게 표현하면서, 암과 관련한 구체적 정보들도 상세히 드러나 있어 초기 연재 당시 독자들의 관심과 공감을 많이 받았다. 또한, 주인공이 현실의 암 투병 과정에서 고통에 시달릴 때 꿈을 꾸거나 정신과 육체가 힘겨울 때 떠올리는 '숲'의 장면이 판타지처럼 뒤섞여 등장하여, 흔한 '신파'로 흘러가지 않는다는 점이 특징이다. 이 웹툰은 작가의 아버지가 암으로 세상을 떠난 간접적 경험[18]과 함께 다양한 자료 조사를 바탕으로 그려졌지만, 작가의 직접적 투병 체험이 반영된 것은 아니었다. 현재 〈아만자〉를 다시 볼 수 있는 곳은 '레진코믹스'인데, 레진코믹스는 독자의 댓글란

---

16 1999년부터 문화체육관광부에서 주최하는 시상식으로 매년 5~12편 정도를 수상작으로 선정해 왔다. 대표적 수상작으로는 〈바람의 나라〉(김진, 1999), 〈오디션〉(천계영, 1999), 〈불의 검〉(김혜린, 2002), 〈식객〉(허영만, 2003), 〈순정만화〉(강풀, 2004), 〈탐나는도다〉(정혜나, 2009), 〈미생〉(윤태호, 2012), 〈송곳〉(최규석, 2014), 〈텐마〉(양영순, 2016) 등이 있다. (https://namu.wiki/w/오늘의 우리만화상)
17 1998년부터 열리고 있는 부천국제만화축제에서 2004년부터 주관하여 열리는 시상식. (https://ko.wikipedia.org/wiki/부천국제만화축제). 최근의 경향만 놓고 보면, '오늘의 우리만화상'은 연재 중인 웹툰 위주로, '부천만화대상'은 출판만화 위주로 수상작이 나오고 있다. 가령 최규석의 〈송곳〉은 2014년에 '오늘의 우리만화상'을 수상했는데, 2017년 '창비'에서 출판물로 완간된 이후 2018년에 부천만화대상을 수상했다.
18 작가의 인터뷰 기사 참조.
http://www.donga.com/news/article/all/20150112/69045577/2

을 두고 있지 않기 때문에, 독자의 반응들을 확인하기 어렵다는 아쉬움도 있다.

네이버 베스트 도전에 연재되었던 〈광고감독의 발암일기〉[19]는 실제 작가의 암 진단과 투병 과정을 바탕으로 하고 있으며, 부분적으로 광고 감독으로서의 사회생활 이야기도 함께 다루고 있다. 광고 감독인 서준범 감독은 자신의 경험을 통해 웹툰을 연재하였다.[20] 갑상선암 진단을 받고 첫 수술을 받은 후 퇴원을 했지만, 이후 몇 차례 후유증을 겪고, 지속적 검진과 방사선 치료를 위해 입원과 퇴원을 반복하는 과정이 그려졌다. 이 웹툰의 특징은 작가의 암 투병 과정을 직접적으로 다루고 있음에도 불구하고 매우 밝고 유쾌하게 그려지고 있다는 점이다.

연재 초기 'epilogue 편'의 댓글[21]에서는 "슬픈 상황인데 유쾌하고 긍정적인 마인드"임에 놀라며 응원하면서도 "유머러스한 만큼 더 슬픈 느낌"이 든다며 "웃기기보다는 감동적"이라는 의견을 볼 수 있다.

〈광고감독의 발암일기〉Ep.30.편을 보면, 방사성요오드 치료 과정에 대한 묘사가 등장한다. 이 치료 과정은 암세포를 요오드로 유인한 뒤 방사능을 이용해 파괴하는 치료법인데, 식이요법의 조절은 물론 2박 3일 차폐실

---

19 이 웹툰은 'skyjunno1'이란 아이디의 작가가 업로드했는데, 2017년 3월 첫 회 연재 당시에는 '글/그림 JBS'로 되어 있었으나, 2018년 2월 시즌2부터는 그림 작가를 따로 두고 '글 : 서감독 / 그림 : 다문'으로 분담이 되어 있다. 2017년 7월에 올린 '공지' 편에 보면, 작가(JBS)는 수술, 입원을 거쳐 퇴원 이후 3일 만에 첫 회를 업로드하였다고 밝히고 있다.

20 작가 인터뷰(http://www.the-pr.co.kr/news/articleView.html?idxno=34125) 참조.

21 댓글들을 인용할 때는, 맞춤법이나 띄어쓰기를 일부 바로 잡거나 문맥상 어울리도록 부분적 수정을 하기도 하지만, 비표준어 표현과 줄임말 등 표현을 그대로 살려 인용하기도 할 것이다.

생활의 고통을 감내해야 하는 과정이다. 그러한 정보들을 그림과 글로써 구체적으로 설명하고 있지만, 작가는 그것조차 유쾌하고 밝게 그려내고 있다. 이 웹툰의 독자들도 구체적인 정보와 경험을 전달해주는 것에 대해 고마워하면서도, 즐겁고 밝게 그려내고 있음을 특히 더 주목하고 있다. 이것을 본 독자들은 댓글에서 이 웹툰을 통해 암 치료 과정을 정확히 이해할 수 있었다는 반응과 더불어, "긍정적 에너지"를 전달받게 되었다는 고마움도 표현하고 있다. 가령 닉네임 Maha**은 "저희 어머니가 방사성 요오드치료를 받아야하는데 웹툰을 보고 정확히 이해가 됐어요."라고 댓글을 적었으며, ID boyu****는 "웹툰을 보면 긍정적인 에너지가 뿜어져 나와요"라는 댓글을 적었다.

현재 〈광고감독의 발암일기〉는 2019년 7월말 47화 '퀵서비스' 편 이후, 이렇다 할 공지 없이 더 이상 업데이트가 되지 않고 있다. 그러자 독자들은 작가의 건강을 염려하면서, 응원의 메시지를 남겨놓기도 하였다. 가령, 닉네임 크레센*는 "언제 돌아오시나요. 걱정이 돼서요."라는 댓글을 적어 놓았다.

말하자면, 이 웹툰은 한 광고감독의 일상을 다룬 일상툰의 성격을 띠고 있지만, 그 일상 중에서도 '암의 진단과 투병'이라는 비극적 부분을 구체적으로 표현하고 있다. 비극적 일상이 전체적으로 밝고 긍정적인 분위기로 묘사됨으로써, 독자들, 특히 비슷한 질병을 직간접적으로 겪고 있는 독자들에게는 긍정적이고 희망적인 메시지를 전달하고 있는 셈이다. 독자들 역시 작가에게 응원과 격려의 메시지를 돌려주고 있다. 작가는 텍스트에 달린 댓글의 '독자'로 다시 "초청"되어 위로를 받게 된다. 웹툰 텍스트를 통해 작가와 독자가 서로에게 힘을 불어 넣어주고 있는 것이다.

고리타 작가의 〈아프니까 병원이다〉는 2014년 1월부터 네이버에서 연재된 웹툰이다. 봉봉혁과 윤윤영이라는 부부가 등장하는데, 이 부부는 실제 고리타 작가와 그의 아내를 모델로 그려진 것이다. 말하자면 이 웹툰은 일종의 '부부 생활 일상툰'이라 할 수 있으며, 대부분 내용은 이 부부와 주변 가족들이 질병을 앓은 경험을 토대로 구성한 것으로 알려져 있다. 전체적으로는 질병별로 에피소드를 나누어 구성되어 있는데, 첫 번째 에피소드는 대장 질환을 다룬 '안녕 대장님' 편이다. 두 번째 에피소드부터는 신종플루, 알레르기성 비염, 호흡기질환 등의 질병들이 계속 이어진다.

웹툰은 에피소드1 초반부에 건강검진을 위해 대장내시경을 준비하는 과정을 먼저 그려내고 있다. 내시경을 하기 위해 액체 약물을 2리터 이상 마셔야 하는 상황과 고통스러웠던 경험을 구체적으로 묘사하였다. 여기에 독자들은 각자 위내시경, 대장내시경을 했던 경험들을 댓글로 남겨 놓았다. "목구멍과 대장을 훑는 내시경의 느낌이란... 후... 엄청난 고문이었지."라는 댓글이나 "수면 내시경 안 하고 위내시경 했는데, 할 만하더라구요."라는 댓글이 달린 것이다. 반면, "내시경 안 해본 사람은 베댓[22]도 못하나"처럼, 각자의 경험에 따라 공감과 이해가 어렵다는 반응도 있었다.

내시경 진단 결과, 1화의 맨 마지막 부분에서 아내는 '가족성 용종증'이 있음이 밝혀진다. 에피소드1편 1화의 댓글에는 위에서 인용한 '내시경' 경험담들도 있지만, 가족성 용종증에 대한 의학 지식들을 공유하는 내용도 많이 보인다. "가족성 용종증은 가족력이 크게 좌우되는 질환"(rekd***)이라는 정보와 "예방을 위해 대장 절제를 받아야 한다"(이니*)는 정보도 댓글에서 발견할 수 있다. 실제로 이어지는 2화에는 가족성 용종증에 대한 설명이 등장하

---

22 '베댓'은 공감이나 좋아요 클릭수를 기준으로 선정된 '베스트 댓글'의 줄임말 표현이다.

며, 그로 인해 대장의 일부를 절제하여 제거하는 수술을 받게 되는 내용으로 전개된다. 전문적인 댓글들이 달리다보니, "여기 댓글 박사님들 밖에 없어?"(최*윤)와 같은 댓글도 눈에 띈다.

〈아프니까 병원이다〉의 에피소드12는 "아버지의 눈"이라는 제목이다. 여기에서는 뇌신경 이상으로 눈의 초점이 맞지 않아 어지럼증과 보행 불편을 겪게 된 아버지의 이야기가 등장한다. 아버지는 걸음걸이를 걷기 힘들어하면서, "눈에 초점이 안 맞으니까, 모든 게 다 두 개로 겹쳐 보인다. 그래서 자꾸 어지럽고 멀미가 나서 그런 거다."라고 말한다. 이 에피소드의 댓글에는 '72세 할아버지가 각기병을 앓고 입원해 계신데, 쾌유를 함께 빌어달라'는 내용, '치매를 앓다가 증조할머니가 102세로 돌아가셨다'는 내용 등이 보이며, "살아계실 때 잘해드려야 한다"는 교훈과 공감을 확산하는 댓글들이 많이 눈에 띈다.

〈아프니까 병원이다〉의 경우, 에피소드마다 각기 다른 질병이 다양하게 등장하다 보니, 해당 질병을 직간접적으로 앓는 관련자들이 독자로 참여하는 경우가 많다. 노인 질병을 다룰 때는 좀 더 확장적으로 노인 문제 전반과 죽음에 대한 의견과 공감을 나누는 모습들도 드러난다.

노인 질환, 그중에서도 '치매'를 중점적으로 다룬 웹툰도 있다. 영화로도 만들어졌던 강풀의 〈그대를 사랑합니다〉에도 치매 노인이 주요 등장인물들 중 한 명으로 등장한다. 다음 웹툰에서 연재된 〈나빌레라〉(지민 그림, Hun 글)는 치매 판정을 받은 노인이 주인공으로 등장하여, 뒤늦게 발레에 도전하는 내용을 다룬 웹툰이다.

2018년 3월부터 다음 웹툰에서 연재된, 심우도의 〈우두커니〉는 치매 환자와 그 가족의 이야기를 본격적으로 다루고 있다는 점에서 특별히 주목할 만하다. 〈우두커니〉는 다음 웹툰에서 평점 10.0을 기록[23]하고 있을 정도로, 독자들의 큰 호응을 얻었던 웹툰이다. 작가 이름 '심우도'는 아버지를 모시는 딸 심홍아와 사위 우영민이 함께 공동 작업을 할 때 사용한 필명이다. 이들은 실제 치매를 앓는 아버지를 보살피는 과정에서 이 만화를 기획하였고, 1년여 연재 끝에 2019년 4월 연재를 완결지었다. 연재 도중 아버지는 결국 세상을 떠나게 된다. 마지막화 '연재후기'를 보면, '연재하는 도중 아버지의 상태가 급격히 안 좋아져 만화의 내용과 분위기가 많이 바뀌게 되었다'고 작가는 밝히고 있다.

이 웹툰은 프롤로그에서 연재 후기까지 전체 44회로 구성되어 있다. '1화 이삿날' 편에서 나(딸)와 영우(사위)는 아버지와 함께 언니네가 있는 청주로 이사를 간다. 낯선 환경으로 옮겨와서인지, 그날 밤 아버지는 통장과 도장을 내놓으라며 화를 내는데, 이때부터 '나'는 아버지가 혹시 치매가 아닐까 하는 의심을 하게 된다. 그 이후 아버지의 행동이 점점 이상해지자 병원에 찾아가게 되고, 진단 결과 아버지는 치매 판정을 받게 된다. 18화에는 그동안 전조 증상이 있었음을 뒤늦게 깨닫고, 너무 늦게 진단과 치료를 받게 되었음을 안타까워하는 장면이 드러난다. 연재 후기에서도 작가는 가급적 조기에 치매 진단과 치료를 받을 수 있도록 하라는 조언을 독자들에게 전하기도 한다.

'나'와 영우 사이에는 뱃속의 아기까지 생기게 되었는데, 아버지의 병세는 점점 악화된다. 37화 '응급실' 편에서는 아버지가 임산부 딸에게 "배때기를

---

23 웹툰의 평점들은 영화의 평점들에 비해 대체로 후한 편이다. 그것을 감안하더라도 〈우두커니〉의 평점은 매우 높은 편이다. 평점과 관련해서는 이 논문의 뒤쪽에서 다시 다루기로 한다.

아주 걷어 차 버리게!'라고 폭언을 퍼붓는다. 경찰의 도움을 얻어 아버지는 응급실로 옮겨지고, 결국 요양병원에 입원을 하게 된다. 그 이후에도 병세는 악화되어 40화에서 아버지는 세상을 떠나고 만다.

〈광고감독의 발암일기〉가 밝고 긍정적인 분위기로 암 투병을 그려냈고, 〈아프니까 병원이다〉가 각각의 질병을 앓는 과정이 하나하나의 에피소드로 다뤄지고 있는 반면, 〈우두커니〉는 치매를 앓는 아버지의 병세가 점점 악화되고 결국 세상을 떠나게 되는 비극의 일상이 고스란히 드러나 있다. 전체적으로 분위기가 어두울 수밖에 없는 웹툰이다. 하지만 작가는 '연재 후기'에서 "〈우두커니〉를 통해 전해진 메시지가 단순한 슬픔이 아니라 공감과 위로였길 바랍니다."라고 적고 있다. 실제로 이 웹툰의 댓글란은 공감과 위로를 나누는 공간이 되었다.

닉네임 '호타*'는 "저는 그 어떤 병보다 세상에서 치매가 가장 무서워요." 라면서 "사랑하는 사람들을 잊는다는 거, 또는 그들에게 잊혀진다는 거, 생각만해도 심장이 덜컥 내려앉고 쪼그라드는 기분"이라고 댓글을 적었다. 닉네임 '김*은'은 "절 키워주신 외할머니께서 (중략) 처음 보는 얼굴로 저에게 누구냐고, 여긴 어디냐고 물어보셨어요."라면서 "얼마전 출산하고 그간 잘 돌봐드리지 못해 그런 것 같아 눈물이 펑펑 났어요."라고 토로한다. 이처럼 주변에서 치매 환자를 경험한 가족들의 공감 표현이 두드러지게 많이 나타난다. 〈우두커니〉 38화의 댓글에 닉네임 '이*주'는 댓글에서 "연재 초기에 치매는 다른 사람 이야기라 생각하고 보기 시작"했는데, "중반쯤 되었을 때 저희 할머니가 치매 진단을 받으셨다"며, "웹툰을 보면서 이렇게 공감간 적은 처음"이라고 밝히고 있다.

〈우두커니〉가 연재된 '다음(Daum) 웹툰'의 특징 중 하나는 댓글에 덧붙이는 다른 댓글, 즉 '대댓글'을 달 수 있다는 점이다. 아예 댓글 기능이 없는 '레진코믹스'와 개별 댓글만 달 수 있는 '네이버 웹툰'과의 차이가 나타나는 지점이다. 원 텍스트인 웹툰이 아니라, '댓글' 자체에 대한 의견과 반응을 적을 수 있는 것이 '대댓글'인데, 〈우두커니〉의 대댓글에서는 공감의 확산이 얼마나 친밀하고 깊게 이루어지고 있는지를 확인할 수 있다.

〈우두커니〉 2화의 '베댓' 중 하나를 적은 '류*정'이라는 독자는 "제 이야기 같아서 계속이 눈물이 나네요."라고 적으면서, "아버지가 돌아가진 지 어느새 2년이 흐른 뒤이지만, 잘 참고 살다가 갑자기 터져서 눈물이 계속 흐르네요."라며 돌아가신 아버지를 그리워하는 마음을 표현하였다. 이 댓글에 대한 답글, 즉 대댓글도 많이 달렸다.

댓글의 독자들은 '류*정'에게 "힘내"라며 응원하고, "아버지가 좋은 곳에서 편하게 쉬시면서 지켜보고 계실 거예요."라고 위로하고 있다. 또 다른 독자는 "아흔 살 어머니가 치매로 10년 가까이 고생"하고 있다며, 서로의 어려움에 대하여 공감을 나누고 있다.

이외에도 〈우두커니〉 8화 '치매 공부' 편의 댓글 중 '우랄*라'라는 독자는 "어른들을 모실 때 가장 중요한 것"은 "보호자의 휴식"이라며, 치매 환자를 간병하는 가족과 보호자들의 휴식을 강조하고, 그렇게 해야만 "어르신에 대한 존중감도 생"길 수 있다고 말하고 있다. 여기에 대한 대댓글은 "공감합니다. 보호자가 너무 힘들어 금방 지"친다며, "몸과 마음이 힘드니 입에서도 좋은 말이 나오기 힘들"다고 토로하고 있다. 또 다른 독자는 "방문요양과 데이케어센터 업무를 둘 다 해 본 복지사 입장에서 정말 공감"한다고 동의하고 있다.

9화 '돌멩이' 편의 댓글에서 'dustinja***'이라는 독자는 "차갑게 들리실지 모르겠지만 요양원에 모셔야 해요."라고 작가에게 조언을 했다. 이에 대한 대댓글로, 독자들은 "저도 요양원에 찬성", "요양원이 비싸다는 말을 들었어요.", "요양원 가면 더 나빠지시는 건 맞아요."라고 의견을 주고받는 모습을 보였다.

13화 '괜찮아요' 편의 댓글에 '이*민'이란 독자가 돌아가신 지 4년이 지난 아버지가 치매를 앓으실 때를 떠올리며, "감정을 되뇌이는 게 남일 같지 않"다며, 작가에게 "그리는 과정이 너무 아프지 않길 진심으로 바랍니다"라고 걱정하는 마음을 드러냈다. 이에 대해 다른 독자는 "이영민님도 웹툰을 보는 내내 너무 아프지 않길 진심으로 바랍니다."라고 염려해주는 글을 남기기도 했다.

최종화의 댓글에는 '임*수'라는 독자가 아버지가 치매에 걸렸는데, 실수로 또 크게 화를 내버렸다며 후회하고 반성하는 글을 적었더니, 다른 독자들은 "토닥토닥", "어떤 순간에도 자신을 탓하지 않기를 바랍니다."라며 위로를 건네는 모습을 보여주었다.

물론, 아이디나 닉네임만 보이는 인터넷 댓글의 특성상, 댓글을 적은 내용이 모두 진실이라고 믿기는 힘들다. 실제로 부정확한 정보가 확산되는 경우도 있다. 〈우두커니〉 35화 터널 편의 '베댓'에는 "치매가 유전"이라는 부분이 등장하고, 대댓글에는 "치매가 유전이군요…. 정말 슬프고 끔찍한 병이네요."라는 내용이 적혀 있다. 하지만 치매는 다른 질병들에 비해 '유전성'이 강하지 않은 것으로 밝혀져 있다.[24]

---

24 「치매에 대한 7가지 오해와 진실」 (한양대학교 병원 공식 블로그)
　　(https://m.post.naver.com/viewer/postView.nhn?volumeNo=20528151)

웹툰 〈우두커니〉는 '치매'라는 중증 노인 질병을 다루고 있다. 〈아만자〉나 〈광고감독의 발암일기〉에 등장하는 암도 무서운 질병이지만, '치매'는 환자 본인은 물론, 특히 가족들의 고통이 큰 질병이다. 치매는 유병률이 나이가 들수록 급증하는 질병이다. '대한노인정신의학회'[25]에 따르면, 65~69세까지는 유병률이 5% 미만이지만, 85세 이상이 되면 유병률이 40%를 넘어간다. 급격한 고령화 시대에서 '치매'는 그 누구라도 걸릴 수 있고, 가족 중 누구라도 비극의 대상이 될 수 있는 질병으로 인식될 수밖에 없다. 일단 치매에 걸리면 치료가 어렵고,[26] 가족의 부담이 너무나 크다 보니 최근에는 '치매 국가책임제'에 대한 논의도 활성화되고 있다.

그러다 보니, 〈우두커니〉의 독자들 중에는 가족 중에 치매 환자가 있었던 경험이 있거나, 본인이나 가족이 치매에 걸릴까 봐 두려움을 느끼는 이들이 많을 수밖에 없다. 이들은 웹툰 〈우두커니〉를 중심으로 자신들의 경험과 정보를 나누고, 위로와 응원을 건네는 '연대'의 관계를 형성할 수 있게 되었다.

최근 치매 못지않게 많은 사람이 앓고 있고, 두려운 질병 중 하나가 바로 '우울증'이다. 〈그리고 우울증〉은 '모자'라는 필명의 작가가 그린 웹툰으로, 2013년 10월부터 '네이버 웹툰'의 아마추어 플랫폼인 '베스트 도전 만화'에 연재 중이었다.[27] 독자들은 누구나 우울해질 수밖에 없는 한국의 교육 현실, 부모의 지나친 기대와 부담감, 목적 의식을 찾기 힘든 일상을 그린 내

---

25 대한노인정신의학회 홈페이지 참조. (http://www.kagp.or.kr/ko/4)
26 치매 원인에 따라 치료 가능성은 크게 달라진다. (대한노인정신의학회 홈페이지 참조.)
27 〈그리고 우울증〉은 '다음 웹툰'의 아마추어 플랫폼인 '웹툰 리그'에도 동시 연재되었으나, 네이버에 비해 '뷰'와 '댓글', '평점' 모든 면에서 부족한 결과를 보였기에, 여기서는 네이버 쪽의 반응과 댓글을 위주로 언급하기로 한다.

용에 큰 공감을 표현하곤 하였다. 네이버 베스트 도전 만화 연재본을 기준으로, 5화 '눈보라(2)' 편에서는 독자들이 "여기다 누가 내 이야기 써놓으래" (m394***), "절 우울증으로 몰아넣은 사람들이 또 괴롭히기 시작합니다. 도와주세요."(alsw***), "작가님 지금은 어떠신가요? 저랑 상황이 정말 닮았네요. 힘내세요. 전 많이 나아졌답니다. 제 경험 공유하고 싶어요."(k_ye***) 등과 같은 의견을 적어 놓았다. 7화 '시나브로' 편에서는 병원을 찾아간 '나'가 의사를 만나 검사지를 작성하며 눈물을 흘리는 장면이 들어 있다. 이것을 본 독자들은 "상담을 공부하는 학생인데요 작가님 작품 보며 내담자 입장을 다시 한 번 생각해보게 됩니다"(h*), "편부모가정 아래에서 자라고 어려움을 잘 극복 못 하는 성격 탓에 어렸을 때부터 우울증 치료를 받았습니다."(구*씨), "몇 년 째 조울증을 앓고 있는 저에게도 매우 공감이 가네요."(뮈*) 등의 댓글이 달렸다. 마음의 질병을 앓고 있는 같은 처지의 사람들이 공감대를 형성하고, 동질감을 느끼며, 위로의 마음을 나누는 내용들이다.

그러나 〈그리고 우울증〉은 연재를 시작한 지 두 달 만에 휴재 공지가 나왔고, 결국 '연재 중단' 공지까지 내면서 중단된 상태이다. 작가는 스스로 '우울증 10년차'였음을 밝히며, "자기 치유가 되지 않은 상태에서 어설프게 그릴 수가 없어"서 연재를 부득이하게 중단한다고 밝혔다. 이에 대해서도 독자들은 "작가님 저는 항상 응원해요", "힘내세요ㅜㅜ 어쩔 수 없죠ㅎㅎㅎ 그 대신 만화는 삭제하지 말아주세요." 등의 댓글을 달면서, 여전한 응원의 메시지를 보냈다.

우울증의 경우는 주변에서 투병 사실조차 모르는 경우가 많지만, 그 어떤 질병보다 주변의 관심과 위로, 도움이 필요한 질병이다. 〈그리고 우울증〉은 특히 20대들이 공유하며 경험한 현실 속에서 어떤 요인들이 그들에게 '우울

중'을 안겨주었고, 고통스럽게 만들었는지를 보여줌으로써, 댓글을 통해 서로의 '공감'과 '위로'를 나눌 수 있는 '위로의 공간'이 되었다. 그러나 결국 '연재 중단'을 맞이 하게 된 점은 아쉬움으로 남는다.

요 근래, 보편적인 웹툰 플랫폼들 외에 개인 SNS를 통해 웹툰을 연재하는 경우도 많이 나타나고 있다. 물론 초창기 웹툰의 경우에도 개인 홈페이지나 블로그를 통해 연재된 것이 많았으며, 기성 인기 웹툰 작가들도 이러한 방식에서 관심을 모으다가 데뷔를 한 경우가 많이 있었다. 하지만 최근 페이스북이나 트위터, 인스타그램은 훨씬 빠른 속도와 넓은 범위로 관심사에 대한 공유, 확산이 가능하기 때문에, 아마추어 웹툰이 대중들에게 퍼져 나가는 주요한 통로 중의 하나로 더욱 주목받고 있다.

그중 인스타그램을 통해 연재되고 있는 〈당신과 나의 우울증〉은 10년째 우울증을 앓고 있고, 공황장애까지 겪고 있는 '지수'라는 작가의 웹툰이다. 작가는 자신이 운영하는 네이버 블로그에는 자해 시도와 자살 결심 이야기까지 털어놓고도 있지만, 페이스북에서는 "당신 혼자 아파하고 있는 것은 아니라고, 우리 함께 가시밭 길을 헤쳐나가자"는 의지를 보여주고도 있다.[28] 인스타그램의 웹툰에서는 어떻게 우울증이 시작되었고 점점 심화되었는지, 정신과 치료를 받게 되기까지의 과정은 어떠했는지를 그려놓고 있다.

독자들은 이 웹툰에 "이젠 좀 더 많이 자신을 사랑해 보기로 해요~ 토닥토닥~~", "이렇게 공감되는 만화를 그려주시다니.", "많은 분들이 이 만화를 보고 정신과에 대한 편견이 사라졌으면 좋겠습니다." 등의 의견을 댓글로

---

28 블로그(https://blog.naver.com/whoruwhoru)
   페이스북(https://www.facebook.com/not.alone.allone)
   인스타그램(https://www.instagram.com/not_alone_allone)

적어놓고 있다. 이곳 역시 우울증을 겪고 있는 이들이 함께 공감하며, 서로에게 위로를 전하는 공간이 된 셈이다.

4. 공감의 댓글과 독자의 글쓰기

사실 자신의 경험을 글로 쓰는 수필의 장르에서 '투병'의 기록은 긴 역사를 가지고 있다. 종교적인 '간증'의 기록들에도 투병의 이야기는 흔히 발견된다. 문학 분야에서도 토마스 만의 『마의 산』을 비롯하여 투병기가 등장하는 작품은 드물지 않다. 교보문고 홈페이지에서 '투병기'로 검색하면 148건의 국내외 도서가 검색[29]된다.

웹 공간에는 누구나 쉽게 자신의 경험을 적어 놓을 수 있다 보니, 블로그나 개인 SNS에 투병 경험을 적어 놓는 것은 아주 흔하게 찾아볼 수 있다. 주요 질병들의 경우, 해당 질병을 앓거나 그 가족들이 모여드는 인터넷 카페들도 많이 있다. 이러한 곳에서도 개인의 경험을 털어놓고 조언과 위로를 주고받는 것을 쉽게 발견할 수 있다.[30]

공적인 '질병체험 공유'의 공간도 존재한다. 2009년부터 한국연구재단의 지원으로 '질병체험내러티브 데이터 베이스 구축을 위한 다제학적 연구' 사업이 진행된 바 있으며, 이 결과물로 "질병체험 이야기"라는 웹사이트

---

29 교보문고(http://www.kyobobook.co.kr) 2019.12.09. 검색.
30 암 환자들의 '인터넷 카페'에서 정보 교환과 응원이 이루어지는 부분에 대해서는 웹툰 〈아만자〉의 제15화 '응원' 편에 요약적으로 잘 표현되어 있다. https://www.lezhin.com/ko/comic/amanza/15

(http://www.healthstory4u.co.kr)가 개설된 바 있다.[31]

직접 질병을 앓는 환자나 가족의 시선이 아니라, 간호사나 의료인의 입장에서 환자를 바라본 웹툰들도 있다. 본업이 간호사인 '민지르'라는 작가가 페이스북에서 연재했던 〈안녕 병원〉[32]이 있으며, 보건복지부에서 응급실 문화에 대한 정보 제공을 목적으로 만든 〈미스터 나이팅게일〉[33]이라는 웹툰도 네이버에서 연재된 바 있다.

질병이나 병원을 소재의 차원이나 공간의 차원에서 다룬 서사적 텍스트는 이외에도 영화, 드라마 등까지 포함하면 너무나 많아서 일일이 헤아리기 어려울 정도이다. 그러나 다른 장르의 질병 서사들과 '질병을 다룬 웹툰'이 다르다고 할 이유가 몇 가지 있다. '질병 웹툰'의 형식적 · 내용적 특징을 몇 가지로 정리해 보도록 하겠다.

첫째, 웹이라는 플랫폼의 기본적 특성으로부터 유래하는 특징이다. 과거의 전통적 문학 속의 수필들이나 종교적으로 행해지는 '간증' 형식의 투병기들과는 다른 것이다. 전통적 수필은 즉각적 소통이 어렵고, 종교적 간증은 '의식(儀式)'의 차원이 중요시된다는 점에서 차이가 난다. 사실 웹 공간이라는 점에서는 투병기가 게재된 개인 블로그나 환우회 카페 형태의 인터넷 카페들과는 비슷한 점이 많다. 개인의 질병 투병기가 온라인에 공개되고 그것을 읽은 독자들이 공감과 위로를 나눌 수 있다는 점이 가장 중요한 공통점

---

31 이와 유사하게, 영국에서는 2001년부터 자료를 모아 질병별로 DB 작업을 진행해 온 사이트가 있다. http://www.healthtalk.org

32 페이스북(https://www.facebook.com/noteofnursing)에서 연재된 바 있으며, 『안녕 간호사』로 제목을 바꾸어 단행본도 출간되어 있다.

33 https://comic.naver.com/webtoon/list.nhn?titleId=689012

이다. 물론 웹이라는 공간이 비교적 익명성을 유지할 수 있는 공간이며, 댓글을 통한 상호 소통이 가능하다는 점에서는 기본적으로 마찬가지 특징을 공유한다.

둘째, 웹툰은 대체로 '연재'의 형식을 띠고 있으며, '일상툰'의 전통 위에서 '일상의 공유'라는 것에 작가와 독자가 익숙하다는 점이다. 연재의 형식은 대개 내용의 차원에서 '질병의 진단과 발견 - 질병의 악화 또는 치료 과정의 고통 - 완치(또는 퇴원) 또는 사망'의 흐름으로 흘러가기 마련이고, 이에 따라 독자들에게 몰입감과 긴장감을 부여하게 된다. '일상툰'에서 시작된 웹툰의 전통은 자연스럽게 '질병 웹툰'의 경우에도, 독자로 하여금 질병을 앓고 있는 인물에 대한 지속적인 관찰과 공감 형성을 하도록 만들어 준다.

셋째, 공개된 플랫폼 안에서 연재되고 있지만, 개별 웹툰의 독자층은 각각의 '소집단'이 되어, 주제와 스토리를 공유하고, 인물에 감정이입하거나 공감을 형성하며, 각각의 독자와 작가는 함께 응원과 격려, 위로를 주고받을 수 있는 '연대(連帶)'의 커뮤니티에 도달한다는 점이다. 이것이 가능한 이유는 네 번째 특징과도 관련이 되는데, '웹툰'이라는 플랫폼의 특성에 대해서는 잠시 후 좀 더 포괄적으로 다시 언급하기로 한다.

넷째, '댓글'이라는 글쓰기 방식의 힘이다. 최근 사회적으로 댓글 문화에 대한 비판적 여론도 크고, '레진코믹스'의 경우에는 댓글 시스템을 운영하지 않지만, 댓글의 긍정적 힘은 매우 강력하다. 댓글은 한마디로 '독자의 글쓰기'다. 먼저 쓴 자, 즉 '작가'의 발화나 글쓰기에 수동적으로 매몰되지 않는 것은 '봉건적 질서'나 '근대적 권위 체계'를 극복하기 위한 필수적 조건이다. 롤랑 바르트 이후 '독자'의 역할이 강조된 것은 바로 독자에 의한 '다시 쓰기', 독자에 의한 '의미의 구성'에 도달해야 한다는 지향의 실천이었다. '댓글'은 디지털 환경에서 실천한 '독자의 글쓰기'이며, 웹툰은 활성화에 최적화되어 있는 플랫폼이다.

이상의 특징들을 조금 더 부연해 가면서, 웹툰, 특히 질병을 다룬 웹툰에서 독자와의 소통 과정을 왜 주목해야하는지를 좀 더 설명해보겠다.

앞서 웹툰의 독자들은 하나의 '소집단', '공감의 커뮤니티'를 이루고 있다고 말했다. 웹툰 독자들이 그러한 커뮤니티의 일원이 되어 있다는 것은 웹툰의 평점들을 살펴보아도 짐작할 수 있다. 네이버 영화 평점 9점은 매우 높은 편에 속하지만, 웹툰 평점이 9.0이면 매우 낮은 수준이다. 가령 2019년 12월 7일자, 네이버 토요 웹툰 첫 화면을 보면, 모두 46개의 웹툰 목록이 보이는데, 이중 9.0 이하의 평점은 단 세 개밖에 없으며, 대부분(31개)은 9.90 이상의 평점을 기록하고 있다. 반면, 2019년 12월 10일자, 네이버 영화 현재 상영작 목록에서 평점 참여 50명 이상인 영화 78편 중, 9.0 이상의 평점은 20편이며, 9.90 이상 기록한 영화는 한 편도 없다.[34] 웹툰의 평점 평균이 이렇게 높은 것은, 영화와는 달리, 각 웹툰마다 이미 취향과 선호에 따라 제한된 독자층이 형성되어 있기 때문이라고 판단할 수 있다. 물론 영화의 경우에도 선호에 따라 감상 여부가 결정되지만 감상 이후에 호불호가 갈리는 가능성이 큰 반면, 대부분의 웹툰은 감상 이전에 이미 호불호가 결정되어 있다고 해도 과언이 아니다. 따라서 해당 웹툰의 댓글을 쓰는 독자들은 이미 어느 정도의 취향과 성향, 관심사가 비슷한 관계로 구성된 '소집단'이자 '공

---

34 네이버 영화와 네이버 웹툰 참고. (https://comic.naver.com/webtoon/weekdayList.nhn?week=sat) (https://movie.naver.com/movie/running/current.nhn?view=list&tab=normal&order=point)

감의 커뮤니티'라고 할 수 있다.[35]

　일찍이 아리스토텔레스가 말했듯, '비극'은 공포와 연민의 감정을 불러일으키기에 유리한 장르이다. 질병을 다루는 웹툰은 그러한 작가-독자 사이의 '커뮤니티' 안에서 더욱 친밀하고 깊은 공감과 위로, 연민과 응원을 주고받을 수 있는 것이다.

　사실 질병을 다루지 않더라도 공포와 연민의 감정을 불러일으킬 수 있다면 이와 유사한 커뮤니티의 형성은 또한 가능하다. 2016년 '오늘의 우리 만화상'을 수상한 바 있는 허5파6 작가의 〈여중생A〉 역시, 그러한 사례이다.

　〈여중생A〉는 영화로도 만들어질 정도로 독자들의 호응과 인기를 누렸던 웹툰이다. 2015년부터 2년여 동안 네이버 웹툰에서 연재된 바 있다. 이 웹툰의 주인공 '장미래'는 집에서는 아버지로부터의 가정폭력에 시달리며, 학교에서는 왕따 피해자인 인물이다. 어둡고 암울한 사춘기 시절을 보내는 '미래'에게 유일한 희망은 컴퓨터 게임이다. 전체적으로 흑백톤이 지배적인 이 웹툰의 초반부에 매우 드물게 '색채'로 표현되는 것은 게임 속의 장면들이다.

　독자들은 이 웹툰을 보면서 각기 다른 지점들에서 다양하고도 많은 공감을 표현하였다. 가정폭력을 경험한 이들이나 학교폭력의 피해자였던 이들은 이 웹툰을 보다가 자신의 고통스러웠던 과거의 일을 '댓글'을 통해 폭로

---

35 이와 관련해서 김건형은 '웹툰의 독서'는 개인적 독서/묵독의 근대적 독서가 아니라, '공동의 독서'라고 말한다. 다만 중세 이전의 '공동 독서'와는 달리, 독서행위에 있어 시공간을 공유하지 않아도 되는 다소 '느슨한 공동독서'라고 말한다. 고전적 공동독서에 의해서는 창작물을 사후 개정, 수정하는 방향으로 나아갈 수 있게 된다면, 웹툰의 공동독서는 연재 과정에서 이미 '대화적 텍스트'를 구축할 수 있다는 점이 큰 차별적 지점이라고 지적한다. 김건형, 「웹툰 플랫폼의 공동독서와 그 정치미학적 가능성」, 『대중서사연구』 22(3), 대중서사학회, 2016.8, 128~131(119-169)쪽.

한다. 그리고 "소외되었던 이들의 목소리"가 터져나오는 댓글의 공간은 감정적 배설의 카타르시스가 일어나는 공간이면서, 비슷한 경험을 공유하는 이들의 '연대의 공간'이 되기도 하였다.

질병은 아니지만, 청각 장애인의 일상을 다룬 웹툰 〈나는 귀머거리다〉(라일라 작가, 네이버 웹툰)의 경우에는 장애인에 대한 편견을 공유했거나 그로 인한 피해 경험이 있는 이들에게 반성과 공감의 공간을 제공하였다.[36] 〈여중생A〉와 같은 해 '오늘의 우리 만화상'을 수상한 김정연의 〈혼자를 기르는 법〉(김정연, 다음웹툰)은 지방에서 올라와 외롭게 도시 생활을 하는 '젊은 여성'들에게 '연대 의식'을 나눌 수 있는 기회를 제공해 주었다.[37]

물론 이들이 그러한 감정들, 즉 공감과 연대를 나눌 수 있는 핵심적 방법은 바로 '댓글'이다. 앞서 댓글이 가장 현대적이고 강력한 '독자의 글쓰기'라고 말한 바 있다. 물론, 독자의 글쓰기는 과거에도 있었다. 근대 이후 등장한 대중적 신문과 잡지들이 초창기부터 '독자 투고'를 적극적으로 활용한 바 있었고, 일반 출판물의 경우에도 '독자 엽서'나 '독서 모임' 등을 통해 독자들의 목소리를 향해 통로를 열어두기는 했다.

---

36 〈나는 귀머거리다〉의 댓글란에서는 댓글을 통한 토론과 논쟁도 치열하게 벌어졌는데, 이와 관련해서는 김건형, 앞의 논문을 참조.
37 국내의 대표적인 만화가 중 한 사람인 '천계영' 작가는 누적된 과로로 인해 손가락 관절을 쓰기 힘들게 되었고 오랜 투병 생활과 그로 인한 활동 중지 기간을 보내게 되었다. 천계영 작가는 2019년 7월 "천계영의 작업실"이라는 유튜브 채널을 열고, 거기에서 음성 인식 기능을 이용하여 손가락 관절을 활용하지 않고 웹툰 작업을 하는 모습을 보여주었다. 오랜 팬들과 독자들은 이에 대해 응원의 메시지를 보냈으며, 작가의 창작 과정을 직접 살펴보고 '좀 더 효율적인 작업'을 위한 조언도 아끼지 않는 모습을 보여주었다. 인터넷의 댓글이 늘 누군가를 공격하고 마음을 다치게 만들기만 하는 것이 아니라, 댓글을 통하여 위로와 연대에 도달할 수 있음을 또한 깨달을 필요가 있다. 천계영의 작업실 (https://www.youtube.com/channel/UC-FL_yFyVsmgYodyqOooamQ)

그러나 웹툰처럼 일정 기간을 두고 연재되고, 실시간으로 독자가 글쓰기에 참여할 수 있는 '댓글' 시스템은 기존의 독자 참여와는 크게 차별화될 수밖에 없다. 이 차이를 비교하기 위해 두 가지 예를 들어보기로 하자.

현직 간호사인 민지르의 웹툰 〈안녕 병원〉은 병원에서 근무하는 간호사의 일상을 다룬 일상툰인데, 페이스북 연재의 특성상 동료 간호사들이나 지인의 댓글 참여가 많은 편이었다. 일반 독자의 경우에도 '병원과 관련한 정보'에 대해서는 고마움을 표현하고, '간호사들의 애환'에 대해서는 위로와 응원의 마음을 표현하는 방식으로, 매 웹툰마다 주제에 따라 각기 다른 즉각적 반응을 보이는 식이었다. 이 웹툰이 출판된 『안녕 간호사』(랄라북스, 2018)의 경우에도 독자의 반응을 글로 적을 수 있고, 그 반응을 확인할 수도 있다. YES24를 비롯한 인터넷 서점 사이트들에는 각각의 책마다 독자가 '리뷰/한줄 평'을 적을 수 있게 되어 있다. 독자의 반응을 글로 적었다는 점에서는 공통적이지만, 웹툰 '댓글'과 책의 '리뷰'는 차이가 나타날 수밖에 없다. 책의 분량과 호흡이 길기 때문에 독자의 반응, 즉 '리뷰'도 호흡이 길게 나타난다. 좀 더 차분하고 정리된 독자의 의견이 심도 깊게 펼쳐진다는 점에서는 출판물의 리뷰가 훨씬 우월하지만, 즉각적인 감정을 통해 '공감'과 반응을 드러낸다는 점에서는 '댓글'에 미칠 수 없다.

하수연이 쓴 투병기인 『갖다 버리고 싶어도 내 인생』(턴어라운드, 2019)는 2017년에 출간된 『투명한 나날들』(문득출판사)을 재출간한 책이다. 이 책에는 20대 시절을 '재생불량성 빈혈'이라는 난치병을 앓으면서 고통을 겪었던 저자 본인의 투병 과정이 진단에서부터 투병, 완치 순으로 서술되어 있다. 저자는 본인의 유튜브 채널 '하자까의 오늘부터 한 장씩'을 통해서도 자신의 투병기를 털어 놓았다. 저자의 친동생이 운영하는 유튜브 채널 '바라던 바다'에서도 이 책 내용을 낭독하여 전달하기도 하였다.

책 『갖다 버리고 싶어도 내 인생』에 대한 인터넷 서점 YES24의 독자 리뷰들은 '왜 이 책을 보게 되었는가, 어떤 내용이었는가, 어떤 감상을 하게 되었는가, 다른 독자들에게 무엇을 말해주고 싶은가'와 같은 전형적인 '독서 감상'의 양식을 따르며 기승전결의 글쓰기를 보여준다. 그러나 유튜브 영상의 댓글은 "눈물이 주르륵" 흘렀다는 표현처럼, 감정적 반응과 공감의 지점들이 보다 직접적으로 드러나 있다. 인터넷 공간의 텍스트들의 단점으로 지적되어 왔던 '즉흥성'이나 '정제되지 못함'이 감정과 공감, 위로를 주고받기에는 오히려 장점으로 부각될 수 있는 것이다.

5. 메디컬 드라마의 대중적 인기와 영향력

한국에서 TV 드라마의 역사는 1961년 말 본격적인 텔레비전 방송과 함께 시작되었다. 초창기 KBS 드라마는 생방송이다. 사실상 '연극'을 중계하는 형식이었다고 보는 것이 맞을 것이다. 1964년 말 상업방송 TBC가 개국하면서, 일일 연속극 〈눈이 나리는데〉(한운사 극본)를 방송한 것이 녹화 장비를 이용한 첫 드라마로 알려져 있다. 원래 라디오 드라마로 인기를 끌었던 것을 매일 20분씩 25일간 방송하였다고 한다.

최근의 TV 드라마는 유튜브를 비롯한 1인 미디어 영상물, 웹드라마, 넷플릭스를 비롯한 OTT 드라마 등 다양한 미디어의 경쟁 콘텐츠들의 존재에도 불구하고, 여전히 영향력을 지닌 서사 텍스트의 지위를 유지하고 있다. 역대 드라마 시청률에서 65.8%라는 최고 방송 시청률을 기록한 〈첫사

랑〉(KBS, 1997), 59.5%라는 역대 최고의 평균 시청률을 기록한 〈사랑이 뭐
길래〉(MBC, 1992) 등이 있지만, 시청률 조사 기록이 불명확했던 1970년대
의 드라마 〈여로〉는 70% 이상의 시청률을 기록했던 것으로 추정되기도 한
다. 시청률 조사기관인 TNS 미디어코리아 기준으로 2000년대 이후 최고 시
청률을 기록한 드라마는 2000년에 방송한 드라마 〈허준〉(MBC)으로, 최고
63.7%, 평균 53.0%를 기록하였다.[38] 이 외에도 〈대장금〉, 〈겨울연가〉 등의
드라마는 국내에서뿐만 아니라, 해외에서도 큰 인기를 누려 이른바 '한류'
열풍의 기원이 되었다. 미디어가 다변화된 2010년대 이후에도 〈제빵왕 김
탁구〉, 〈왕가네 식구들〉, 〈내딸 서영이〉 등이 40%를 훌쩍 넘는 시청률로
인기를 끌었고, 〈응답하라〉 시리즈나 〈스카이캐슬〉, 〈도깨비〉 등은 케이블
채널이나 종합편성채널에서 방송된 드라마로, 시청률 이상의 화제와 사회
적 반향을 불러일으키기도 했다.

드라마 〈첫사랑〉의 경우, 남자 주인공 찬혁(최수종 분)이 교통사고를 당
하거나 여자 주인공 효경(이승연 분)의 아버지(조경환 분)가 사업의 부도 위기
에 쓰러져 사망을 하는 장면에서 질병, 장애, 병원은 드라마의 서사적 전개
에서 중요한 전환이 일어나는 사건을 담당한다. 드라마 〈사랑이 뭐길래〉
의 주인공 이대발(최민수 분)은 소아과 레지던트 의사로 등장한다. 드라마 〈
여로〉의 주인공 분이(태현실 분)의 남편 영구(장욱제 분)는 신체와 지능에 장

38 신나라, 「첫사랑, KBS 역대 드라마 시청률 1위」, TV리포트, 2014.3.3.
   https://entertain.v.daum.net/v/20140303104908403
   금빛나, 「역대 시청률, 최고와 최저」, MBN, 2014.5.12.
   https://entertain.v.daum.net/v/20140512091006653
   김종화, 「2000년 이후 시청률 50위권 MBC 가장 많아」, 미디어오늘, 2007.10.22.
   http://www.mediatoday.co.kr/news/articleView.html?idxno=61396

애를 가진 인물로, 한국전쟁 이후 험난했던 시대를 살아가야 했던 현실의 상징적 인물이었다. 드라마 〈허준〉은 한의학에 대한 인식에 영향을 주어 2000년대 한의대 입시 열풍을 만들어내기도 했다.[39] 한류 열풍을 이끌었던 〈대장금〉의 주인공 장금이(이영애 분)는 수라간 나인을 거쳐 의녀(醫女)로 활약하고, 〈겨울연가〉의 핵심 모티프는 주인공 준상(배용준 분)의 교통사고로 인한 기억상실증이다. '시트콤'이라는 장르를 개척하여 큰 인기를 모았던 〈오박사네 사람들〉(SBS, 1993), 〈순풍산부인과〉(SBS, 1998), 〈거침없이 하이킥〉(MBC, 2006)은 각각 치과, 산부인과, 한의원을 배경으로 하여 의사나 한의사가 주인공으로 등장한다는 공통점을 갖고 있다.

이처럼 신체적 혹은 정신적 질병이나 장애, 교통사고는 드라마의 인물의 성격이나 서사적 사건에 있어 중요한 역할을 담당한다. 의사나 병원은 드라마의 보조적 인물로, 혹은 사건의 배경으로 자주 등장한다. 어쩌면 의료와 관련된 요소가 배제된 드라마를 찾는 것이 매우 어려울 정도라고 할 수 있다.

일시적인 사건으로서의 의료나 그저 주인공의 직업으로서의 의사, 배경으로서의 병원이 등장하는 것이 아니라, 본격적인 메디컬 드라마, 혹은 메디컬 드라마라 불리는 드라마들도 있다. 메디컬 드라마의 효시로 불리는 드라마는 KBS 일요 주간 드라마였던 〈소망〉(1980~1983)이다. 종합병원을 배경으로 의사와 간호사들이 주요 인물로 등장하며, 매회 새로운 환자들이 입원하거나 진료를 받게 되면서 펼쳐지는 이야기로 전개된 드라마였다. 이후 1984년 정신병원을 배경으로 한 〈사이코드라마 당신〉(MBC), 1988년 방송

---

39 정재용, 「한의사 공급 과잉 시대?」, 《경향신문》, 2003.11.22. https://news.naver.com/main/read.nhn?mode=LSD&mid=sec&sid1=102&oid=032&aid=0000041832

된 〈제7병동〉(KBS)이 메디컬 드라마의 계보를 이었다. 그리고 1994년 방송된 〈종합병원〉(MBC)은 젊은 배우들이 대거 등장하는 트렌드 드라마의 성격이 가미된 메디컬 드라마로 큰 인기를 끌었다.[40]

종합병원은 워낙 많은 의사들과 예비의사들, 간호사들이 근무할 뿐만 아니라, 무척이나 다양한 인물 군상들이 환자로 찾아오게 되는 공간이다. 질병이나 사고(事故)라는 것이 누군가의 인생에서 가장 극적인 전환점이 되기 마련이다, 매 회 일정한 긴장감이 유지되며 위기-절정-결말의 흐름이 전개되어야 하며, 전체 회차를 이어가면서 인물의 성장과 변화를 보여주어야 하는 '연속극(連續劇)'의 성격을 고려할 때, '종합병원'은 주간 드라마에 아주 잘 어울리는 공간일 수밖에 없다. 또한 외과, 내과, 소아과, 산부인과와 같은 각 의료 분과마다 상이한 성격과 연령대의 환자들이 찾아오고 그들을 대해야 하는 의사들 역시 상이한 태도를 보이기 마련이어서, 일관성 속에서도 다양한 서사적 상황과 전개를 이끌어내기에도 적절하다. 반면, 전문적인 지식과 용어가 활용되어야 하고, 특수효과와 분장이 요구되며, 촬영장소의 섭외나 세트의 구축에 적지 않은 비용과 제약이 따른다는 점은 메디컬 드라마가 풀어내야 할 숙제였다.

그럼에도 1980년대 이후 종합병원을 배경으로 한 이러한 드라마들이 만들어질 수 있었던 것은 1970~1980년대 국내 미군방송 AFKN을 통해 〈매쉬(M.A.S.H.)〉나 〈제너럴 호스피털(General Hospital)〉과 같은 미국 드라마 시리즈들이 방송되었고, 그러한 방송을 보며 성장한 작가나 연출가들이 이

---

40 이현정, 「국내 텔레비전 메디컬 드라마가 의료현실을 다루는 방식에 관한 연구」, 서강대학교 석사학위논문, 2015, 33쪽.

드라마들의 영향을 받고 참고할 수 있었던 덕분이라고 추측해볼 수 있다. 〈매쉬〉는 1970년 칸느 영화제 황금종려상을 받은 로버트 알트만 감독의 영화를 드라마화한 것으로, 한국전쟁 당시 이동외과병원(Mobile Army Surgical Hospital)을 배경으로 한 드라마였는데, 미국에서 기록적인 시청률의 인기를 끌며 방송되었다. 〈제너럴 호스피털〉은 〈가이딩 라이트(Guiding Light)〉를 제외하면 가장 오랜 시간 동안 방송된 드라마인데, 1963년부터 지금까지 방송이 이어지고 있는 전설적인 드라마다. 이 드라마들은 AFKN을 통해 방송되는데, 낮 시간 TV 방송이 거의 없던 197~80년대 한국의 청소년들이 당시로서는 다소 선정적이었던 내용들과 더불어, 영어 공부를 겸하여 즐겨보았던 것으로 알려져 있다.[41]

미국의 경우, 메디컬 드라마의 전통과 인기는 매우 대단하다고 할 수 있다. 앞서 언급한 〈매쉬〉나 〈제너럴 호스피털〉은 물론, 〈ER〉, 〈그레이 아나토미(Grey Anatomy)〉, 〈닥터하우스(House M.D.)〉 등이 큰 인기를 누려 왔다. 이들 드라마 시리즈는 2000년대 이후 한국의 메디컬 드라마들, 가령 2007년에 거의 비슷한 시기에 경쟁적으로 방송된 〈외과의사 봉달희〉(SBS), 〈하얀거탑〉(MBC), 〈뉴하트〉(MBC) 등에도 영향을 미친 것으로 생각된다. 물론, 한국에서 방송된 드라마가 오히려 미국으로 수출되어 리메이크된 〈굿 닥터〉(한국 2013, 미국 2017)와 같은 사례도 존재한다.

---

41 강인선, 「만물상 ; AFKN」, 《조선일보》, 2007.12.24. 영화 〈기생충〉으로 칸 영화제 그랑프리와 아카데미 작품상을 받은 봉준호 감독도 LA비평가협회 감독상 수상소감에서 자신의 어린 시절에 AFKN이 끼친 영향을 이야기한 적이 있다. (박효실, 「오스카환호 이끈 봉준호의 말말말」, 《스포츠서울》, 2020.2.10. https://entertain.naver.com/read?oid=468&aid=0000624648)

드라마 〈하얀거탑〉과 〈제중원〉(SBS, 2010)의 극본을 쓴 이기원은, 소위 '시청률 불패'라고도 불리는 메디컬 드라마의 인기 요인을 세 가지 정도로 꼽는다. 첫째, 드라마의 본질인 '딜레마'적 상황이 자주, 반복적으로 등장하기 때문이다. 환자 입장에서 수술을 받을 것인가 말 것인가의 문제와 의사 입장에서 수술을 할 것인가 말 것인가의 딜레마는 동시적으로, 그리고 전혀 다른 양상으로 연출될 수 있다. 둘째, 건강과 질병이라는 인류 보편적인 관심사를 다루고 있다는 점이다. 결국 인간의 삶과 죽음이라는 심각하고도 극적인 서사를 전개하기에 적절한 장르라는 것이다. 셋째, 자주 방송된 메디컬 드라마들에 의해 장르적 친근감을 느끼면서도, 전문 분야의 낯설고 생소한 언어와 기술로 인하여 신선함을 느낄 수 있기 때문이다.[42] 이기원은 메디컬 드라마의 어려운 숙제이면서 동시에 시청자들의 관심을 집중시킬 수 있는 부분이 바로 의학 자문을 드라마의 사건과 영상으로 표현하는 일이라고 말한다. 그 예시로, 자신이 집필한 〈하얀거탑〉의 제5회 수술 배틀 시퀀스를 언급한다. 이 시퀀스에서는 수술이 잘못되어 배액관으로 흘러나온 췌장액을 장준혁(김명민 분)이 발견하고, 그 액체의 정체를 확인하는 과정에서 빨간 핏자국이 마술처럼 사라지는 장면이 묘사된다.[43] 시청자들은 그 장면에서 신비감과 동시에 극적인 전환이 이루어짐을 확인할 수 있게 된다.

---

42 이기원, 「메디컬 드라마에 대한 단상」, 『문학과 의학』 4호, 문학의학학회, 2012, 7-17쪽.
43 이 시퀀스를 위해 이기원 작가는 주종우 교수(전 양산 부산대병원 장기이식센터장)의 자문을 받아 리얼리티를 부여할 수 있되, 매우 희귀한 상황 설정을 만들었다고 밝히고 있다. 그러나 이 연출에 대해서는 방송 당시에도 논란이 많았다. 박경철은 『주간조선』 기고문을 통해 이 장면이 리얼리티보다는 드라마적 장치만 난무한다고 비판한 바 있다. 박경철, 「의사가 본 하얀거탑 vs 외과의사 봉달희」, 《주간조선》, 2007. 1. 30. https://blog.naver.com/donodonsu/100033742158

6. 메디컬 드라마 속의 의사와 질병

〈하얀거탑〉(이기원 극본, 안판석 연출)은 2007년 1월부터 3월까지 MBC에서 방송된 드라마였다. 당시 최종회의 시청률은 20%[44]를 넘었고, 실제 화제성은 시청률 이상이었다. 지금까지도 〈하얀거탑〉에서 흘러나왔던 OST 테마 곡은 '수술 장면'이나 '긴박한 상황'을 상징하는 음악으로 널리 쓰인다. 이 드라마의 핵심 인물은 명인대학 대학병원 외과교수 장준혁(김명민 분)이었다. 가난과 출신의 결핍을 욕망과 능력, 그리고 처가의 권력으로 메워 가면서 유력한 차기 외과 과장으로 떠오른다. 부원장실과 일식집에서의 치열한 정치적 권력 다툼은 수술실에서 정점에 도달한다.[45]

이 드라마는 장준혁과 최도영(이선균 분)이라는 대조적 인물을 통해 시청자들의 흥미를 이끌어냈다. 일본의 원작 소설과 드라마에서는 두 인물에 대응되는 인물의 비중이 초반부터 대등하게 등장하는 반면, 한국의 〈하얀거탑〉은 장준혁이 훨씬 부각되는 인물로 묘사되었다. 불리한 출신을 뛰어난 실력과 거침없는 욕망으로 돌파해내는 장준혁에 시청자들은 쉽게 감정이입을 했다. 그와 대립하는 현 외과 과장 이주완(이정길 분), 부원장 우용길(김창완 분) 들이 악인으로 그려지지만, 장준혁 역시 선하다고는 보기 어려운 인물이다. 그러다가 권력과 욕망에는 큰 관심 없던 정의로운 인물 최도영

---

44 백나리, 「MBC '하얀거탑' 20% 넘기며 유종의 미」, 《연합뉴스》, 2007.3.12. https://news. v.daum.net/v/20070312100313892

45 원용진(2019)에서는 〈하얀거탑〉은 '욕망과 밀실의 크로노토프'로, 〈종합병원〉은 '성장과 학교의 크로노토프'로 비교, 분석하고 있다. 원용진 외, 「메디컬 드라마의 크로노토프」, 『대중서사연구』 25권2호, 2019, 191(169-216)쪽.

이 장준혁의 의료 사고에 대해 내부 고발하는 입장이 되자 시청자의 입장에서는 과연 누구의 입장을 지지할 것인가를 두고 고민하게 된다. 당시 대체적인 시청자들의 반응은 장준혁에 대한 지지였다.[46] 거기에 또 다른 후원자를 끼고 등장한 경쟁자이자 실력자 노민국(차인표 분)까지 드라마 후반에 등장하면서, 과연 누구를 응원할 것인가의 문제는 시청자들의 관심의 초점이 되었다. 사실상 이 드라마는 메디컬 드라마이면서도, 정치 드라마의 성격을 띠고 있었다고 보아야 할 것이다.

2017년 9월부터 2018년 3월까지 KBS에서 방송된 〈황금빛 내 인생〉(소현경 극본, 김형석 연출)은 닐슨코리아 조사 기준 최고시청률 45.1%를 기록해, 채널이 다변화된 2010년대 이후 TV 드라마로는 보기 드물게 높은 시청률의 인기를 누렸다. 이 드라마의 중반부에 주인공 서태수(천호진 분)가 '상상암' 진단을 받는다. 서태수는 반복되는 구역질과 통증을 스스로 암이라 여기고, 절망적인 기분으로 가족들 곁을 떠나려 한다. 집앞에서 쓰러진 서태수는 응급실로 실려가는데, 진찰한 의사가 건강염려증으로 인한 '상상암' 진단을 내린다. 드라마 방송 직후, 상상암이란 것이 존재하는지를 두고 온라인상에 논쟁이 벌어지기도 했다. 일반적 시청자들 입장에서도, 상상임신 혹은 거짓임신이라 불리는 질병(pseudocyesis ; 질병분류코드 F45.8)은 들어보았지만, '상상암'이라는 표현은 낯선 것이었다. 방송 직후 국립암센터 전문의를 비롯한 전문가들은 그런 질병은 존재하지 않는다고 공식적으로 밝힌다.[47] 드라마

---

46 정덕현, 「장준혁과 최도영, 당신은 어느 편인가」, OSEN, 2007.2.12.
   http://www.imbc.com/broad/tv/drama/whitepower/news/1551126_19902.html
47 강석봉·김동규, 「국립암센터 전문의 "상상암은 없다"」, 《스포츠경향》, 2018.1.15.
   https://entertain.naver.com/read?oid=144&aid=0000532864

의 결말부에서 서태수는 진짜 위암에 걸려 세상을 떠나는 전개가 이어지며, 드라마 내용 전개에 대해 '조롱'과 '눈물'이 뒤섞인 시청자 반응이 뒤따랐다. 참고로, 건강보험 심사평가원이 밝힌 바에 따르면, 2016년 기준 건강염려증 (질병코드 F452) 진단을 받은 사람은 3,817명에 이른다.[48]

〈하얀거탑〉과 〈황금빛 내 인생〉은 의사 혹은 질병이 등장하는 TV 드라마가 과연 우리에게 무엇을 보여줄 수 있는가를 주목하게 만든다. 〈하얀거탑〉에서 장준혁과 최도영의 갈등과 대립을 지켜보는 시청자가 장준혁을 응원하게 만든 것은 그의 욕망과 질주에 카타르시스를 느끼며 공감하던 대중, 어쩌면 바로 〈하얀거탑〉이 방송되던 그해 연말에 이명박 후보를 대통령으로 선출하게 했던 그 대중의 정치적 선택일 수도 있다. 그러나 또 하나는 '인품'보다는 '실력' 있는 의사를 원하는 '환자'의 마음이 반영된 것일 수도 있겠다.

〈황금빛 내 인생〉에서 상상암 진단을 받았던 서태수는 한편으로는 안도하고 한편으로는 민망한 경험을 하지만, 드라마 속 시간으로 한 달 뒤, 진짜 '위암' 진단을 받는다. 의사는 지난 번 진단이 '오진'이었던 것 같다고 말한다.[49] 상상암이라는 터무니없는 상황 전개에도 이 드라마에 시청자들이 큰 관심을 모았던 것은 암에 대한 공포 못지않게 의사의 '오진'에 대한 불신의 태도가 배경이 되었던 것으로 보인다.

드라마 속의 의사라는 인물, 질병의 진단이라는 사건은 보편적 서사에 있

---

48 이지성, 「나도 혹시 병에 걸린 거 아냐 ; 건강염려증 환자 한해 4000명」, 《서울경제》, 2018.2.14. https://news.naver.com/main/read.nhn?mode=LSD&mid=sec&sid1=105&oid =011&aid=0003222929

49 김도형, 「천호진 상상암→위암 황당 전개, 시청률 38.7% 기록」, 《스포츠서울》, 2018.2.19. https://entertain.naver.com/read?oid=468&aid=0000352165

어서도 매우 중요한 활용도를 가지게 된다. 서사는 "인간 행위와 관련되는 일련의 사건들에 대한 재현 양식"[50]이라는 정의에 따른다면, 인간의 삶과 죽음에 관련한 책임 있는 행위를 수행해야 하는 '의사'는 매우 중요한 서사적 인물일 수밖에 없다. 의사가 등장인물의 생명을 살리느냐 마느냐는 실제 현실에서는 생사를 좌우하는 일이고, 드라마와 같은 서사 텍스트에서는 인물의 생사와 극(劇)의 희비(喜悲)를 가리는 역할을 한다. 따라서 의사가 주인공인 경우는 물론이지만, 주인공이 아닐지라도, 하나의 서사 텍스트 안의 인물로서의 의사의 역할 비중은 클 수밖에 없다. 그레마스의 행위항 이론[51]으로 적용을 해 보자면, 의사라는 인물의 욕망 대상은 '환자의 치료'나 '환자의 생명 구하기'가 될 것이다. 조력자는 동료 의사나 간호사들이 될 것이다. 그런데 이때 적대자는 또 다른 인물이 아니라, '질병' 그 자체이거나 때로는 '운명'이 될 수도 있다. 그렇기에, 설령 의사가 생명을 살리는 일에 실패한다고 해도 헌신적 노력을 기울이는 그의 행위 자체는 서사적 감동을 불러일으키는 요소가 될 수 있다. 그러나 의사가 환자를 치료하거나 생명을 구하는 일에 매진하는 것이 아니라, 개인의 정치적·경제적 욕망에 사로잡혀 있는 인물로 그려진다면, 그것 자체로 논쟁의 초점이 되기에 충분하다. 이것은 한 개인의 윤리나 직업 윤리 차원의 논쟁이 될 수도 있고, 사회적 지배 질서나 이데올로기에 대한 논쟁으로 확장될 수도 있다. 의사가 진료실이나 수술실

---

50 권영민, 『한국현대문학대사전』, 서울대학교 출판부, 2004. https://terms.naver.com/ entry.nhn?docId=633731

51 그레마스의 행위항 모델을 간략히 하면 다음과 같다.

에서 다투어야 할 것은 '한 개인의 질병'이지만, 의사의 욕망은 훨씬 많은 사회적 담론들과 다투게 된다.

이미 1910년대부터 1930년대에 이르는 희곡 텍스트와 연극 무대에서도 '의사'는 존경과 숭배의 대상이 되기도 하지만, 돈만 알고 제국의 권력에만 복종하는 비난의 대상이 되기도 해 왔다. 이주영(2019)의 논문에 따르면, 진료를 거부하는 의사는 당시 관객들에게 이미 낯설지 않다. 「빈민 진료 거절하는 악덕의사 점증」, 「빈곤한 사람인 줄 알고 위급환자 치료 거절」과 같은 기사들은 1930년대 신문에서 쉽게 찾아볼 수 있는 반윤리적 현실이었다.[52]

앞서도 언급했듯이, 질병이나 사고(事故)는 인물의 삶에서 큰 비중을 지니는 서사적 전환점이 될 수밖에 없다. 질병은 누구에게나 두려운 것이지만, 갑작스럽게 찾아와 삶의 평온함을 깨뜨리는 사건이 된다. 그래도 어느 정도 전조나 조짐을 느낄 수 있는 질병이 아니라, '사고'의 경우에는 더더욱 갑작스럽고 돌발적으로 등장한다. 평온한 삶을 이어가던 인물, 혹은 더 없이 행복과 사랑을 만끽하던 인물일수록, 질병이나 사고는 커다란 극적 전환을 가져오는 사건이 된다. 드라마 〈부탁해요 엄마〉(KBS, 2015)의 임산옥(고두심 분), 드라마 〈세상에서 제일 예쁜 내 딸〉(KBS, 2019)의 박선자(김해숙 분)는 각각 갑작스러운 암 말기 시한부 선고를 받게 되면서 드라마의 서사는 전환을 맞이하고 결말로 치닫는다. 드라마 〈첫사랑〉에서의 찬혁(최수종 분), 〈겨울연가〉의 준상(배용준 분)이 교통사고를 당하게 되는 것은 드라마 초반, 극적

---

[52] 「빈민 진료거절하는 악덕의 사 등 점증」, 《중앙일보》, 1933.4.26. 「빈곤한 사람인 줄 알고 위급환자 치료 거절」, 《매일신보》, 1937.10.5. 이주영, 「근대 희곡에 나타난 제국의 조선 의사들」, 『한국문학이론과 비평』 23권2호, 한국문학이론과 비평학회, 2019.6., 153(139-161)쪽.에서 재인용 및 참조.

전환과 더불어 전체 서사를 지배하는 상황 설정의 기능을 담당하였다. 질병과 사고는 한 명의 인물이 겪는 사건으로 그치지 않고, 주변 인물과 가족에게도 큰 영향을 미친다. 연인 관계에 있어서 질병과 사고는 두 사람이 만나는 계기가 되기도 하고, 헤어지는 계기가 되기도 하며, 때로는 헤어진 사람들이 다시 만나게 되는 전환점이 되기도 한다. 질병과 사고라는 역경은 드라마에서 흔히 사용되는 서사적 장치라고도 할 수 있는데, 그것이 실제 현실에서도 흔한 사건이기 때문이기도 하지만, 시청자들의 감정 이입을 크게 강화하는 역할을 담당하기 때문이기도 하다.

7. 결론: 의료문학의 확장 가능성

볼프강 이저는 '독자의 이해 행위'는 "텍스트의 변화해 가는 시각들 사이를 움직일 때, 텍스트적 파편물들에 대한 일관된 하나의 견해를 구축해 가려는 것"이라고 말한다.[53] 조나단 컬러는 "텍스트는 여전히 읽기 과정 속에서 창조되어져야 하기 때문에 이 과정 없이는 단지 종이 위의 검은 점들에 불과할 뿐이다."[54]라고 하였다. 문학 이론가들 중에서도 대표적인 '독자 지향' 이론을 펼쳐 온 이들의 의견들이다. 이에 따르면 텍스트의 의미는 독자에 의해 구성되는 것이다. 텍스트는 '독자'에 의해 비로소 생명을 얻는 것이며, '읽기'를 통해 창조되는 것이다.

---

53 엘리자베드 프로인드, 신명아 역, 『독자로 돌아가기』, 인간사랑, 2005, 239쪽. 재인용.
54 엘리자베드 프로인드, 위의 책, 252쪽. 재인용.

이러한 관점은 디지털로 구축된 웹 공간의 서사, 특히 '웹툰'의 서사에서 두드러진다. 작가가 그려놓은 웹툰은 그 자체의 이미지 파일로, 그 자체의 텍스트로 완결되는 것이 아니라, 웹 플랫폼에 올려지는 순간 독자들의 '독서'와 그 연장선상에서의 '독서의 글쓰기', 즉 '댓글'을 통해 의미를 얻게 된다.

특히 질병이라고 하는 비극적 경험을 소재와 주제로 다루는 '질병 서사 웹툰'의 경우에는 독자들이 질병에 대해 느끼는 공포와 환자들에 대한 연민의 감정을 공유하게 된다. 그리고 같은 환자이거나 환자 가족일 경우, 혹은 환자가 될지 모르는 두려움을 느끼는 이들 사이에서는 '공감, 위로, 연대, 응원'의 커뮤니티를 형성하게 해 준다.

인문학의 지향은 인간에 대한 이해, 인간의 삶과 죽음, 그리고 그 사이에 존재하는 질병과 노화에 대한 이해에서 출발할 것이다. 그리고 인간에 대한 이해는 인간끼리의 활발한 소통과 공감의 확산을 지향해야 할 것이다.

우리가 살펴본 웹 플랫폼을 활용한 질병의 서사, 특히 질병의 웹툰들은 공감, 연대, 위로, 응원의 감정을 나누는 인간적 소통의 장(場)이 될 수 있었다. 그리고 앞으로도, 당분간, 그렇게 될 수 있을 것으로 보인다. 우리가 웹툰이라는 '디지털 트랜스포메이션' 시대의 장르를 계속 주목해야 하는 이유이기도 하다.

TV를 통해 방송되는 메디컬 드라마와 질병 서사 드라마의 경우도 주목해야 한다. 여전히 남아 있는 숙제와 한계들에도 불구하고, 의학드라마는 하나의 장르를 구축할 만큼 의미 있는 성장을 하고 있다. 특히 몇몇 드라마들은 그저 잠시의 방송 기간 동안 대중적인 인기를 누리는 것에 그치지 않고, 일종의 아젠다 세팅 역할을 하면서 사회적 담론의 변화를 이끌어내기도 하였다.

드라마 〈동의보감〉과 〈허준〉이 인기를 끌면서 한의학의 가치를 재발견하는 기회가 되었고, 사회적으로 우리 전통 의료에 대한 재평가의 기폭제가 되기도 했다. 드라마 〈골든타임〉을 통해 중증외상센터와 응급진료 체계에 대한 이슈가 증폭되기도 하였다. 드라마 〈굿닥터〉를 보던 시청자들은 소아외과와 같은 비인기 학과에 대한 관심을 가지게 되고, 소아 환자와 그 가족의 고통을 돌아볼 수 있었다. 〈하얀거탑〉, 〈외과의사 봉달희〉, 〈낭만닥터 김사부〉와 같은 드라마들은 의사라는 직업의 지향과 가치가 어디에 있어야 하는가, 그리고 의사가 고민해야 할 사회적 담론의 무게가 어떠한가를 의료인과 대중이 함께 고민하게 하는 역할을 하였다. 그럼에도 불구하고 아쉬움은 남는다. 우리가 지향하고자 하는 의료문학, 더 나아가 의료인문학에 대한 성찰이 드라마 안에서, 그리고 드라마를 둘러싼 연구와 사회적 성찰을 통해 좀 더 깊고 넓은 곳에 도달하였으면 하는 바람이 있기 때문이다.

질병서사 웹툰과 메디컬 드라마는 환자와 의사 사이의 소통의 장면을 보여주기 마련이다. 웹툰과 드라마들을 만드는 작가 혹은 연출가들은 이 소통의 양상을 어떻게 다양하고도 상징적으로 보여줄 것인가를 더 치열하게 고민할 필요가 있다. 의학과 의료인의 관점에서 드라마 속의 환자들일지라도, 그들이 무엇을 고민하고 말하고 원하는지를 주목할 필요가 있다.

그리고 근본적으로, 의사라는 존재와 사회의 관계에 대한 성찰이 조금 더 필요하다. "아이를 하나 키우려면 한 마을이 필요하다"는 이야기가 있다. '의사 하나를 키우는 것' 그것에는 얼마나 많은 노력과 얼마나 많은 사람의 땀과 희생이 들어갈 것인가. 가장 비싼 등록금을 내는 의대생들이지만 정작 의대를 운영하려면 적자가 난다는 하소연[55]은 과장만은 아니다. 드라마 〈스카

---

55 노은지, 「비싼 등록금에 허리 휘는 의대생들」, 『데일리메디』, 2008.12.26. https://

이캐슬)은 의대 입학을 시키기 위해, '계급'의 연속성을 위해 말 그대로, 목숨을 거는 부모와 그 아래에서 병들고 시들어가는 자녀들의 모습을 보여준 바 있다. 드라마는 '부모'와 '입시코디'의 힘으로 의대생이 만들어질 수 있는 듯 묘사하기도 했지만, 의사는 개인이나 가족이 만드는 것이 아니라, 사회의 희생으로 만들어진다. 의대생의 값비싼 실험과 실습, 교육을 위해서는 의대생이 아닌 학생들의 등록금도 필요하고, 의사의 사회적 지위와 안정된 경제적 여건을 위해서는 그들의 치열한 학습과 기술, 그리고 헌신적 노력만으로 채워지지 않아서, 전국민적인 건강보험의 강제 징수가 필요하기도 하다.

메디컬 드라마들이 딜레마적으로 보여주는 의사의 윤리는 의사 개인의 성향이나 의사들 조직의 특성에 달려 있는 것이 아니다. 강고한 의사들의 조직 문화는 제국주의와 군사문화로 이어져 온 사회적 질서의 단면이며, 공감 능력이 부족한 일부 의사들의 발화 장면은 공감보다는 경쟁의 대상으로 주변을 바라보게 해 온 교육 현실의 결과이기도 하다. 환자의 고통과 죽음에 흔들리는 의사들보다 실력과 냉철함으로 채워진 의사들을 더 멋있게 그려놓은 장면은 배우의 강한 아우라나 연출가의 실수가 아니라, 과정보다는 결과만 중요시해 온 경제 논리의 산물이기도 하다.

이러한 현실 속에서 장준혁, 노민국, 최도영 중 누가 더 바람직한 의사인가를 논하는 것은 그다음의 문제가 될 것이다. 그보다 먼저, '의료문학', '의료인문학'이 서 있을 곳이 필요하다. 토대가 넉넉해야 건물을 튼튼히 지을 수 있다. 대중서사를 통해 의료문학의 확장을 꾀하는 일은, 의료문학이 서 있을 자리를 넓히고 더욱 튼튼하게 만드는 방법이 될 수 있을 것이다.

www.dailymedi.com/detail.php?number=698930&thread=22r11

문학치료학 이론과 현장 연구*
- 현황과 전망을 중심으로

박재인 (건국대학교 통일인문학연구단 HK연구교수)

* 이 글은 2019년 1월 10일 경희대 인문학연구원에서 진행한 "의료-문학의 현황과 전망" 학술대회에서 「문학치료 분야의 성과」라는 제목으로 발표하고, 박재인, 「문학치료학 서사이론의 발전 과정에 대한 고찰」, 『인문학연구』 42, 경희대 인문학연구원, 2020에 게재한 논문을 수정·보완한 것이다.

1. 사람의 서사적 변화를 추구하는 문학치료학

『시경』에서 아리스토텔레스까지 동서양을 막론하고 아주 오래전부터 문학적 예술 행위의 치료 효과를 말해 왔다. 현대사회에서는 이러한 문학의 치료적 효과에 주목하며, '문학치료'라는 말로 학적으로 정의하고 그 이론과 실제를 발전시켰다. 지금 세계에서 통용되는 문학치료란 문학을 '촉매'로 내담자와 문학치료사가 대화를 나누며, 그 상호작용으로 치료 목표에 도달하는 상담을 말하는 것이다.

이러한 문학의 힘을 적극적으로 적용한 국내의 사례가 있다. 한국문학치료학회를 중심으로 이루어진 문학치료학은 '서사(敍事; story-in-depth)'를 기반으로 사람과 문학의 관계를 논구하고, 문학의 작품서사로 사람의 자기서사를 보충·강화·통합 한다는 논리로 치료[1]의 원리를 설명한다. 장르론

---

1 문학치료학이 시작되는 시기에 '치료'라는 용어에 대해 예민한 반응이 있었다. 의학에 의한 병리학적 치료가 아닌데 무리하게 '치료'라는 말을 덧붙이는 것이 아니냐며, 치유(healing)이라는 용어로 대체되어야 한다는 견해였다. 이에 필자는 문학치료가 심리적인 안정감과 위안을 준다는 차원을 넘어서, 서사에 대한 이해 방식과 기억을 교정하며 자기서사의 개선을 추구한다는 의미에서 치료(therapy)의 의미가 더욱 적합하다고 판단한다. 그리고 치료를 뜻하는 테라피(therapy)라는 용어 역시 '춤과

과 구별되는 독자적인 개념인 '서사'이론을 구축하여 문학과 사람의 소통 관계를 학적으로 규명하고자 하였고, 그에 따라 '자기서사'를 분석하는 기법을 발전시킨 국내에서 창안된 인문적 실용학이라고 할 수 있다. 그리고 문학을 상담과 치료의 촉매제로 활용하는 것뿐만 아니라, 인간을 문학적으로 이해하고 인간의 서사적 변화를 꾀한다는 점에서 '문학의 역할'을 더욱 깊이 반영한 테라피라고 할 수 있다.

이 글은 20여 년간 진행된 문학치료학의 이론과 현장 연구의 성과를 종합하는 연구사 논의이다.[2] 그간 문학치료학의 성과를 정리하는 연구가 있었지만,[3] 최근 서사이론이 확장 보완되고 현장 연구들이 확대되기 때문에 현시

노래, 시, 연극 등 표현 예술을 통하여 간호하고 병을 고치다'라는 의미의 그리스어 'therapeia'에서 나온 말이기 때문에, 테라피로서의 문학치료가 합당한 용어라고 본다.

2 여기에서는 1999년에 창립된 '한국문학치료학회'를 중심으로 한 문학치료학에 대한 논의에 한정하려고 한다. 하나의 글에서 특정 학문이 발전해온 과정을 상세히 살피고 그 원리를 설명하는 작업만 하여도 필자에게 벅찬 과제일 뿐 아니라, 필자가 여타 인문치유 분야에 문외한이며 이론과 현장 양축의 발전과정을 상세히 알고 있는 분야도 여기에 한정되어 있기 때문이다. 그리고 20년이 넘는 연구기간과 194회가 넘게 학회가 개최되어온 역사를 두고 보면 이 학회가 국내 문학치료 분야를 선도하는 학술단체라고 할 수 있다. 또 문학치료학의 기반을 논의한 정운채의 「문학치료학의 서사이론」(2008) 논문은 2010년 인문학분야 KCI인용지수 1위에 올랐으며 2019년 피인용지수 210회에 이르렀기에, 정운채가 시작한 이 학회의 성과를 감히 '문학치료 분야의 성과'로 보아도 큰 무리가 없다고 생각한다. 물론 한국문학치료학회의 회원 모두 정운채의 이론에 따른다고는 할 수 없으며, 『문학치료연구』 학술지에 정운채의 서사이론이 아닌 논문을 배제하는 것도 아니다. 다만, 현재 회장단 및 임원, 그리고 자격관리위원회의 구성원들이 그 서사이론에 의거한 문학치료학 연구를 진행하고 있기에 이를 중심으로 '문학치료학 이론의 발전사'를 논하고자 하는 것이다.

3 나지영, 「문학치료 이론 연구의 현황과 전망」, 『문학치료연구』 10, 문학치료학회, 2009, 132-167쪽; 성정희, 「문학치료 임상연구의 현황과 전망」, 『문학치료연구』 10, 문학치료학회, 2009, 169-202쪽; 김정애, 「문학치료학의 '서사' 개념의 정립 과정과 적용 양상」, 『문학치료연구』 13, 문학치료학회, 2009, 9-34쪽; 나지영, 「문학치료학의 '자기서사' 개념 검토」, 『문학치료연구』 13, 문학치료학회, 2009, 35-58쪽; 정운채 외,

점에서 다시 문학치료학 연구의 성과를 검토하는 작업이 필요하다고 판단된다. 이 글은 한 연구 분야가 걸어온 길을 반추하는 논의로서 그간 제기된 논쟁과 비판을 수용하며 서사이론이 어떻게 변모되어 왔는지를 검토하고, 그 발전 과정에서 제기되었던 오해와 우려를 함께 살펴보며 문학치료학 '서사'이론에 대한 이해를 다시 점검하고자 한다. 그리고 계속해서 성장하고 확장되는 문학치료의 현장 연구 성과를 종합하며, 그 사회적 확산의 의의와 전망을 함께 고찰하고자 한다.

2. 문학치료학 서사이론의 발전 과정

1) 인간의 서사적 이해

1985년 신경학자 올리버 색스(Oliver Sacks, 1933-2012)는 "환자를 치료하려면 환자의 인간적인 존재 전체를 근본적으로 문제 삼아야" 한다고 말했다. 그것을 위하여 서사 형태의 임상 보고서를 써냈다. 병력 자체는 개인의 '역사'를 아무것도 말해 주지 못한다며, "고뇌하고 고통받고 병과 맞서 싸우는 주체를 중심에 놓기 위해서는 병력을 한 단계 더 파고들어 하나의 서사, 하나의 이야기로 만들 필요가 있다."고 말했다.[4]

문학치료학에서 '서사'에 집중한 까닭도 이와 같다. 사람의 내면과 심리를

『문학치료학의 분야별 연구 성과』, 문학과치료, 2013, 1-1458쪽.
4 올리버 색스 저 , 조석현 역, 『아내를 모자로 착각한 남자』, 알마출판사, 2016, 10-13쪽.

살피기 위해, 그 삶을 운영하는 '서사의 주체'를 중심에 두어 인간을 서사적으로 분석한다는 것이다. 마치 문학작품을 읽듯, 서사의 주체는 인생의 그 장면에서 왜 여귀(女鬼)를 보며 대화를 나누었는가, 혹은 서사의 주체는 왜 갑자기 친정어머니의 목소리를 내며 시댁 식구들에게 일갈했는가 등등 인생 장면의 전후 맥락을 이해하는 것이 인간을 서사적으로 분석하는 일이다. 이를 위해 문학치료학에서는 사람과 문학의 동질적 기반인 '서사'를 말한다.

정운채는 문학치료에서의 사람과 문학의 관계를 "인간이 곧 문학이며 문학이 인간이다."[5]라고 주장했다. 그리고 문학을 통한 치료가 가능한 까닭은 우리의 삶 자체가 서사적으로 구조화되어 운영되기 때문이라고 했다. 인간이 서사적 존재라는 관점은 많은 분야에서 이미 주장된 바이기도 하다. 서사학[6]과

---

5 이 학적 전제는 정운채, 「문학치료학의 서사이론」, 『문학치료연구』 9, 한국문학치료학회, 2008, 247쪽에서 주장되었다. 이는 문학치료학의 기조가 되었으며, 그간의 문학연구가 인간학에서 멀어져간 문제를 성찰하고 인문학의 재도약을 위한 일종의 캐치프레이즈라고 할 수 있다. 신동흔은 이를 두고 "인간이 곧 문학이므로 문학을 치료함으로써 인간을 치료할 수 있다는 것은 근간의 한국 인문학이 내건 가장 혁신적이고 도전적인 명제라 해도 좋을 것이다."(신동흔, 「문학치료학 서사이론의 보완·확장 방안 연구-서사 개념의 재설정과 서사의 이원적 체계」, 『문학치료연구』 38, 한국문학치료학회, 2016, 10쪽.) 라고 평했다.

6 서사학자 툴란은 아침부터 잠자리에 이르기까지 심지어 꿈에서마저 사람이 행하는 모든 것은 서사로 보이고, 설정되고, 설명될 수 있다고 하였다.(마이클 J. 툴란 저, 김병욱·오연희 역, 『서사론 : 비평언어학서설』, 형설출판사, 1993, 15쪽.) 마리 매클린은 "의사소통처럼 서사 또한 우리의 경험을 겉보기에는 무작위로 분산시키는 것처럼 보일지 몰라도 사실은 언어라는 수단을 정렬하려는 네겐트로피적 속성을 가진다. 이야기하기는 바로 이러한 네겐트로피적 힘 때문에 우리가 획득한 최초의 창조적인 형식적 기술들 가운데 하나이다. 연구에 따르면 두 살짜리 어린 아이도 이미 위기 상황, 분규, 그리고 해결이라는 세 가지 기본 요소를 포함하는 서사를 구성하고 말하기도 한다는 기록이 있다."라며 사람은 '이야기하기'를 통해 자신의 경험을 서사로 구성하려고 하는 속성을 지닌다고 설명한 바 있다.(마리 매클린 저, 임병권 역, 『텍스트의 역학-연행으로서 서사』, 한나래, 1997, 23-24쪽.) 이처럼 서사학에서는 사람의 정신활동의

인지과학[7] 등에서 그러하였고, 존 닐(John Neal)이 말한 '호모 나랜스(Homo-narrans)'까지 많은 이들이 인간 삶에서 서사의 중요성을 말했다. 이러한 견해에서 말하는 서사의 정의와 기능은 문학치료학이 말하는 치료적 힘과 연결 지어 이해할 수 있다. 그뿐 아니라, 인류가 가장 사랑하는 예술 또한 서사(이야기)이기 때문에 그 방대함과 다양함을 두고서라도 이러한 주장에 큰 이견은 없을 것이다. 다만, 정운채가 말하는 문학치료는 서사의 형태로 인간 삶을 바라본다는 것, 즉 문학과 인간의 근원적 동질성 '서사'를 기반으로 작품 분석의 전문성을 인간 분석에 적용한 점이 중요하다고 할 수 있다.

신동흔은 인간을 서사적으로 이해하는 일의 치료적 유용성을 말했다.

> 인간을 서사적으로 이해하는 것이 왜 중요한가 하면, 서사에는 일정한 구조와 정향성이 있어서 인간 삶에 대한 인과적이고 맥락적인 분석이 가능하기 때문이다. 겉으로 나타난 증상이 아니라 그것이 발생하게 된 원인과 내력을 이해함으로써 앞서 말한 바 '신뢰할 만한 진단과 처방'의 길을 찾을 수 있다. 〈중략〉
>
> 세상 만물에 질서가 있고 예측 가능한 동선이 있는 것처럼 인간에게도 공통의 존재원리와 속성이 있고 유형성 내지 정형성을 지니는 삶의 동선이 있는 터다. 제각각으로 불투명해 보이는 사람들의 삶에서 유효한 '인생 운용의

근간으로서 서사를 이야기했다.

7 그리고 인간의 마음에서 이루어지는 정보처리 과정을 연구하는 인지과학자 마크터너는 서사란 인간 정신활동의 기본 양식이라고 주장하였고, 인지 과학의 핵심은 서사적 마음(literary mind)에 있다고 하였다.(Mark Turner, The literary Mind, New York : Oxford University, 1996, p. V.) 이처럼 인간의 정신활동이 서사적 형태로 이루어진다는 주장은 "인간이 곧 문학이며 문학이 곧 인간이다"는 문학치료의 기조와 그리 멀지 않다.

원리와 맥락'을 찾는 일은 자기서사 분석의 기본 과업을 이룬다.[8]

서사는 일정한 구조와 정향성이 있기 때문에 인간 삶을 인과적이고 맥락적으로 분석하는 틀이 될 수 있다는 것이다. 이러한 서사의 인과적 체계에서 인간 삶의 유형성이나 정형성이 있고 이것으로 "인생 운용의 원리와 맥락"을 찾는 일이 곧 인간에 대한 서사적 이해(자기서사 분석)의 기본 과업이라고 했다. 즉 인간의 서사적 이해는 서사의 형태로 인간 삶을 조명하고 분석하는 일인 것이며, 문학을 통한 치료는 그러한 서사적 이해를 기반으로 시작할 수 있다는 것이다.

여기에서 서사는 장르론에서 말하는 서사와 구별되고, 사건 서술인 네러티브(narrative)로 한정되지 않는 개념이다. 문학치료학의 서사이론은 정운채가 시작하였는데, 수많은 시행착오를 거치며 논의하였다.[9] 이후 신동흔이 다시 서사이론을 정비하였다.[10] 이처럼 문학치료학은 왜 '서사'이론에 그 많은 공을 들였을까? 서사이론 연구는 문학과 사람의 소통을 통한 치료의 원리를 명확하게 하기 때문이며, 더불어 문학치료 상담에서의 독자적인 기법

---

8 신동흔, 「문학치료를 위한 서사 분석 요소와 체계 연구」, 『문학치료연구』 49, 한국문학치료학회, 2018, 10-12쪽.
9 문학치료학에서 구체적으로 '서사'를 논의하기 시작한 것은 정운채, 「서사의 힘과 문학치료방법론의 밑그림」, 『고전문학과 교육』 8, 한국고전문학교육학회, 2004, 159-176쪽이며, 이외에 그는 2013년 그가 작고한 해까지 40여 편의 문학치료학 논문을 남겼다.
10 신동흔, 「문학치료학 서사이론의 보완·확장 방안 연구」, 『문학치료연구』 38, 한국문학치료학회, 2016, 9-63쪽; 신동흔, 「인지기제로서의 스토리와 인간 연구로서의 설화 연구」, 『한국구비문학회』 42, 한국구비문학회, 2016, 59-014쪽; 신동흔, 「문학치료를 위한 서사 분석 요소와 체계 연구」, 『문학치료연구』 49, 한국문학치료학회, 2018, 9-89쪽.

을 가능하게 했기 때문이다.

문학치료의 원리를 설명하는 핵심 용어는 '서사(敍事)'이다. 이때의 서사는 문학작품의 이야기 단위이자, 사람의 인지 체계를 지칭하는 용어이다. 그리고 이는 문학치료에서 사람과 문학의 긴밀한 관계를 설명해 주는 개념이라고 할 수 있다. 서사이론은 문학이 사람의 내면에 어떤 역할을 할 수 있는지 고민하는 과정에서 정립되었다고 할 수 있는데, 그래서 그 정립 과정을 살펴보면 문학치료에서 말하는 '서사'의 의미를 쉽게 이해할 수 있다.

2) 서사이론의 준비와 시작

문학치료학의 서사이론이 정립되는 과정은 총 4시기로 나누어 볼 수 있다. 먼저 정운채가 이론의 단초를 제시한 준비기, '서사'에 주목하기 시작한 시작기, '서사'이론이 구축된 본격기로 나뉜다.[11] 이후 신동흔과 더불어 많은 연구자들이 새로운 견해를 내어놓는 이 시점을 서사이론의 확장기라고 할 수 있다.

우선 준비기의 논의부터 살펴보면, 정운채는 서정 장르의 연구에서도 작품을 둘러싼 전후 맥락을 이해하여야 그 작품이 말하는 인간 문제를 파악할

---

11 이 글에서 정운채의 '문학치료학 서사이론' 구축 과정을 탐색하는 까닭은 그를 신화화하기 위해서가 아니다. 문학치료에서 '서사'의 개념이 왜 중요한지, 그리고 일반적 장르 개념의 서사와 왜 구별되는 용어가 필요한지를 설명하기 위해서, 인간내면과 문학의 관계를 연계하는 개념으로서 '서사'이론의 정립과정을 상세하게 논의하는 것이다.

수 있다는 관점[12]으로 문학의 치료적 힘을 논하기 시작했다.[13] 비록 이 시기의 연구에서는 '서사'에 관한 구체적인 언급이 없었지만, 이러한 인간의 심리와 문학의 관계에 대한 학적 사유는 서사이론 구축의 단초였다고 할 수 있다.

문학치료학은 한동안 정신분석학에 의지하였다. 인간의 억압된 욕망의 분출, 꿈과 문학의 동일한 원리, 그리고 기억의 서사화 등으로 문학과 사람의 관계를 설명하였다.[14] 그리고 『주역』의 인간 해석 체계를 문학치료의 이론적 구조화에 원용하는 시도도 있었다.[15] 그러면서 추상적이던 문학치료의 힘을 구체화하는 연구의 필요성을 인지하였다. "독자가 작품을 수용하는

---

12 정운채, 「선화공주를 중심으로 본 「무왕설화」의 특성과 「서동요」 출현의 계기」, 『건국어문학』 제19·20, 건국대학교 국어국문학연구회, 1995, 333-355쪽; 정운채, 한시의 예언적인 힘의 원천과 기(氣)의 성격, 『고전문학연구』 제11집, 한국고전문학회, 1996, 203-239쪽.

13 문학의 치료적 힘에 대해서는 이전 논의에서도 이야기 되었으나 구체적으로 '문학치료학'을 논한 시점은 다음 논문이라고 할 수 있으며, 그는 치료를 위한 작품과 독자의 관계 및 작품 분석 연구의 방향성을 다음과 같이 주장하였다. "시는 치료를 위한 약품이고 독자는 치료를 받을 환자이며 시의 내용이나 품격은 약품의 성분에 해당된다고 하였다. 그리고 약품의 성분을 조사하고 효능을 분석하며 환자를 진단하고 질병에 대한 처방을 하는 일이 바로 문학치료학에서 해야 할 일이라고 하며 문학치료학에서 치료의 과정과 원리를 개발하여야 한다." (정운채, 「시화에 나타난 문학의 치료적 효과와 문학치료학을 위한 전망」, 『고전문학과 교육』 1, 고전문학교육학회, 1999, 165-187쪽.)

14 정운채, 「〈만복사저포기〉의 문학치료학적 독해」, 『고전문학과 교육』 2, 한국고전문학교육학회, 2000, 209-227쪽; 정운채, 「〈시교설(詩敎說)〉의 문학치료학적 해석」, 『국어교육』 104, 한국국어교육연구회, 2001, 347-371쪽; 정운채, 「오줌 꿈을 사는 이야기의 전승 양상과 문학치료학적 의미」, 『국문학연구』 5, 국문학회, 2001, 281-299쪽.

15 정운채, 「『주역』의 인간 해석 체계와 문학치료의 이론적 구조화」, 『겨레어문학』 27, 겨레어문학회, 2001, 147-165쪽; 정운채, 「〈무왕설화〉와 〈서동요〉의 주역적 해석과 문학치료의 구조화」, 『국어교육』 106, 한국국어교육연구회, 2001, 215-233쪽.

과정에서 어떤 심리적인 변화를 체험하는지를 살펴야 하며, 그러기 위해서 무엇보다 문학작품의 서사구조를 파악하는 데에 중점을 두어야 한다."[16]고 하며 문학치료의 원리를 체계화하는 일에서 '서사'의 중요성을 주장하기 시작하였다.

다음 시작기의 논의를 살펴보면, 구체적으로 서사를 언급하기 시작한 것은 「고전문학교육과 문학치료」(2004) 논문에서부터였다. 그는 모든 문학은 서사(徐事)를 바탕으로 성립된다고 하고, 문학치료에서의 중요성을 주장했다.[17] 그리고 「서사의 힘과 문학치료방법론의 밑그림」(2004)[18]에서 서정 · 희곡 · 교술 장르는 서사 장르의 바탕 위에 성립된다고 하며, 이해와 공감이라는 측면에서 볼 때 모든 문학작품은 서사로 환원되고, 이것은 더 나아가 우리의 삶도 궁극적으로는 서사를 통해서 이해되고 공감된다고 하였다. 이는 서사의 개념으로 인생살이를 바라보고 문학을 바라보는 사람의 시선이 갖는 연동성을 논의하였다고 할 수 있다.

그리고 자기서사와 작품서사라는 용어를 사용하면서 문학치료의 구체적인 원리를 밝혔다.

문학치료란 문학작품을 통하여 환자의 심리적이고 정신적인 장애를 극복하는 것이다. 그런데 이러한 문학치료가 가능한 것은 우리들의 삶이 서사

---

16 정운채, 「〈흥보가〉의 구조적 특성과 문학치료적 효용」, 『고전문학과 교육』 4, 고전문학교육학회, 2002, 31-45쪽.
17 정운채, 「고전문학교육과 문학치료」, 『국어교육』 113, 한국국어교육연구학회, 2004, 103-126쪽.
18 정운채, 「서사의 힘과 문학치료방법론의 밑그림」, 『고전문학과 교육』 8, 한국고전문학교육학회, 2004, 159-176쪽.

적으로 구조화되어 운영되고 있으며, 이러한 우리들 삶의 서사에 문학작품의 서사가 영향을 미칠 수 있기 때문이다. 여기서 우리들 각자의 삶을 구조화하여 운영하는 서사를 우리들 각자의 '자기서사(自己敍事)'라고 한다면, 이 자기서사에 영향을 미치는 문학작품의 서사는 '작품서사(作品敍事)'라고 할 것이다. 그러니까 문학치료란 결국 문학작품의 작품서사를 통하여 환자의 자기서사를 온전하고 건강하게 변화시키는 일이다.[19]

자기서사와 작품서사는 문학과 사람의 관계를 명확히 하며, 문학과 사람의 동질적 기반으로서의 '서사' 개념을 구체화한 용어이다. 이때 정운채의 논의를 보면, '서사'는 인생과 문학 텍스트를 구조화하여 운영하는 근원의 이야기라는 의미로 쓰이고 있다. 장르론이나 서술 형태를 지칭하는 용어와 구별되는 특별한 개념인 '서사'라고 이해하는 것이다.

그런데 서사이론의 시작기에는 모든 문학 장르의 기반이 서사를 이야기하면서도, 그것과 구체적으로 구별되는 개념 정의가 이루어지지 않았다. 그래서 간혹 문학치료학에서 말하는 서사를 장르적 성격의 서사의 개념으로 국한하여 오해하는 경우가 발생했다. 그래서 왜 꼭 서사 장르여야만 하는가, 한 편의 서정시에 공감하고 어떤 사상의 체계를 진술한 교술적인 글에서 감명을 받는 경우도 있다[20]며 의문을 제기하기도 했다. 즉 장르론적 개념의 '서사'로 오해되면서, 작품과 작품서사와의 관계, 인생과 자기서사와의

---

19 정운채, 「서사의 힘과 문학치료방법론의 밑그림」, 『고전문학과 교육』 8, 한국고전문학교육학회, 2004, 159-176쪽.
20 신재홍, 「진단도구의 개발논리에 대한 의문점」, 『문학치료연구』 12, 한국문학치료학회, 2009, 92쪽.

관계도 분명하게 드러나지 못했던 것이다.

또한 이 시기에 발표된 문학치료학 논의들을 살펴보면, 작품을 통해 자기
서사를 파악하는 일에 집중하면서도 자아의 발견 문제나, 가치관, 운명론적
사고 등으로 오용된 사례도 있었다. 그렇게 '서사' 개념을 오해할 경우 문학
치료 상담 또한 단순히 자기 생각과 느낌 등을 이야기 하는 시간으로 생각
될 수 있다. 즉 문학치료는 문학을 소재로 상담을 촉진하는 일에 불과하며,
문학을 일부 활용하여 내담자가 속내를 더 털어놓게 하는 심리상담 기법에
한정될 뿐이다.

'자기서사'를 가치관의 개념에 국한하면 그 치료의 효과 또한 한정될 수밖
에 없다. 가치관의 개념은 현상에 대한 사고 체계를 나타나는 것이기 때문
에 인간 문제에 어떠한 결과를 보여주는지의 지점까지 말하는 데에는 부족
한 면이 있다. 만약 구비설화 〈내복에 산다〉의 막내딸이 그 사회의 중심적
가치에서 벗어난 가치관을 지녔다고 말한다면, 막내딸은 기존 가치와 다른
새롭고 진보적인 가치관을 지녔다는 것까지만 말할 수밖에 없다. 이는 막내
딸이 어떤 선택을 통해 어떤 인생을 살아가고, 자신에게 닥친 문제를 어떻
게 해결했는가까지는 말해 주지 못한다. 서사는 인간 주체가 어떠한 존재로
서 무엇을 지향하며 어떤 지점에 이르렀는가 하는 인간 문제의 자초지종을
드러내기 때문에, 좀 더 구체적인 인생의 시뮬레이션을 보여준다고 할 수
있다. 서사이론의 연구는 바로 이러한 서사의 기능을 명확히 하는 일로 진
전되어 갔다.

3) 인간관계에 대한 이야기로서 '서사'

본격기의 연구들을 살펴보면, 우선 「인간관계의 발달 과정에 따른 기초서사의 네 영역과 〈구운몽〉 분석 시론」(2005)에서 문학치료학의 특별한 개념으로서 서사를 정의했다.

> 서사가 인간에 대한 것이고, 인간이 관계에 의하여 규정되는 존재라고 할 때, 서사의 본질과 핵심은 인간관계(人間關係)에 있다 할 것이다. 이러한 맥락에서, '서사(敍事)'란 '인간관계(人間關係)의 형성(形成)과 위기(危機)와 회복(回復)에 대한 서술(敍述)'이라고 정의(定義)할 수 있을 것이다.[21]

앞서 논의한 '인생과 문학을 구조화하여 운영하는 서사'로서 그 의미를 재정의 하는데, 서사의 본질과 핵심을 '인간관계'에 둔 것이 이 논의의 핵심이다. 문학작품에 그려진 인간관계의 서사를 보고, 우리 내면에 존재하는 인간관계의 서사가 보충 · 강화 · 통합될 수 있다는 논리로 그 원리를 설명한 것이다. 그리고 인간관계의 원형성에 따라 자녀 · 남녀 · 부부 · 부모서사로 기초서사를 설정하고, 서사의 다기성에 따라 가르기 · 밀치기 · 되찾기 · 감싸기 서사 등 유형을 구분했다. 이러한 논의는 가장 기초적인 단계의 문학치료 상담 과정과 자기서사 진단도구 마련에 기반이 되었다.

그리고 문학치료학의 서사이론을 총정리한 「문학치료학의 서사이론」

---

21 정운채, 「인간관계의 발달 과정에 따른 기초서사의 네 영역과 〈구운몽〉 분석 시론」, 『문학치료연구』 3, 한국문학치료학회, 2005, 7-36쪽.

(2008)[22] 연구는 서사이론을 둘러싼 많은 의구심을 풀 수 있는 해설서로서 발표되었다. 여기에서는 문학과 사람의 심층에 존재한다는 서사의 정체를 더욱 상세히 설명하였다.

> 이때 문학작품이나 인생의 저변이나 내면에서 끊임없이 작용하고 있는 것에 이름을 붙인 것이 바로 작품서사와 자기서사라는 것이다. 문학은 작품으로 구현이 된다. 우리들에게 최종적으로 보여지는 것은 작품이지만 그 작품의 저변에는 작품서사라는 것이 있다. 그 작품서사가 작품으로 구현이 되는 것이다. 같은 방식으로, 인생의 내면에는 자기서사라는 것이 있다. 그 자기서사가 인생으로 구현이 되는 것이다. 이렇게 볼 때 작품서사와 자기서사는 본질적으로 같은 것이다.[23]

후에 정운채는 위의 설명과 같이 '서사'의 정체를 다음의 그림으로 표현하였다.[24]

22 정운채, 「문학치료학의 서사이론」, 『문학치료연구』 9, 한국문학치료학회, 2008, 247-278쪽.
23 위의 책, 250쪽.
24 정운채, 「문학치료학과 역사적 트라우마」, 『통일인문학논총』 5, 건국대 인문학연구원, 2013, 1쪽.

즉 작품 텍스트를 구성하는 근원의 이야기로서 '작품서사', 인생살이를 운영하는 인간 내면의 이야기로서 '자기서사'를 설명한 것이다. 이 그림은 텍스트와 인생살이 심층에 존재하는 서사의 정체성을 보여준다.

그리고 정운채는 서사란, 텍스트와 줄거리 차원보다 더 근원적인 것이라고 하고, 줄거리같이 간추리기보다는 "오히려 앞뒤를 보충해서 구성해야 드러나는 것"이라고 말했다. 또 장르에 구애받지 않는 것이라고 하며, 매체가 영상이거나 몸동작이어도 존재하는 것이라고 설명했다.[25] 또한 인물, 사건, 배경으로만 분석하는 데 그치지 않고 인간관계를 통해서 분석할 때 좀 더 분명하게 드러나는 것이 '서사'라고 설명한다.

가령, 〈서동요〉와 〈무왕설화〉를 두고 보면, 이 둘은 공통된 작품서사를 공유하는 서정 장르와 서사 장르의 두 작품이라고 할 수 있다. 이때 서사의 주체를 선화공주로 두면, 자녀적 존재인 선화공주가 아버지의 법칙에서 벗어나 주체적 존재로 자신의 정당성을 추구해 가면서 동시에 아버지와의 인간적 관계도 회복하는 이야기라고 '서사'를 분석해 낼 수 있다. 더불어 자녀적 존재에게 아버지의 법칙이 얼마나 무겁고 거대한 것인지, 자녀적 존재가 그 무게감을 떨치고 자기 정당성을 추구하는 일이 얼마나 가치 있는 일인지, 그로써 자녀는 무엇을 성취하는지, 또 아버지와의 인간적 관계는 어떻게 회복될 수 있는지를 함께 사유하는 것이다.

이렇게 인간관계를 중심으로 한 작품서사 분석은 서사의 주체가 누구와 어떤 관계에서 어떠한 위기를 경험하며, 어떻게 대응하고 어떠한 결말을 맞이하는지를 중심으로 분석하는 것이다. 이때의 작품서사는 텍스트가 지닌

---

25 정운채, 「문학치료학의 서사이론」, 『문학치료연구』 9, 한국문학치료학회, 2008, 250쪽.

시간적 · 공간적 거리감의 한계를 우선 접어 두고, 현재의 '나'에게 적용할 수 있는 인간 문제의 보편성을 획득할 수 있다는 장점이 있다. 즉 지금 여기에 있는 '나'의 자기서사와 소통 지점이 발견되는 것이다. 가령, 아버지의 경제적 지원에 묶여 있으면서도 끊임없이 자유를 갈망하며 괴로워하는 주인공에게 이 작품서사는 '아버지의 뜻을 거역하면서 견지하는 나의 정당성은 무엇인가, 나는 아버지의 도움 없이 잘 살 수 있는가, (주체적인) 나를 부정하는 아버지를 감싸 안을 수 있는가' 등등의 여러 문제를 자각할 수 있게 한다.

이렇게 서사의 개념을 명확히 한 후에 문학치료 연구는 더욱 용이하게 이루어졌다. 문학작품 속에서 인간관계에 초점을 두는 것이 치료약 개발을 위한 첫 작업이 되었다. 또한 자기서사를 분석하는 일이 인간의 어떤 면에 집중하여, 어떤 작품서사를 대입해야 하는지의 문제를 용이하게 진행할 수 있었다.

이렇게 시작기를 거쳐 본격기에 들어서며 서사이론은 '인간관계'로 초점화되었고 그 정체성도 뚜렷해졌으나, 아직 많은 결점이 남아 있었다. 특히 기왕의 서사이론과 달리 생소하게 인식되는 새로운 개념에 많은 논쟁이 있었다. 그리고 사람에게도 정말 '서사'가 존재하는지, 서사로만 문학과 소통하는지에 의구심도 많았고, '치료'가 아닌 작품 읽기를 통한 성찰, 혹은 위로와 공감 차원에서 이야기하여야 된다는 반박도 있었다.[26] 이에 정운

---

26 "작품서사, 자기서사에 대한 설명을 이해하기 어려우니 작품서사를 통하여 자기서사를 치료한다는 말의 뜻도 잘 모르겠다. 이 개념 규정을 쉽게 이해하여, 사람들이 작품을 읽다보면 자신의 문제를 되돌아보게 되어 공감과 위로를 얻는다는 정도로 바꿀 수 있지 않을까 싶다. 그런데 이러한 이해와 논자의 주장 사이에는 거리가 크다. 작품서사, 자기서사가 어떤 실체적 개념일뿐더러 치료라는 말 역시 공감과 위로라는 수준을 훨씬 뛰어넘는 것이기 때문이다. 일단, 자기서사를 치료한다는 것이 무슨

채는 대표적인 서구의 서사이론과의 비교로 논의하기도 하고,[27] 스키마 및 서브루틴과 청크 형성 등 심리학 이론에 기대어 지각, 기억 사고의 체제화(organization) 원리로서 자기서사의 존재와 문학치료의 가능성을 설명하기도 하였다.[28]

그리고 '서사의 다기성(多岐性)', '서사접속능력' 등 주요 개념들을 개별적으로 논의하며, 서사이론을 보강해 갔다.[29] 서사의 주체라는 개념으로, 하나의 텍스트에서 특정한 서사의 주체로 재구성되는 작품서사가 여럿일 수도 있다는 점을 밝혔고, 서사의 다기성으로 동일한 인간 문제에서 여러 갈래로 전개되는 서사의 본질을 말하며 문학작품의 새로운 계열화를 논의하기도

뜻인지 궁금하다. 일반적으로 치료는 병이나 상처를 고치는 것이다. 어떤 사람의 인생 이야기가 치료된다는 말이 성립할 수 있을까? 인생을 살아가면서 이러저러한 상처를 받게 되는데, 그 상처를 문학 작품의 향유를 통해 치료할 수 있다고 설명하면 어느 정도 수긍이 간다. 어떤 사람에게는 문학 작품 한 편이 인생을 완전히 전환시키는 역할을 할 수도 있다. 그렇지만 그것이 서사의 치료일 수는 없을 것 같다. 이야기를 어떻게 치료할 수 있다는 것인지 잘 모르겠다." (신재홍, 「진단도구의 개발논리에 대한 의문점」, 『문학치료연구』제12집, 한국문학치료학회, 2009, 92쪽.)

27 정운채, 「프랑스의 서사이론과 문학치료학의 서사이론」, 『문학치료연구』 17, 한국문학치료학회, 2010, 191-206쪽; 정운채, 「리몬캐넌의 서사이론과 문학치료학의 서사이론」, 『문학치료연구』 18, 한국문학치료학회, 2010, 273-289쪽; 정운채, 「토도로프와 채트먼의 서사이론과 문학치료학의 서사이론」, 『고전문학과 교육』 20, 한국고전문학교육학회, 2010, 309-330쪽.

28 정운채, 「심리학의 지각, 기억, 사고와 문학치료학의 자기서사」, 『문학치료연구』 20, 한국문학치료학회, 2011, 9-28쪽.

29 정운채, 「문학치료학의 서사 및 서사의 주체와 문학연구의 새 지평」, 『문학치료연구』 21, 한국문학치료학회, 2011, 233-252쪽; 정운채, 「서사의 다기성(多岐性)과 문학연구의 새 지평」, 『문학치료연구』 23, 한국문학치료학회, 2012, 195-226쪽; 정운채, 「서사접속 및 서사능력과 문학연구의 새 지평」, 『문학치료연구』 24, 한국문학치료학회, 2012, 153-170쪽; 정운채, 「자기서사의 변화 과정과 공감 및 감동의 원리로서의 서사의 공명」, 『문학치료연구』 25, 한국문학치료학회, 2012, 361-381쪽.

했다. 그리고 공명(共鳴)의 원리로 작품서사와 자기서사의 관계, 즉 문학치료의 원리를 설명하였고, 결국 문학치료의 핵심은 서사접속능력에 있음을 주장하였다.

4) 학적 소통을 위한 서사이론의 확장과 보완

2016년 신동흔은 정운채의 '서사' 개념을 재설정하고, 서사의 이원적 체계를 논했다. 그간 논란이 된 서사 개념의 학문적 소통을 위한 이론적 보편성을 확보하자는 취지였다. 그 확장과 보완점을 정리하면, 첫째, 그의 이론에서는 텍스트보다 더욱 근원적이고 심층적인 요소로서의 '서사' 개념이 보완되었다. 내면적이고 심층적이며 구조적인 '서사'의 개념을 문학과 인간의 심층에 존재하는 스토리 형태의 인지-표현 체계라고 재정의했다.

문학 및 인간의 이면에서 작품과 인생을 좌우하는 스토리 형태의 심층적 인지-표현체계[30]

신동흔은 '서사'를 구조적 전완성과 전형적 표상성, 창조적 생산성과 가변적 운동성을 내포한 '스토리'라는 '형상+인식'의 체계라고 설명하고, 인지심리학에서 말하는 인지도식(스키마) 개념에 문학예술적 맥락의 내용적 요소를 보강한 대안적 개념이라고 설명했다. 더불어 문학치료의 핵심인 자기서

---

30 신동흔, 「문학치료학 서사이론의 보완 확장 방안 연구」, 『문학치료연구』 38, 한국문학치료학회, 2016, 24쪽.

사와 작품서사의 정의 역시 "인간의 이면에서 인생의 속성과 질을 좌우하는 서사", "문학의 이면에서 작품의 속성과 질을 좌우하는 서사"[31]로 대체했다. 이는 그간 많은 연구자에게 생소하게 여겨진 정운채의 서사 개념에 학적 설득력을 보강한 것이었다.

애초에 정운채는 문학치료의 '서사' 개념을 두고 그 영문 표기를 'epic'이라고 했었다. 이는 장르 차원의 서사와 구별하고 자기 서술이라는 의미와도 구별하며, 또 모든 장르문학의 존재하는 이야기 뼈대라는 의미에서 'epic'이라는 용어로 구분한 것이다. 이후 신동흔은 이 용어의 문제점을 보완하였다. 서사학 일반과의 보편적 소통성을 기하면서도 '심층의 이야기적 스키마 내지 체계'라는 의미를 뚜렷이 하기 위해 'story-in-depth'라는 영문 표기로 대체한 것이다.[32]

그리고 신동흔은 '인간관계'로 한정된 서사 체계를 확장시켰다. 정운채가 인간관계에 주목한 까닭은 '치료'의 목적을 위한 지향점에 가까운 바라고 하면서, 인간관계를 축으로 하여 서사를 이해하고 분석하는 작업은 여전히 유효하지만 체계의 조정과 개념적 재배치 작업이 필요하다고 했다. 그리고 서사의 '존재적 측면'과 '관계적 측면'에 주목했다.

사실 이전에 본격기에 발표된 작품서사 분석 논의들은 작품이 우리 인생살이에 어떤 지점의 이야기인지는 밝히면서도, 인간관계에 집중된 나머지 문학작품 텍스트의 다양한 요소를 간과하는 오류를 범하기도 하였다. 서사

---

31 신동흔, 「문학치료학 서사이론의 보완 확장 방안 연구」, 『문학치료연구』 38, 한국문학치료학회, 2016, 24쪽.
32 신동흔, 「문학치료학 서사이론의 보완 확장 방안 연구」, 『문학치료연구』 38, 한국문학치료학회, 2016, 26쪽.

의 중요한 요소들을 누락시키는 문제 등이 발생하여 많은 우려의 시선을 받았다. 서사의 존재적 측면과 관계적 측면에 대한 논의는 이에 관한 보완책이라고 할 수 있다.

둘째, 가장 큰 전환점은 이전의 서사이론이 간과하던 문제로 '존재적 특성' 영역을 추가하였다는 점이다. 그것이 이전과 다른 두 번째 전환점이다.

> 서사의 주체가 부모인가 자녀인가의 문제도 중요하지만 그가 '어떤 사람인가' 하는 측면이 그 이상으로 중요하다고 할 수 있다. 예컨대 부모의 권위가 자녀를 억압하려고 든다고 할 때, 그 자녀가 햄릿이냐 돈키호테냐에 따라서, 또는 평강공주냐 장화 홍련이냐에 따라서 서사는 완연히 다르게 형성된다고 할 수 있다. 햄릿이나 장화 홍련이 그 권위 아래 짓눌릴 것임에 비해 돈키호테나 평강공주는 거기 맞서거나 그로부터 벗어나는 선택을 할 것이다. 이런 식으로 인물의 존재적 정체성은 관계의 성립과 변화에 크나큰 영향력을 행사하거니와, 서사에 있어 '존재'는 '관계'에 대하여 대등한 수준의 역할을 인정받아야 한다는 것이 본 연구자의 기본 입장이 된다. 〈중략〉
>
> 인간관계에 한정하지 않고 존재를 또 하나의 축으로 삼아서 서사에 접근할 때 기약할 수 있는 한 가지 중요한 장점은 그를 통해 서사의 근원 내지 궁극에 대한 가치론적 이해를 심화할 수 있다는 것이다. 세상에 존재하는 수많은 서사(작품/인생)란 모름지기 "나는 누구인가, 나는 왜 이 세상에 존재하게 됐나, 나의 존재 가치는 무엇인가, 나는 어떻게 해야 행복할 수 있는가, 나의 존재를 오롯이 실현할 수 있는 방법은 무엇인가" 하는 등의 문제를 근원

적이고 궁극적인 화두로 삼는 것이라 할 수 있다.[33]

정운채의 서사이론은 진단 요소와 치료적 목표 역시 인간관계에 한정된 것이 사실이다. 이에 반해, 신동흔은 이전보다 서사의 주체가 지닌 존재적 특성에도 무게중심을 두었다. 서사란 결국 자아의 존재를 근원적 화두로 삼는 것이라고 하며, 진단 요소와 치료적 목표에 '존재'의 문제를 더한 것이다.

이는 서사의 주체에 대한 관점의 변화이다. 정운채의 서사이론은 '서사의 주체'를 바라보면서 주체가 꾸려가는 인간관계 맺기 방식에 주목했는데, 다음과 같이 우리의 인생에서 서사가 어떤 형태로 존재하는지 설명한다.

> 인간관계에 따라 구분한 서사의 여러 영역들 속에 캐릭터들을 위치시키면 우리들 안에서 웅녀도 발견하고 선화공주도 발견하고 평강공주도 발견할 수 있을 것이다. 그리고 춘향이는 우리들의 어디쯤에 있는가도 알 수 있게 될 것이다. 지금까지 만들어진 수많은 캐릭터들이 사실은 우리 안에 이미 다 있다고 하는 것을 생각하면 가슴 벅찬 일이다. 나 하고 다른 어떤 사람이 아니라, 내 삶의 어느 시점 어느 지점에서 구현이 되고 발현이 된다는 것이다.[34]

우리가 문학작품의 캐릭터에 집중하는 까닭은 사람 주체가 중심이 되어 꾸려지는 서사 자체가 우리 삶의 어떤 문제와 닮았기 때문이라고 하면서,

---

33 신동흔, 「문학치료학 서사이론의 보완 확장 방안 연구」, 『문학치료연구』 38, 한국문학치료학회, 2016, 32-36쪽.
34 정운채, 「문학치료학의 서사이론」, 『문학치료연구』 9, 한국문학치료학회, 2008, 253쪽.

우리의 삶 특히 인간관계에 따라 구분한 서사의 여러 영역 속에 무수한 서사의 주인공들이 존재한다고 말했다. 즉 한 사람에게 자기서사의 존재가 단일한 형태가 아니라, 여러 서사가 인생의 곳곳에서 운영된다는 관점이다.

정운채가 말하는 서사의 주체는 관계 속에 놓인 변화무쌍한 존재이면서, 관계 속에서 더욱 뚜렷하게 드러나는 존재이다. 타자를 인식하면서 더욱 자아를 확신하는 거울자아이론과 유사하고, 인생의 다양한 장면에서 발견되는 무수한 존재로서 불교에서 말하는 무아론에 가깝다. 반면, 신동흔의 서사이론에서 '서사의 주체'는 존재적 특성을 지닌 '자아(ego)'에 가까운 개념이다. 그때그때의 사고 · 감정 · 의지의 각 작용의 변화에도 불구하고 지속성과 동일성을 지니는 것으로, 어떤 관계나 위기에 놓이더라도 속이거나 숨길 수 없는 존재적 특징이 분명한 것이다. 거칠게 그 차이를 이해하자면, 정운채의 이론은 갖가지 관계에서 유연하게 변형될 수 있는 존재로서 서사의 주체를 '지향'하는 관점이었고, 신동흔의 이론은 서사의 주체로서 인간 존재를 '규명'하려는 관점이라고 할 수 있다.

이러한 차이는 그들이 각각 창안한 자기서사 진단도구와 상담 기법에서의 차이도 만들어 냈다. 정운채는 내담자와 작품서사 주체의 거리감을 유지하면서 내담자가 어떤 서사적 전개에 몰입하는지를 중심에 둔다면, 신동흔은 내담자의 서사 주체와의 동일시와 공감을 중시하는 진단과 상담 방식을 추구한다. 즉 정운채는 자기서사의 주체가 작품서사에 어느 지점에 공감하고 어느 지점에서 충돌을 일으키는지에 주목하고, 신동흔은 자기서사의 주체가 어떤 작품서사의 주체에 자신을 투사하는지에 주목한다는 것이다. 정운채의 방법은 자기서사와 작품서사의 충돌 지점을 중심으로 내담자의 심리적인 문제를 발견하기 용이하며, 신동흔의 방법은 내담자의 자기서사가 어떤 작품의 형태와 유사한지를 쉽게 파악할 수 있다는 각각의 장점이 있다.

셋째, 신동흔 이론의 세 번째 전환점은 기왕의 이론에서 서사의 의미 요소들을 대립항으로 제시했다는 점이다.

존재적 특성	자존/비하 유능/무능 충족/결핍 안정/불안 의미/무의미 행복/우울 긍정/부정 강대/약소 적극/소극 건강/병약 통합/분열 저항/종속 존재/관계 독립/의존 욕망/규범 이상/현실 도전/안주 자유/속박 등
관계적 특성	대등/차별 쌍방/일방 자발/강압 방임/구속 인정/무시 포용/배격 공격/수비 가해/피해 지배/피지배 보호/피보호 호응/거부 화해/불화 신뢰/불신 협력/경쟁 상생/상쇄 지속/단절 승리/패배 성공/실패 등

신동흔은 자기서사와 작품서사의 존재적 특성과 관계적 특성을 논하며, 각각 서사의 의미 요소들을 대립항으로 제시하였다. 이전의 네 가지 기초서사 영역의 연역적 체계와 달리, 신동흔이 제시한 바는 복합적이며 유기적인 서사 요소를 놓치지 않고 주시하는 더 촘촘한 분석 방법이라고 할 수 있다.

넷째, 신동흔은 이후의 논의에서 존재적 특성과 관계적 특성의 분석 요소를 체계화하였다. 앞의 논의에서는 서사 요소를 풍부하게 제시하며, 서사 분석에서 놓치지 말아야 할 요소가 유기적이며 복합적임을 제시하였는데, 이후의 논의에서는 이러한 서사 요소들을 범주화하여 정리한 것이다.

서사에서 '주체'의 자체적 변수에 해당하는 주요 범주들은 ① 자기 정체성, ② 세계 인식, ③ 가치관 및 인생관, ④ 기질과 성향, ⑤ 행동 특성, ⑥ 심리 상태 등이다. 그리고 관계적 특성에서의 범주는 ① 형성(발단-전개), ② 위기(위기-절정), ③ 귀결(결말) 등 세 단계로 설정하였다. '주체'에 대한 것은 이전에서 추가된 범주들이며, 관계적 특성의 분석 범주는 이전 정운채가 말한 서사 개념의 구조를 따르며, 대신 셋째 단계를 '회복' 대신 '귀결'로 수정하였다. 그 까닭은 위기와 갈등을 겪은 결과가 회복이나 극복일 수도 있으나 문제의 지속이나 파탄일 수도 있기 때문이라고 말했다. 이렇게 신동흔은 문학의 서사가 인간의 자기서사에 더 가까워질 수 있는 공통의 화소들을 구체화·세분화한 이론이라고 할 수 있다.

이후의 연구들은 더욱 심화되어 서사의 치료가 가능한지에 집중되었다. 인지이론과의 접점을 통해 문학치료학의 서사 개념이 어떤 유용함을 지녔는지 파악하는 논의들이 발표된 것이다. 신동흔은 인간 연구로서 설화 연구의 가능성을 논하며, 설화의 서사와 인간의 인지의 관련성을 인지이론으로 설명하였다. 그리고 설화의 스토리는 고도의 인지 기제이고 인간의 사고와 행위의 모형이자 인간 삶의 축도가 된다고 주장하였다.[35] 이러한 관점은 정운채가 서사를 두고, 인간 문제에서 다양한 갈림길로 뻗어갈 수 있으며, 그 선택의 결과를 보여주기 때문에 시뮬레이션(simulation)이라고 주장한 바와 관련된다.[36] 또, 심리학의 지각·기억·사고의 그 체제화(organization) 과정에 주목하여 자기서사 개념을 설명한 논의[37]와 연결되면서도, 문학치료학의

---

35 신동흔, 「인지기제로서의 스토리와 인간 연구로서의 설화 연구」, 『구비문학연구』 42, 한국구비문학회, 2016, 59-104쪽.

36 정운채, 「서사의 다기성(多岐性)을 활용한 자기서사 진단 방법」, 『고전문학과 교육』 10, 한국고전문학교육학회, 2005, 107-138쪽.

37 문학치료학의 관점으로 보면, 사람은 자기서사에 따라 특정한 경험을 자기 방식대로 지각하고 기억한다고 보고 있다. 정운채는 심리학에서 말하는 지각·기억·사고의 과정에서 미치는 요인들과 견주어서, 문학치료학의 핵심 개념인 '자기서사'의 개념을 정리한 바 있다. 심리학에서는 지각이 '주의(attention)'를 통하여 선택적으로 수행된다는 점, 기억의 활동은 '스키마(schema)'가 강력하게 관여한다는 점, 사고를 통한 문제해결 능력은 서브루틴(subroutine)과 청크(chunk)의 형성과 관련이 있다고 한다. 이러한 견해에 견주어서 지각·기억·사고의 그 체제화(organization)과정에

서사이론을 보완하는 데에 핵심적인 내용이 되었다. 그리고 이후의 연구에서 인지이론과 서사학을 연결하여 서사이론의 기반을 다지는 작업이 지속되었다.[38]

3. 진단과 치료를 위한 서사 유형화 이론들

문학작품에서 사람의 내면과 유사한 이야기를 찾는다는 것은 당연한 이치일 수도 있다. 그리고 그 방대함과 다양함은 탐진치(貪瞋痴)에 얽혀 시시각각 달라지는 중생과 같은 모습으로 중생을 위로하고 구원하는 관세음보살의 천수천안(千手千眼)[39]과 같다고 할 수 있을까. 그래서 문학치료는 주로 우리의 헛된 욕망을 감싸 안는 이야기들을 치료약으로 삼는다. 더욱 인간에 가깝고, 인간을 잘 드러내는 작품을 선별한다는 것이다.

그동안 문학치료학은 자기서사의 전모(全貌)를 파악하기 위하여 가능한

주목하면, 자기서사는 개념주도적인 지각처리에도 관여하고, 기억의 체제화나 청크 형성에도 관여하며, 청크를 활용하고 체계적으로 조작하는 사고과정에도 관여하고 있다고 밝혔다.(정운채, 「심리학의 지각, 기억, 사고와 문학치료학의 자기서사」, 『문학치료연구』 20, 한국문학치료학회, 2011, 9-28쪽.)

38 나지영, 「인지역동 스키마 이론과의 연계를 통한 문학치료학 서사이론 발전 방향 연구」, 건국대학교 박사학위논문, 2016, 1-228쪽; 나지영, 「인지 스키마 이론에 비춰 본 서사의 본질과 위상」, 『구비문학연구』 45, 한국구비문학회, 2017, 63-104쪽.

39 이강옥은 송광사의 현봉스님에게서 관세음보살의 천수천안(千手千眼)에 대한 새로운 해석을 들었다고 하였다. 그 형상은 바로 우리 자신의 눈과 손, 그것도 하루 동안에도 달라지는 우리의 눈과 손이라고 했다. 위로와 구원을 받아야 할 중생을 그와는 다른 입장에서 동정하거나 아득한 윗자리에서 내려다보며 이끄는 것이 아니라 중생과 똑같이 됨으로써 중생을 위로하고 구원한다는 깊은 뜻이라는 것이다.(이강옥, 『깨어남의 시간들』, 돌베개, 2019, 48-49쪽.)

한 많은 작품서사를 수집하는 일에 주력했다.[40] 그 첫 시도는 『문학치료 서사사전』이다. 구비설화는 감상 차원에 머무는 것이 아니라 가장 많은 사람들이 창작자로 참여하는 문학이기에 지극히 원형적이고 보편적이며, 그 방대함이 세상의 모든 서사물의 원천이라고 해도 좋을 것이다. 그래서 가장 먼저 『한국구비문학대계』에서 15,000개 이상의 이야기의 줄거리를 정리하고, 인간 문제를 파악하기 쉽도록 제목을 붙여 같은 이야기들을 묶어 책으로 발간하였다.[41] 이후 세계설화의 정리가 시도되었고, 현대인이 가장 사랑하는 서사물인 영화작품의 줄거리 정리 작업이 시작되었다.

그리고 가능한 한 다양한 작품서사를 발굴하는 일과 더불어 문학치료적 진단과 치료에 활용할 수 있는 작품서사를 선별·유형화하는 작업이 이루어졌다. 「인간관계의 발달 과정에 따른 기초서사의 네 영역과 〈구운몽〉 분석 시론」(2005)[42]에서 기초서사 영역을 논한 것이 그 시작이다.

기초서사는 말 그대로 인간관계 원형에 가까운 기초서사를 말한다. 정운채는 '나'와 '세상', '소망'과 '법칙'이라는 분석 요소에 따라 연역적 체계로 자녀·남녀·부부·부모서사를 제안했다. 이는 마치 인간 신체의 영역을 구분하여 생물학적 이치를 신속하게 파악하는 방식같이, 우리의 수많은 자기서사에서 어떤 지점이 어떤 형태인지를 신속하게 파악할 수 있는 연역적 구분이었다. 우리의 신체가 어떠한지를 대략적으로 살피기 위한 큰 틀인 '머리, 가슴, 배, 다리' 등과 같은 연역적 구분에 해당하며, 기초서사 영역은 자기서

---

40 정운채, 「문학치료학의 서사이론」, 『문학치료연구』 9, 한국문학치료학회, 2008, 251쪽.
41 정운채 외, 『문학치료 서사사전』, 문학과 치료, 2009, 1-3774쪽.
42 정운채, 「인간관계의 발달 과정에 따른 기초서사의 네 영역과 〈구운몽〉 분석 시론」, 『문학치료연구』 3, 한국문학치료학회, 2005, 7-36쪽.

사의 대략적인 형태를 짐작하기 위한 1차적인 점검 방식이라고 할 수 있다.

> 자녀서사는 우리들이 아들 또는 딸로서 살아갈 때 작동하는 서사이며, '순응(順應)'이 핵심적인 문제가 된다. 남녀서사는 우리들이 남자 또는 여자로서 살아갈 때 작동하는 서사이며, '선택(選擇)'이 핵심적인 문제가 된다. 부부서사는 우리들이 남편 또는 아내로서 살아갈 때 작동하는 서사이며, '지속(持續)'이 핵심적인 문제가 된다. 부모서사는 우리들이 아버지 또는 어머니로서 살아갈 때 작동하는 서사이며, '양육(養育)'이 핵심적인 문제가 된다.[43]

기초서사 영역은 인간관계의 발달 과정에 따라 설정된 것으로, 인간이 인생을 살면서 필연적으로 경험할 수밖에 없는 인간관계의 속성에 따른 연역적 구분이다. 그런데 이것은 문학작품과 사람의 심층에 존재하는 '서사'의 특성처럼, 표면적인 인간관계에 한정된 것은 아니다. 가령, 자녀서사는 자녀적 존재가 부모 같은 존재(부모, 스승, 상사, 세상의 규범 등)를 대할 때에 운영되는 서사로, 서사 주체가 세상의 법칙을 중시하며 '순응(順應)'[44]하는 서사를 말한다. 부모가 없이 태어난 서사적 주체에게도 마땅히 따르고 응할

---

43 정운채, 「자기서사진단도구 개발을 위한 기초서사척도」, 『고전문학과 교육』 14, 한국고전문학교육학회, 2007, 214쪽.
44 "그런데 여기서의 순응은 자포자기나 무기력이나 대처능력 상실과는 거리가 먼 순응이다. 오히려 순천자(順天者)는 흥(興)하고 역천자(逆天者는) 망(亡)한다고 할 때의 순응이다. 순응을 잘 해야 성인군자가 될 수가 있지, 순응을 잘 못하면 성인군자가 될 수 없다. 그르므로 순응을 분리독립과 반대 개념으로 사용하는 것도 잘못이며, 오히려 순응을 잘해야 분리독립도 잘 된다고 볼 일이다."(정운채, 「문학치료학 서사이론」, 『문학치료연구』 9, 한국문학치료학회, 2008, 258쪽.)

만한 '세상의 법칙'이 있고, 자식을 낳지 않는 주체 역시도 상대를 생(生)하고 양육(養育)하고자 하는 '나의 법칙'이 있는 그러한 관계의 속성에 의거한 연역적 구분이다.

이와 같은 방식으로 정운채는 나의 소망을 중시하는 선택의 남녀서사, 세상의 소망을 중시하는 지속의 부부서사, 나의 법칙을 중시하는 양육의 부모서사를 논의하였다. 그리고 각각의 서사 영역에서 서사 주체의 관계 맺기 방식에 따라 가르기·밀치기·되찾기·감싸기로 서사를 유형화하였다. 또한 자녀·남녀·부부·부모서사 각각에서 가르기, 밀치기, 되찾기, 감싸기서사 유형별로, 각 서사 영역의 주안점이 명확하게 드러나고 서사 유형이 확연히 구별되며 서사의 주체가 성공에 이르는 결말의 이야기 총 16개를 선별하였다. 그리고 자기서사 진단검사지에 활용하였는데, 이 16개의 기초서사들은 지금까지 문학치료사들에게 가장 많이 활용되는 '기초'적인 진단검사지이자 치료제가 되었다.

간혹 기초서사에 대한 이의가 제기된 적이 있었다. 과연 기초서사 영역이 인간 생애 전반을 포괄할 수 있는가, 그것으로 자기서사를 평가할 수 있는가에 대한 의혹이 있었다. 인간 삶이 자녀로서의 서사, 남녀로서의 서사, 배우자로서의 서사, 부모로서의 서사로만 한정할 수 있느냐는 의문이었다.

정운채 역시 이 연역적 체계의 한계에 대하여 "아직 의거할 만한 경험적 자료가 축적되지 않은 현 시점에서 기초서사 척도의 마련은 이론에 의거하여 착수할 수밖에 없는 실정이다. 그런데 심리검사의 척도와는 달리 기초서사 척도는 서사의 형태로 제시될 필요가 있다. 문학치료에서 궁극적으로 진단해 내야 하는 것은 다름 아닌 자기서사이기 때문이다. 따라서 이 논문에서 주력한 것은 기초서사의 각 영역별로 척도가 될 만한 서사를 찾아내는 일이었다."[45]라고 기초서사 영역의 한계점과 의의를 밝힌 바 있다.

기초서사 영역은 가장 '기초'적인 서사로서 원형적인 인간관계에 따라 구분한 것이라 할 수 있다. 그리고 인간관계의 구성 요소를 크게 '나'와 '세상', '법칙'과 '소망'으로 나누었고, '세상의 법칙'과 '나의 소망', '세상의 소망'과 '나의 법칙' 등 그 연역적 구분으로 각 서사의 주안점을 설정한 것이다. 그래서 자녀서사는 세상의 법칙을 중심에 둔 순응의 문제, 남녀서사는 나의 소망을 중심에 둔 선택의 문제, 부부서사는 세상의 소망을 중심에 둔 지속의 문제, 부모서사는 나의 법칙을 중심에 둔 양육의 문제를 다루는 서사라고 정의한 것이다. 이를 두고 보면, 기초서사 영역은 인생살이에서 가장 기초적이며 원형적인 인간관계 문제를 다룬 것이며, 귀납적인 방식과 달리 인간의 다양한 경험이나 실천 등의 결과를 일반화하는 과정을 통해서 형성된 이론이라고 할 수 있다.

그런데 기초서사에 대한 의혹은 이 연역적 논리에 대한 근원적 문제 제기였다. '나'와 '세상', '법칙'과 '소망'이라는 서사 요소가 한 연구자가 직감적으로 설정한 전제였다는 점이 그러하였고, 인생살이 문제를 오로지 이 네 가지 요소로만 파악될 수 있는지의 문제도 있었다. 수많은 자기서사를 대략적으로 살피기 위한 큰 틀로서 제기된 이론이었으나, 우리 삶의 기초적인 서사의 존재를 인정하면서도 그 연역적 체계에 대한 의혹은 계속되었다.

실제로 기초서사 영역만으로 파악할 수 없는 지점에 문제를 삼고, 여러 학자들이 기초서사 영역을 확장하는 논의를 진행한 바 있다. 우리 삶에서

---

45 정운채, 「자기서사진단도구 개발을 위한 기초서사척도」, 『고전문학과 교육』 14, 한국고전문학교육학회, 239쪽.

아주 중요한 인간관계인 형제서사와 사회서사에 대한 논의를 더하였다. 애초에 권순긍이 고전문학에 등장하는 형제 갈등에 주목하여 형제가르기서사는 형제간의 경쟁심리에서 생기는 마음의 상처를 치유할 가능성이 있음을 주장하였다.[46] 이후 김수연이 형제서사 또한 인간 발달 단계에서 중요한 기초서사이며, 우애의 윤리를 넘어 시합 관계에서 공존할 수 있는 원리를 형제서사의 핵심으로 논했다. 형제서사와 그것의 심화 단계인 사회서사까지 논의하며, 이 서사 영역의 관계적 사건이 시합이고 심리적 자리가 경쟁심과 연대라고 주장했다.[47]

그리고 사회서사는 손석춘이 제기하였는데, '(사회적)인간이 사회와 맺는 관계의 형성과 위기와 회복에 관한 이야기'라고 그 서사를 규정하고, 한 사회에서 살아가는 개개인이 사회적 삶을 운영하는 심층서사는 지금의 사회질서, 곧 객체적 현실을 어떻게 바라보느냐와 주체적 의지에 따라 적응, 순응, 관조, 실천 네 가지 관계로 나눠진다고 보았다. 그리고 각각의 서사에는 탐학, 굴종, 방관, 독선의 부정태가 나타날 수 있기에 치료가 필요하다고 주장했다.[48] 신동흔은 이들의 주장에 동의하며, 형제서사와 사회서사를 서사의 관계적 특성에 추가하였다.

물론 기초서사 영역이 인간 인생의 모든 형태를 수렴할 수는 없다는 것에

---

46 권순긍, 「서사의 문학치료학」, 『문학치료연구』 30, 한국문학치료학회, 2014, 43-72쪽.
47 김수연, 「문학치료 기초서사로서 형제서사 설정 문제-인간관계 발달과정에 따른 관계적 사건과 심리적 자리를 중심으로-」, 『문학치료연구』 47, 한국문학치료학회, 2018. 9-57쪽.
48 손석춘, 「문학치료의 '사회서사' 시론」, 『문학치료연구』 41, 한국문학치료학회, 2016, 9-37쪽; 손석춘, 「단재〈꿈하늘〉의 자아소통과 사회서사」, 『문학치료연구』 49, 91-119쪽, 한국문학치료학회, 2018; 손석춘, 「처용설화의 사회서사와 소통효과」, 『문학치료연구』 46, 한국문학치료학회, 2018, 39-66쪽.

는 동의하지만, 형제서사와 사회서사를 기초서사 영역에 포함하는 문제에 대해서는 많은 고민이 드는 것이 사실이다. 우선 첫째로, 두 서사 영역이 인간 삶에서 중요하다는 점은 인정하지만, 기왕에 설정된 기초서사에 포함하기에는 그 연역적 체계의 층위가 맞지 않는 문제가 있다. 정운채는 애초에 주역의 원리에 따라 인간관계 요소를 네 가지로 구분하였다고 밝혔고, 서사의 주체로서 '나(我)'와, 그와 관계 맺는 세상의 모든 존재로서 '세상(彼)'을 설정한 것이다. 그리고 견고하고 변함이 없는 가치로서의 '법칙', 유동적이고 변화무쌍한 가치로서의 '소망'을 대응되는 개념으로 설정한 것이다. 형제서사와 사회서사의 포함 문제는 이러한 연역적 논리에 귀납적인 방식으로 영역을 확장하는 오류라고 할 수 있으며, 오히려 형제서사와 사회서사는 기초서사 이외에 인간 삶에서 필연적이고 중요한 또 다른 서사 범주로 이해하는 것이 타당할 것으로 보인다.

형제서사의 경우는 사회적으로 여러 관계를 맺는 사람들과 한정된 자원으로 서로 '시합'하는 서사인데, 자원의 분배 문제로 논하자면 나의 소망과 상대의 소망이 상충되는 문제로서 '나눔'의 문제로 고찰해 볼 수 있을 것이다. 기초서사 영역 자체가 가족관계에 한정한 논의가 아니기 때문에 형제 문제를 반드시 다뤄야 할 필요성도 없거니와, 기초서사의 연역적 체계에서 형제관계는 부모와 자식 관계에 견주어 이해할 수도 있으며, '상대의 소망을 중시하며 인간관계를 지속하는' 부부서사의 영역에서 파악할 수도 있는 문제이다. 그런데 형제서사를 시합과 자원 분배의 문제로 이해하자면, 기초서사와는 또 다른 영역으로 '한정된 자원을 나누며 살아가는 인간의 보편적인 문제'로 이해되는 것이 마땅하다고 판단된다.

사회서사 또한 또 다른 테마의 중요한 인간관계 문제를 다룬다고 이해된다. 어쩌면 기초서사 영역과 다른 관점으로, 사회문제를 향한 자기서사를 주장한 것으로 이해되는데, 즉 서사의 주체가 관계를 맺는 대상이 '사회문제'라는 점에서 기초서사 영역과는 다른 차원에서 논의되어야 할 서사 영역으로 보인다. 가령, 세월호 참사에 대한 자기서사, 즉 세월호 참사 문제같이 부당함과 비극의 사회문제에 서사의 주체가 어떻게 대응하는가로써 적응, 순응, 관조, 실천의 서사를 논할 수 있다는 것이다.

이 밖에 작품서사의 유형화 방법론으로 진단과 치료의 구체적 계획을 위한 '서사 유형론'이 있었다. 서사 유형에 대한 이론들은 대체로 서사의 다기성에 근거하여, 유사한 인간 문제에 다양한 서사적 갈림길을 보여주는 작품서사 탐색 기준이라고 할 수 있다. 다수의 작품서사들을 일정 순서에 맞추어 내담자에게 제공하는 방식의 기준이 되기도 한다. 내담자가 고민하는 인간 문제에 여러 서사적 갈림길을 보여주는 작품들을 제시하는가 하면, 내담자가 접근하기 용이한 형태의 작품서사에서부터 원대한 목표 지점에 이르기까지 순차적으로 작품서사들의 위치를 지정할 수도 있다. 이러한 치료의 출발점과 목표 지점에 해당하는 작품서사들의 위치와 순서는 문학치료 상담 프로그램의 기반이 되기도 한다.

서사 유형에 대한 이론들 중 가장 대표적인 경우는 인간관계 맺기 방식에 따라 '가르기 · 밀치기 · 되찾기 · 감싸기서사로 나누는 경우가 있다. 이 밖에 좌절-승리-상생의 서사유형이 있다. 또한 이러한 서사 유형들의 관계와 위계를 체계화하는 "상호 관련된 서사들을 서사의 발달 단계에 따라 배치하여 서사들의 위계를 한눈에 조망하는 서사의 연결망"인 서사지도 논의가 있었다.[49]

49 관계맺기 양상에 따른 서사유형화는 정운채, 「자기서사진단도구 개발을 위한

4. 자기서사 진단을 위한 검사지 개발

문학치료 현장 연구의 가장 큰 성과이며, 문학치료의 과학적 연구 발전에 기여하는 지점은 바로 자기서사 진단검사지 개발이라고 할 수 있다. 문학치료 연구자들은 작품서사로 사람의 내면을 관찰하는 방법으로 다양한 형태의 자기서사 진단검사지를 개발하였다. 작품서사를 보는 피검자의 반응을 통해 자기서사 경향성을 파악할 수 있는데, 주로 작품서사에 대한 호불호를 가려내는 방식에 따른다. 문학치료 상담 시 첫 회기에 활용하고, 그 결과를 근거로 상담 내용을 기획한다.

애초에 정운채는 문학치료 상담을 위하여 연쇄전개형과 자유연결형, 서사분석형, 정서반응형과 기억기술형 검사지를 개발했다. 이 검사지들은 기초서사 영역 16개의 작품서사를 기반으로, 피검자가 작품서사의 어떤 서사적 전개 방식을 선호하는지를 가려내는 데에 중점을 둔다.[50]

먼저 연쇄전개형은 피검자가 자유롭게 서사 전개를 선택할 수 있도록 구

기초서사척도」, 『고전문학과 교육』 14, 한국고전문학교육학회, 2007, 213-242쪽; 정운채, 「문학치료학의 서사이론」, 『문학치료연구』 제9집, 한국문학치료학회, 2008, 247-278쪽에서 논의되었고, 좌절-승리-상생의 서사는 정운채, 「문학치료와 자기서사의 성장」, 『우리말교육현장』 4-2, 우리말교육현장학회, 2010, 7-54쪽에서 상세한 논의를 확인할 수 있다. 서사지도 연구는 정운채, 「자기서사진단검사도구의 문항설정」, 『고전문학과 교육』 17, 한국고전문학교육학회, 2009, 125-160쪽; 정운채 「〈여우구슬〉과 〈지네각시〉 주변의 서사지도」, 『문학치료연구』 13, 한국문학치료학회, 2009, 327-362쪽에서 논의되었다.

50 16개 기초서사를 활용한 자기서사진단검사지에 대한 논의는 정운채, 「자기서사진단도구 개발을 위한 기초서사척도」, 『고전문학과 교육』 14, 한국고전문학교육학회, 2007에서 시작되었고, 정운채 외, 『설화를 활용한 문학치료프로그램 개발 연구』, 문학과치료, 2009에 갈무리되어 있다.

성된 검사지이다. 서사 영역별 기초서사들을 4단락으로 정리하고, 피검자가 좌우상하의 방향으로 서사적 전개를 선택하게 하는 것이다. 자유연결형의 경우는 연쇄전개형의 문제점을 보완하는 방식으로 구성되었다. 두 가지 검사지의 경우는 피검자가 자유롭게 선택할 수는 있지만, 선택한 단락과 단락 사이의 서사적 논리가 어긋나고 피검자가 선택한 바의 서사적 맥락이 쉽게 이해될 수 없는 단점이 있었다.

그다음 서사분석형 검사지가 개발되었다. 많은 문제점이 보완된 검사지인데, 지금까지 문학심리분석상담 전문가들 사이에서 가장 많이 활용된다. 총 6개의 단락으로 줄거리를 요약한 기초서사가 제시되면서, (2), (4), (6)번 단락에는 각각 다른 갈래로 진행되는 서사 단락이 4개씩 주어진다. 문항 구성을 살펴보면, ① 진단서사의 흐름을 그대로 따라가는 방향의 문항, ② 진단서사의 흐름과 반대로 가는 반향의 문항, ③ 대립하는 앞의 두 방향을 무화시키거나 또는 무관심한 방향의 문항, ④ 제시된 세 개의 방향 모두 마음에 들지 않는다는 문항으로 설계되었다. 서사의 다기성을 활용한 문항지로서 피검자가 진단서사를 얼마나 저항 없이 잘 따라가는지를 측정하는 것이다.

이후 좀 더 신속하게 작품서사에 대한 호불호를 검사하는 정서반응형과 기억기술형 검사지가 개발되었다. 정서반응형은 진단서사를 본 피검자의 정서적 반응을 확인한다. 6단락으로 요약된 진단서사 전체 줄거리를 제공하고, 리커트 척도(Likert scale) 방식으로 '감동적이다/흥미롭다/보통이다/지루하다/거부감이 든다' 등 5가지 정서적 반응을 질문한다. 기억기술형은 진단서사를 본 피검자의 기억을 진단하는 도구이다. 6단락으로 요약된 진단서사 전체 줄거리를 제공하고, 제한 없이 진단서사의 줄거리를 기억나는 대로 기술하라고 요구한다. 대체로 문학치료 효과를 확인하기 위한 사후 검사

지로 활용하는 편이다.[51]

그리고 서사분석형 검사지를 신속하고 간편하게 활용할 수 있는 '간략식 서사분석형 검사지'도 개발된 바 있다. 황혜진은 정운채의 서사분석형 검사지를 축약하고, 그에 대한 적절한 해설서를 마련했다. 집단 상담이나 문학치료 체험 현장에서 쉽게 활용할 수 있다는 점과 자기서사 진단 해설서를 통해 진단의 체계화가 가능하다는 점이 특장이다.[52]

또한 신동흔이 개발한 자기서사 종합 진단도구(MMSS)가 있다. 각 서사 영역의 범주와 대립항을 설명하고, 존재의 특성과 관계의 특성을 재설정하여 중요한 진단서사를 다수 추가한 검사지로 이전의 검사지보다 정밀한 진단이 가능하다. 또 이전의 검사지와 다른 점은 어떠한 서사 전개를 선호하는지 확인할 수 있고, 서사의 해석과 감상평에 관한 질문이 다수 포함되었다는 것이다. "나라면"으로 시작하는 적극적인 형태의 투사형 질문이 포함되었다는 점이 특징이다. 이는 앞 절에서 서술한 바와 같이 신동흔의 서사이론이 지닌 특성, '나'로 시작되는 주체가 확고한 스토리라는 서사 개념과 관련된다. 즉 주인공과 피검자를 동일시하기에 쉬운 형태의 진단문항이다.[53]

---

51 정서반응형과 기억기술형 검사지는 박재인, 「탈북여성B의 구비설화에 대한 이해 방식과 자기서사」, 『고전문학과교육』 26, 한국고전문학교육학회, 2013.에서 처음 사용되었다. 본래 정운채가 새로 개발한 검사지였으며, 이를 처음 사용한 박재인은 '태도측정형'과 '기억진술형'이라고 명명하였다. 후에 이를 정운채가 정서반응형과 기억기술형으로 개칭하였다.

52 정운채가 개발한 검사지들의 장단점과 이에 대한 개선 방향을 총정리한 연구이며, '간략식 서사분석형'이 제안된 논의로 황혜진, 「자기서사 진단도구의 개발 현황과 개선 방안」, 『문학치료연구』 38, 한국문학치료학회, 2016가 있다.

53 MMSS의 개발 의도와 구성 원리에 대한 논의는 신동흔, 「문학치료를 위한 서사 분석 요소와 체계 연구」, 『문학치료연구』 49, 한국문학치료학회, 2018와 신동흔, 「문학치료를 위한 자기서사 진단과 해석 연구-MMSS 진단지의 성격과 구성, 해석과 활용-」,

그리고 이전에는 자기서사의 진단 형태가 인간관계 중심의 서사 유형별로 종합되었다면, 신동흔의 진단 형태는 서사의 맥락적 형태로 종합된다는 특징이 있다. 가령, '자기를 키운 사람에 대한 책임감으로 부모를 감싸는 심청의 서사', '버림받은 상처를 간직한 채 상황적 요청에 따라 부모를 감싸는 바리데기의 서사', '자기와의 싸움을 거쳐 존재적 확장을 이룸으로써 부모를 감싸게 된 바리데기의 서사' 등과 같은 형태로 더 맥락적으로 표현하는 것을 추구한다고 말한다.[54] 자기서사를 문학적으로 분석하여 도출된 형태를 진단 결과로 제시하는 것이다.

이전의 검사지와 비교하면 MMSS의 특성을 분명히 알 수 있는데, 정운채의 진단문항은 작품 속 주인공과 '나'를 동일시하게 하는 질문이 없으며, 피검자가 작품의 인물과 거리를 두고 바라보게 하면서 서사적 전개에 집중하도록 한다. 실제로 검사 시 피검자의 입장에서 문항을 선택할 것이 아니라, 주인공의 입장에서 서사적 전개를 선택하도록 한다. 인간관계 스토리의 전개 방향에 거부감과 선호도를 파악하는 것이기 때문이며, 이러한 검사 방식은 피검자의 진심을 쉽게 드러나게 하는 장점이 있다. 그러는 반면 서사 전개 방식이 매끄럽지 못한 선택 문항이 있으며, 16개 서사에서 각각 3개의 분기점이 있고 또 네 갈래의 선택지 중에 선택해야 하는 등 총 192개의 서사 장면을 상상해야 한다는 점에서 난이도가 높은 단점이 있다.

한편 신동흔의 진단문항은 작품서사와 자기서사의 소통을 촉진한다는 점, 서사접속능력을 촉진한다는 점에서 장점이 있지만, '나'를 이입시키면서

『문학치료연구』 54, 한국문학치료학회, 2020를 통해 확인할 수 있다.
54 신동흔, 「문학치료를 위한 자기서사 진단과 해석 연구-MMSS 진단지의 성격과 구성, 해석과 활용-」, 『문학치료연구』 54, 한국문학치료학회, 2020, 16쪽.

방어기제가 발휘될 수 있다는 점이 우려되기도 한다. 하지만 이러한 문제는 MMPI검사에서의 L척도(Lie)과 같은 기법을 수용하면 해결할 수 있으며, 상담 과정에서 부인과 억압 기제와 같은 내담자의 특성은 바로 드러날 수 있기도 하다.

5. 문학치료 상담 현장

문학치료 현장은 문학심리분석상담사(문학치료사)와 내담자가 함께 다양한 작품서사들을 만나고, 그에 대한 자유로운 자기 표현과 심도 있는 자기 이해가 이뤄지는 장이라고 할 수 있다. 작품 감상과 분석, 그리고 창작 행위가 문학치료 상담 현장의 주된 활동이며, 이를 통해 자기서사를 발견하고 자기서사를 보충·강화·통합하는 치료 효과를 도모하는 것이다.

작품 감상 → 작품에 대한 자기 표현 → 자기서사 발견 → 작품서사와의 공명을 통한 자기서사의 새로운 길 내기

문학치료는 문학작품을 이해하는 방식을 근거로 내면을 진단하고, 문학작품의 이해 방식을 개선하는 과정이라고 요약할 수 있다. 문학심리분석상담사는 내담자를 위한 적실한 작품서사를 제공하고, 내담자가 작품에 몰입하면서 자기 표현을 자유롭게 할 수 있도록 다양한 기법을 활용한다. 그리고 작품의 이해 방식에서 일정한 패턴이 발견되면 상담사와 내담자의 대화를 통해 자기서사의 특징을 발견해 간다. 자기서사가 발견되면, 그것을 출발점으로 삼아 치료의 방향성을 정하고 자기서사의 새로운 길 내기를 시도

한다. 이는 자기서사 특징과 관련된 다수의 작품을 감상하고 기억하는 작업으로 가능하다. 용인하기 어려운 작품서사를 깊이 있게 이해함으로써 그것을 내 삶의 새로운 양식으로 받아들이는 과정인 것이다. 그러니까 작품서사에 대한 이해 방식과 기억 방식의 개선과 교정이 '자기서사의 새로운 길 내기' 과제라고 할 수 있다.

문학치료 실제 과정을 예로 들어 설명하면 다음과 같다. 문학치료 상담은 주로 작품 감상으로 시작된다. 그리고 내담자가 작품에 대하여 자유롭게 자신의 감정과 생각을 표현하는 다양한 기법들이 활용된다.

1단계	2단계	3단계	4단계	5단계
자기서사 진단 검사 실행	선호하는 작품서사 반응 검토	거부하는 작품서사 반응 검토	작품분석에 대한 다수/전문가 의견 전달	기억기술형을 통한 사후검사 실행 소감 발표

이는 자기서사 진단검사를 시작으로 하여 작품에 대한 반응을 중심으로 상담이 이뤄지는 과정이다. 위의 구성은 서사분석형 검사지를 통한 상담 과정에 해당하는데, 검사 결과에 따라 상담 내용을 구성할 수 있다. 먼저 작품을 감상하고 내담자의 선호도를 판별한 후, 내담자가 선호하는 이야기 위주의 상담에서 시작하여 내담자가 거부하는 이야기를 나중에 상담하는 순으로 진행하는 것이다. 이러한 진행 방식은 내담자가 마음의 문을 열고 진실한 반응을 표출하며, 작품서사에 몰입할 수 있도록 하기 위함이다.

이때에는 내담자가 선택한 선택지를 중심으로 상담 내용을 구성한다. 내담자가 선택한 바에 대하여 그 이유를 들으며 작품에 대한 반응을 살펴보는 것이다.

〈예시〉

"〈해와 달이 된 오누이〉에서 행복한 결말을 선택하지 않은 이유는 무엇인가요?

"이 이야기에 '거부감이 든다'라고 한 까닭은 무엇인가요?"

"2번의 서사적 전개를 선택한 이유는 무엇인가요?"

이는 작품서사에 대한 선호도로 중심으로 상담 내용을 구성하는 방식이다. 선호하는 작품 전개, 혹은 몰입하기 쉬운 이야기 주제, 등장 인물에 대한 특별한 반응 등을 검토할 수 있다.

문학치료 상담의 특장은 '서사 분석 행위'를 통해 상담 내용을 구성할 수 있다는 것이다.

〈예시〉

"오누이가 하늘로 올라가 해와 달이 되었다는 결말은 어떤 의미일까요?"

"좌절형의 인물과 승리형의 인물의 행동양식에 차이점은 무엇인가요?"

"오누이에게 나타난 '호랑이'는 우리 현실 상황에 어떤 존재와 비슷한가요?"

"이 옛이야기를 듣고 떠오르는 작품(ex. 영화)이 있나요?"

실제로 문학작품을 분석하듯이, 내담자가 작품을 감상하고 서사 요소를 분석할 수 있도록 질문하는 것이다. 이는 인간 삶에 대한 서사적 이해 방식을 직접적으로 드러내는 방식으로, 삶과 인간관계, 그리고 자신에 대한 서사 분석을 스스로 하게 한다는 점에서 문학치료만의 특성을 드러내는 상담 기법이라고 할 수 있다. 게다가 이 방식은 내담자가 자신에 대해 털어놓아야 한다는 부담감에서 벗어날 수 있고, 방어기제를 축소할 수 있는 장점이 있다.

이렇게 문학치료의 상담 과정은 작품서사를 평가하거나 해석하는 과정에서 의식/무의식적으로 개입되는 인간 내면의 서사를 파악하는 과정이 그 주된 내용이라고 할 수 있다. 이러한 활동 안에서 내담자는 문학심리분석상담사(문학치료사)의 안내에 따라 다양한 경험을 하고 '자기서사'의 특징을 자각하게 되는 것이다.

그리고 자기서사에 대한 심층적인 이해를 기반으로, 다양한 작품들을 접하면서 작품서사와의 '공명(共鳴)' 작용을 통해 내면에 새로운 서사의 길 내기를 시작하는 것이 치료의 과정이라고 할 수 있다. 이 치료의 과정에서 중요한 것은 작품서사와 '공명' 작용이다.

> 공명(共鳴)은 물리학에서 동일한 주파수를 가진 두 물체가 있을 적에 하나의 물체를 쳐서 울리면 다른 물체도 따라서 울리는 현상을 가리킨다. 그렇다면 동일한 서사를 가지고 있는 사람에게도 적용할 수 있을 것이다. 어떤 작품을 감상하는 동안 그 작품의 작품서사와 감상자의 자기서사가 동일하다면 감상자의 자기서사 역시 공명할 것이며, 이 공명 현상을 체험하는 동안 공감을 하게 될 뿐만 아니라 감동에 이르게 될 것이다.[55]

가령, 한 내담자가 애정을 품은 상대방의 거절 문제에 '복수'로 이어지는

---

55 정운채, 「자기서사의 변화 과정과 공감 및 감동의 원리로서의 서사의 공명」, 『문학치료연구』 25, 한국문학치료학회, 2012, 376쪽.

서사에 함몰되었다고 한다면 그에게는 복수로 이어지지 않고 애정을 품은 상대와의 인간적인 관계를 지속하는 서사로의 길 내기가 필요할 것이다. 이를 위해서는 복수형의 서사만큼 관계의 지속형 서사에 대한 가치 인정과 신뢰가 필요한데, 그것을 문학치료에서는 작품서사에 대한 공명과 공감, 감동의 원리로 설명한다. 그런데 작품서사에 대한 진심 어린 공명을 통한 공감과 감동은 쉽게 이뤄지지 않는다. 특히 내담자의 내면에서 거부감이 크게 드는 작품서사의 경우는 더욱 그러하다. 자기서사와 작품서사의 충돌이 있는 경우인데, 심할 경우 상담 현장에서 내담자들은 울거나 화를 내는 등 작품에 대한 거부감을 극단적으로 표출하기도 한다. 이는 작품서사와 자기서사의 충돌 문제인데, 이러한 충돌은 내담자의 내면 문제와 직결되며 그의 일상에서도 빈번히 일어날 수 있다.

문학치료의 과정은 이러한 거리감을 좁히기 위한 다양한 방법을 진행하는 시간이다. 주로 다양한 작품서사를 접하고 진지한 감상 과정을 거쳐 작품 창작 활동으로 이어지도록 하여, 작품서사에 대한 심도 있는 이해를 추구한다. 먼저 문학심리분석상담사는 내담자의 자기서사와 관련된 작품서사들을 선별하여 제시해야 한다. 내담자 특성에 맞추어 특정 인간관계에 초점을 맞춘 서사나 이상심리 관련 서사 혹은 다양한 삶의 문제를 중심으로 묶일 수 있는 작품군을 선별하는 것이다. 그리고 그것을 일정 기준에 따라 감상 순서를 정한다. 기왕에는 '가르기서사 → 밀치기서사 → 되찾기서사 → 감싸기서사'나 '좌절 서사 → 승리 서사 → 상생 서사' 순으로 제시했다. 상황에 따라서 '문제를 관찰하는 서사 → 문제를 직면하는 서사 → 문제를 해결하는 서사'나 '갈등에 대한 억압과 부인의 서사 → 인정과 승화의 서사' 등으로 작품서사를 제시할 수 있다. 이러한 순서는 내담자의 자기서사와 가까운 형태에서 치료의 목표 지점에 가까운 형태로까지 치료적 단계에 따라서 결정될 수 있다. 이렇게 다양한 서사를 접함으로써 서사의 다기성을 인정하고, 한쪽으로 치우치거나 특정 부분만 팽창된 지점에서 다양한 서사적 길을 수용하는 내면의 변화를 추구하는 것이 치료의 과정이라고 할 수 있다.

그리고 다양한 문학적 창작 행위를 적용하며 작품의 깊이 있는 이해를 추구하기도 한다. 인상적인 장면을 그림으로 표현하기, 마음에 드는 장면 '극본 형태'로 다시 쓰기, 뒷이야기 다시 쓰기, 마음에 들지 않는 부분 바꿔 쓰기 등 내담자가 좀 더 적극적으로 작품에 몰입하고 이해할 수 있도록 능동적인 감상 방법으로서 다양한 창작 활동을 실행하는 것이다. 작문뿐만 아니라, 그림 그리기, 구술이나 연극 연행 등으로 표현하는 것도 효율적인 방식이다.

창작 활동 과정에서 중요한 사안은 자기서사가 다중에게 수용될 수 있는 작품의 형태로 표현된다는 점이다. 작품의 감상과 창작, 시놉시스 발표 그리고 작품 구현 과정까지 여러 차례 수정 시간이 필요한데, 이때 내담자는 작품을 창작해 내면서 적게는 상담사, 많게는 문학치료에 함께 참여하는 집단 구성원에게 자신이 새롭게 구성한 서사 논리를 설명하고 납득시키는 과정에 참여한다. 그러면서 내담자는 자신이 창작한 이야기의 서사 논리를 다듬는 작업을 반복 진행하면서 점차 자신이 용인할 수 없었던 작품서사를 이해하게 되는 것이다.

비록 내담자가 끝내 복수형의 서사로 이야기를 만들어 낸다 하더라도, 관계지속형의 서사가 존재하고 그 또한 가치 있는 길임을 인정하는 상태에서 새롭게 창작하는 것이라면 그 창작물은 문학치료 이전과는 다른 수준의 모습을 보일 것이다. 그리고 자신이 고집했던 길 이외에 다른 서사의 길도 존재하고 있음을 인지하는 것만으로도 치유적 효과는 충분하다. 자신이 고집하고 있는 서사의 길이 서사의 전모에서 어떤 위치를 차지하고 있는지를 깨닫는 순간, 자신의 문제점을 깨닫는 사유가 시작되기 때문이다. 이렇게 갈등의 기점에서 다양한 서사적 길이 존재함을 스스로 확인하고, 선택하는 방식으로 새로운 작품을 창작하며 내담자의 이해 방식을 변화시키는 과정이 창작을 통한 문학치료이다. 이렇게 작품서사의 감상과 분석, 재창작이라는 틀 안에서 문학심리분석상담사들은 대상에 맞추어 다양한 작품서사를 선별하여 제시하고, 내담자가 작품서사를 깊이 있게 감상하도록 다양한 기법을 활용한다.

문학치료의 상담은 실제로 다양한 현장에서 이뤄진다. 학교교육 현장은 물론, 도서관과 다양한 복지시설 등에서 이뤄지며, 넓게는 병원이나 교도소 등에서도 이루어졌다. 그 대상으로는 일반 시민에서부터 아동, 청소년, 대학생을 포함하여, 이상심리 성향의 내담자[56], 문해력이 부진한 아동[57],

---

56 이강옥, 「구운몽과 불교 경전을 활용하는 우울증 치료 프로그램(DTKB Program) 구안」, 『문학치료연구』 12, 한국문학치료학회, 2009; 조은상, 「〈효 불효 다리〉의 반응을 통해 본 우울성향 자기서사의 양상」, 『문학교육학』 30, 한국문학교육학회, 2009; 이강옥, 「구운몽과 불교 경전을 활용하는 우울증 치료 프로그램(DTKB Program) 상담 사례 연구」, 『문학치료연구』 18, 한국문학치료학회, 2011; 하은하, 「알코올 의존 남성의 설화 반응 사례 연구」, 『문학치료연구』 18, 한국문학치료학회, 2011; 하은하, 「알코올 의존 환자를 위한 설화 읽기 프로그램의 의미」, 『문학치료연구』 20, 한국문학치료학회, 2011; 이강옥, 「우울증 상담에서의 자기서사」, 『문학치료연구』 24, 한국문학치료학회, 2012; 하은하, 「알코올의존 환자의 심리적 특성과 자기서사와의 상관성」, 『문학교육학』 41, 한국문학교육학회, 2013; 황혜진 외, 「뇌파측정을 통한 완벽주의 개선 문학치료 프로그램의 효과성 연구」, 『문학치료연구』 50, 한국문학치료학회, 2019; 김혜미, 「구비설화를 활용한 자살예방 문학치료 프로그램 사례 연구-자살 위험군 사례자 A를 대상으로-」, 『문학치료연구』 50, 한국문학치료학회, 2019.
57 황혜진 외, 「문해력 신장을 위한 문학치료 실행연구 시론」, 『문학치료연구』 12, 한국문학치료학회, 2009; 김정애·황혜진, 「아동의 설화반응 사례로 본 문학치료 프로그램의 효과 연구-'교육적 배려 대상자의 문해력 신장을 위한 문학치료 프로그램'을 대상으로-」, 『문학치료연구』 14, 한국문학치료학회, 2010; 조은상·황혜진, 「문해력 수준을 고려한 단계별 문학치료 프로그램의 효과-'교육적 배려 대상자의 문해력 신장을

한부모 가정의 아동[58], 학교 부적응 청소년[59], 탈북민[60], 재소자[61] 등 다양하
다.[62] 이렇게 문학심리분석상담사들은 작품서사와 자기서사의 진실한 만남
을 위한 상담 기법을 현장에 적용하고 발전시키는 데에 주력하고 있다.

위한 문학치료 프로그램'을 대상으로」, 『문학치료연구』 15, 한국문학치료학회, 2010;
박재인, 「문해력이 부진한 아동의 서사능력에 대한 문학치료적 고찰」, 『겨레어문학』 43,
겨레어문학회, 2009.

58 김혜미, 「한부모의 이성 관계를 거부하는 아동에 대한 문학치료 사례 연구」, 『겨레어문
학』 45, 겨레어문학회, 2010.

59 김혜미, 「교사에 대한 학생의 분노서사와 분노 조절을 위한 서사지도 설계-반항성
장애를 보이는 학생들의 사례를 중심으로-」, 『문학치료연구』 31, 한국문학치료학회,
2014; 김혜미, 「자퇴를 원하는 한 우등생의 자기서사진단 사례 연구」, 『고전문학과 교육』
27, 한국고전문학교육학회, 2014; 황혜진 외, 「초기 청소년기 폭력성의 문학치료적
중재를 위한 시론-'폭력 예방을 위한 문학치료 프로그램'의 구안 과정을 중심으로-」,
『겨레어문학』 55, 겨레어문학회, 2015; 김혜미, 「호랑이 설화의 문학치료학적 해석을
통한 제3자(방관자)의 학교폭력예방교육 사례 연구-청소년의 생명존엄 의식 함양을
위한 학교폭력예방교육을 위하여」, 『인문과학연구』 55, 인문과학연구소, 2017.

60 박재인, 「탈북여성B의 구비설화에 대한 이해 방식과 자기서사」, 『고전문학과 교육』 26,
한국고전문학교육학회, 2013; 박재인, 「탈북여성의 부모밀치기서사 성향과 죄의식」,
『문학치료연구』 30, 한국문학치료학회, 2014; 박재인, 「탈북과 적응이 남긴 문제에 대한
문학치료학적 접근-적응에 성공한 탈북여성의 사례를 중심으로-」, 『고전문학과 교육』
30, 한국고전문학교육학회, 2015; 박재인, 「이주와 성공의 고전서사를 활용한 탈북민
대상 문학치료 사례 연구」, 『문학치료연구』 41, 한국문학치료학회, 2016; 박재인, 「「해와
달이 된 오누이」에 대한 탈북민의 반응과 문학치료 효과」, 『인문사회 21』, 9-4, 사단법인
아시아문화학술원, 2018; 박재인, 「탈북민 대상 문학치료 사례 연구-'이주와 성공'의
고전서사와 자아실현의 문제를 중심으로-」, 『다문화사회연구』 11-2, 아시아여성연구원,
2018.

61 김정애, 「문학치료 활동을 통해 본 서사능력과 공감능력의 상관관계」, 『문학치료연구』
48, 한국문학치료학회, 2018.

62 문학치료 현장 사례 연구는 무수히 많다. 여기에서는 편의상 한국문학치료학회의
문학심리분석상담 전문가들의 연구 사례의 일부만 대표적인 성과들로 제한하여
소개한다.

6. 문학치료의 발전을 위하여

지금까지 한국문학치료학회가 중심이 되어 이끌어 온 '문학치료' 분야의 이론과 현장 연구의 성과를 점검하였다. 인간에 대한 서사적 이해를 실천하기 위해 사람과 문학작품의 공통적 기반으로서 '서사'이론을 연구한 과정을 검토하고 이론적 한계를 보완하기 위한 학적 노력을 살펴보았다. 그리고 자기서사와 작품서사의 자유롭고 진지한 소통을 위하여 상담 현장을 위한 논의를 검토했다. 진단과 치료를 위한 서사 유형 논의와 더불어, 자기서사 진단검사지 개발 연구 및 상담 현장을 담은 논의까지 문학치료학이 걸어온 길을 반추해 보았다.

비록 연구사 검토에 머문 글이지만, 문학이 사람의 내면에 의료적으로 어떻게 기능할 수 있는지를 한 연구분야의 걸어온 자취로 파악하는 작업만 해도 상당한 시간과 정성이 필요했다. 아쉬운 점은 좀 더 간명한 방식으로 문학치료 원리를 선명하게 드러내면서 대표적인 연구의 논지를 효율적으로 소개하지 못했다는 것이다.

그럼에도 이러한 연구사적 검토 작업은 '작품서사를 통한 자기서사의 보충·강화·통합'이라는 문학치료 원리를 이해하는 데에 중요한 정보를 제공할 수 있을 것이라 확신한다. 왜 독자적인 '서사'이론 개발이 요구되었는지, 그리고 어떠한 한계점에 봉착하며 보완되어 현재의 모습이 되었는지를 이해하는 과정이 곧 문학 텍스트와 인생살이 심층에 존재한다는 '서사(敍事; story-in-depth)'이론이 무엇인지를 이해하는 작업이기 때문이다. 그리고 이 글은 그간 문학치료학 서사이론을 둘러싼 논쟁들을 파악하였는데, 이렇게 한 분야의 학문이 한계점을 보완하며 진화한 과정을 살핌으로써 그 현황을 제시하였다는 점에서 연구사 논의로서 의의가 있다 하겠다. 더불어 문학치료 상담 현장에 관한 섬세한 연구사 논의로는 부족했으나, 각지에서 책상과 현장을 오가는 상담사들의 노력을 확인할 수 있어 문학치료의 실효성을 확인하게 했다고 판단한다.

향후 문학치료학의 발전을 위하여 필요한 일들은 많다. 지금까지 한 노력이 지속하면서 작품서사와 자기서사의 소통 과정을 명확하게 드러낼 수 있는 연구를 계속해야 할 것이고, 진단과 치료의 기술 진화도 필요하다. 세계에서 상용되는 심리검사들과 어깨를 나란히 하기 위해서는 많은 시행착오와 경험이 필요하고, 그것의 과학적 증명을 위해서는 상당한 질적·양적 연구가 보완되어야 할 것이다. 그리고 지금까지의 연구 성과를 종합하여 문학치료의 방법론을 체계화하는 작업 또한 후속 세대 양성을 위해서 꼭 필요한 일이다. 앞으로도 문학치료의 이론과 현장 연구들이 계속해서 발전·심화될 수 있기를, 그리고 많은 사람들이 문학치료적 공명(共鳴)을 체험할 수 있기를 기대해 본다.

인간의 심연*

- 문학의 치료 지평

심원섭 (전 일본 독쿄대 獨協大 교수)

* 이 글은 경희대학교 HK+통합의료인문학연구단 주최 제8차 전문가 특강(2019년 11월 18일,
   경희대학교 문과대학 405호실)의 강연 내용을 기록화하면서 대폭 수정, 보완한 것이다.

1. 들어가며

 오늘 경희대학교 HK연구소와 통합의료인문학사업단의 전문가 특강에서 한 말씀드리게 된 것을 매우 기쁘게 생각합니다. 많은 분들이 그러했던 것처럼, 저도 인문학이 상아탑 속에 매몰되는 것을 우려해 온 문학 교사 중의 한 명입니다. 아시다시피 대학의 문학 교육은 소수 전공집단 내부에서 이뤄지는 경우가 적지 않습니다. 심도 있고 개성적인 교육이 가능한 반면, 교육이 교사의 자의(恣意)에 맡겨지는 경우도 적지 않았다고 생각합니다. 무엇보다 문학 공부가 그 실수요자인 학생들이 겪는 현실적인 발달 문제의 해결에 적극적인 역할을 해주지 못하였다는 점은 뼈아픈 데가 많습니다.

 이런 문제의식과 관련하여, 저는 한국과 일본 대학의 교육 현장에서, 어떻게 하면 문학 수업을 대학생들이 안고 있는 크고 작은 발달 문제의 해결과 연결 지어 운영할 수 있는가, 문학 공부를 학생의 생활 문제 해결의 장으로 끌어들여 활용할 수 있는가를 30년 가까이 실험해 온 셈입니다만, 이 연구를 체계적으로 추진하는 경희대학교의 전문 연구 기관과 인연이 닿게 된 오늘을 자축이라도 하고 싶은 심정입니다.

 오늘 강연은 과제와 문답, 의견 교환, 해설 등 제가 평소에 진행해 오던 치료 지향적 문학 수업의 연장으로서 진행할까 생각하고 있습니다.[1] 그래서 가급적 학술적인 외양은 줄이고 가능한 한 실감적인 예를 갖고 여러분과 몇 가지 문제에 대해 편하게 생각해 볼 수 있었으면 합니다. 이 강연이 90분 정도 걸리는, 대학의 문학치료 수업의 한 예라고 생각하셔도 무방할 것 같습니다. 경우에 따라서는 여러분의 즉각적인 의견 개진을 요청할 경우도 있습니다. 많은 협조 부탁드리겠습니다.

2. 사전 점검 과제 몇 가지

오늘 '수업'은 명백한 중심 목표가 있습니다. 한 단락 정도의 문장으로 요약이 가능할 것 같기도 합니다만, 수업이 진행되면서 서서히 그 모습을 드러낼 것으로 생각됩니다. 오늘 수업은 다음 순서로 진행됩니다.

사전 점검 과제-(문학)치료의 이론적 전제들-작품 독해를 통한 문학치료의 예-결론

---

1 이 강연 내용은 지난 30년 간 연세대학교 의과대학, 경원대학교와 경기대학교 국문과, 교원대학교, 와세다대학의 전 학과, 독쿄대학의 전학과 학생들과 진행해 온 치료지향적 문학 수업 내용을 바탕으로 구성한 것이다. 모파상의 「목걸이」와 관련된 내용은 일찍이 공개한 적이 있다. 졸고, 「韓日文学の関わり合い―自分を見つめるための文学」, 『語研フォーラム』17号(早稲田大学語学教育研究所), 2002.8 참조.

1) 정상적 인간이란?

그럼 먼저 여러분께 몇 가지 퀴즈를 드리겠습니다. 첫 번째 문제는 이것입니다.

① 평온과 여유, 타인에 대한 관용과 배려와 평등감의 마음을 가진 상태
② 초조와 불안, 타인에 대한 우월감과 열등감, 질투, 두려움의 마음을 가진 상태

위 두 가지 중 어느 쪽이 정상적 인간에 가까울까요?
②번이라고 생각하는 학생이 많은 것 같네요. 물론 ①번이라고 생각하는 학생도 있을 줄 압니다. 그러나 만약, ①번이 정답이며 자신도 속히 그렇게 되어야 한다고 생각하는 학생이 있다면, 그 학생은 아마도 힘든 시간을 보내고 있을 것으로 추측이 됩니다. 왜냐고요? ①번은 우리가 지향해야 할 이상적인 마음 상태인 것은 맞지만, 현실 속의 우리와는 너무나도 거리가 멀기 때문입니다. 그러니까 '정상'이어야 하지만, 실은 '정상'이 아닌 겁니다. 동감하실 수 있죠?

'정상'이라는 말이 좀 이상하게 생각될지 모르겠지만, 여러분도 동의해 주신 바와 같이, 우리는 대부분 ② 속에서 살아갑니다. 우리 마음 속은 늘 크고 작은 파도가 치고 있어서 잔잔할 때가 거의 없다고 보는 것이 옳을 겁니다.

형광등을 예로 들지요. 형광등은 겉보기에는 평온한 듯하지만, 실은 1초에 수십 번씩 꺼졌다 켜졌다를 반복하고 있다고 합니다. 이렇게 우리는 겉

으로는 태연해 보이지만, 이면에 격렬한 무엇인가를 안고 살아가고 있다는 이야기입니다. 그 움직임을 인간의 마음 상태 하나로 소박하게 요약하면 대체로 '괴로움'이란 말로 표현할 수가 있을 것 같아요. 그래서 ②번이 '정상에 가깝다'고 인정하고 가자는 겁니다. 그러면 훨씬 편해집니다. 우리가 스스로를 속일 필요가 없어지니까요.

2) 전통적인 계율이 보여주는 인간의 현재

그럼 이제 두 번째 질문을 드리겠습니다. 칠판 봐 주세요.

① 죽이지 마라
② 남의 것을 훔치지 마라
③ 거짓말하지 마라
④ 이간질하지 마라

위의 네 항목은 인류가 오래전부터 받들어 온 윤리적 계율 중의 일부입니다. 여기서 질문 드립니다. "왜 인류는, 강력한 금지 메시지와 법적 처벌을 불사하면서까지 이런 원칙들을 인간 세계에 강요해 왔을까?" 이것입니다.

①번을 어겼다가는 한순간에 인생 망치죠. 그래서 우리 자신과 별 상관이 없는 항목이라 생각하기 쉽습니다. 그러나 우리의 상상이나 감정 세계 속에서는 흔하게 일어나는 일입니다. 사라져 주었으면 하는 원수 같은 상대, 다들 마음속에 한분 쯤 계시죠? 미운 라이벌, 잘나가는 질투의 대상, 억압적이고 불합리한 상사, 나에게 적대적인 태도를 취하는 사람, 이런 예들을 생각

해 보세요. 우리가 마음속에서 "죽여라"라는 항목에 얼마나 가깝게 살고 있는지를 실감해 볼 수 있습니다.

두 번째 "훔치지 마라." 최근 한국 사회에서는 잃어버린 물건이 돌아오는 확률이 높다, 서양인들이 감탄한다고 유튜브 국뽕 방송에서 난리예요. 한국의 시민 윤리가 한결 발전한 것 같아 보이기도 합니다. 그래서 우리하고 상관없는 일 같아도 보입니다만, 이것도 잘 생각해 보면 달라요. 우리 모두 사소한 '절도의 추억' 갖고 있지요? 그리고 돈 많은 사람들, 금수저 분들, 지위 높은 사람들, TV의 유명인들 부럽고 질투나죠? 그 '부러움'의 실체, 생각해 보신 분 계십니까? 노력 없이 남의 것을 내 것으로 만들고 싶다는 욕망을 표현한 것과 다름이 없습니다. 우리가 흔히 간직하고 있는 그 도둑, 강도 지향적 심리에 대해서는 노동자 시인 박노해 씨도 후년에 아주 잘 표현한 적이 있어요.

그리고 남의 이야기, '궁금'한 경우가 많으시죠? 이 '궁금하다'는 말은 실은 '남의 것'을 캐내어 갖고 싶다는 뜻입니다. 잘 생각해 보면, 본인은 알려지길 꺼리는데 그 사람의 은밀한 사연을 훔쳐서 내 것으로 만들겠다는 욕망의 표현이에요. 그 본질은 타인에 대한 폭력이고 절도입니다. 이 단어는 일반화된 한국어 표현이지요? 우리의 언어문화 속에 이 '훔치는 마음'이 공인되어 있다는 뜻이에요. 다른 나라들도 똑같지요. 이런 게 이른바 인류 문화라는 겁니다.

세 번째, "거짓말하지 마라." 이것도 우리가 뭐 그렇게 거짓말을 많이 한다구? 이렇게 생각하시는 분 있겠지만, 심리학자들의 연구에 의하면 우리는 하루에 2백 번인가를 의식, 무의식적으로 거짓말을 하고 있다는 게 밝혀졌습니다. 우리도 우리 실생활을 자세히 관찰해 보면, 대여섯 번 이상 거짓말하며 사는 예를 쉽게 발견할 수 있을 거예요.

네 번째, "이간질하지 마라." 모임에서 "이런 말 하고 싶지 않지만"하고 서두를 꺼낸 뒤 자리에 없는 다른 사람 흉보는 일, 다들 꾸준히 하고 계시죠? "이제 그만 합시다." 하고 선언한 후 자리에 모인 분들 간에 뜨거운 우정이 새록새록 솟아나던 추억, 다들 있으리라 생각합니다. 사실 이 '즐거운 폭력'이 없다면, 인류 문명은 성립되지도 않을 겁니다.

이쯤에서 다시 질문으로 돌아와 보지요. 왜 인류 문화는 이런 윤리적 계율을 인간에게 강요해 왔을까? 하는 질문입니다. 저는 이런 답을 제시해 보겠습니다. '인류가 이런 윤리적 기준들을 지킬 수 있는 능력이 현저히 부족하기 때문에'라는 겁니다.

우리는, 인간이 보여주는 현재의 능력보다는, 미래에 달성되어야 목표인 '이상적' 인간의 능력을 인간의 '보편적 능력'으로 과대평가해 온 경향이 있다, 이것이 제 생각입니다. 이 말은 오늘의 주제에 포함되어 있는 '치료' 문제와 밀접한 관계가 있습니다. 요즘 문학치료, 인문치료라는 용어가 정립되어 있는 것 같고, 치료 이론이나 방법에 관한 논의, 각종 치료사 양성 모집 광고도 손쉽게 접할 수 있습니다만, 인간 치료는 그렇게 간단히 이뤄질 수 있는 것이 아니다, 저는 이런 생각을 하고 있습니다. 이 문제는 나중에 본격적으로 다루겠습니다.

3) 행복한 인생 실현의 길

세 번째 질문은 다음 중 어느 것이 본인이 바라는 행복한 인생과 가까운가 하는 것입니다. 복수를 선택해도 무방합니다. 고색창연한 분위기가 있긴

합니다만, 일단 다음 선택지를 보겠습니다.

① 풍요한 경제적 조건이 구비된 삶
② 욕망을 마음껏 실현하는 삶
③ 자신의 감정에 충실한 삶
④ 이성적 원리에 따르는 삶
⑤ 의지와 선택의 삶

어떻습니까. 여러분 대부분은 ③④를 선택하셨고, 일부는 ⑤를, 그리고 ①②는 선택하신 분이 없으신 것 같네요. 공부하시는 분들은 대개 비슷해요. ③,④,⑤에 관심 많으신 것은. 하지만 ①② 이거 너무 중요하죠? 너무 중요하니까 '무시'해야 할 것 같은 압박감 갖게 돼요. 저도 마찬가지예요.

그렇지만, 금수저는 바라지 않는다 하더라도, 이 영역은 어느 정도 품위를 갖고 살아갈 때 필요한 물적 기반이 되니까, 정말 열심히 자기 나름의 목표 달성을 위해 노력해야 한답니다. 남 탓할 시간 여유 없어요. 이 문제 우회할 방법은 없습니다.

이 유형의 삶이 지닌 문제점은 너무 많이 이야기되니 생략합시다. 생활적인 이야기만 조금 드릴게요. 돈 모으고 한 자리 차지한 사람들이 흔히 하는 일이 뭘까요. 목표치 달성하면 그걸로 대만족하고 가내 평안하고 주변 화목하게 살아가게 되는 걸까요? 안 그렇다는 것 잘 알고 계시죠? 목표 달성의 '행복'감? 순식간에 증발해 버리고 새로운 욕망에 가슴이 부글거려요.

어느 정도 모았거나 원하는 자리 오르신 분들은, 새 욕망의 유혹에 시달리는 한편, 그때부터 자신의 노력에 대한 보상받기를 겸해서, 뭔가 '행복'해지려고 노력하는데, 그 대표적인 방법이 이런 거예요. 과시, 갑질, 이거 대부분의 사람들이 의식, 무의식적으로 해온 겁니다. 많은 사람들한테 존경과 주목을 받고 싶은 욕망이 일그러진 방식으로 표현되는 거지요. 도박, 약물, 유흥, 일탈, 과도한 투자 등 위험 지대로 진출하는 경우도 많지요. 옛날에는 '건전'하게 억압해 두었던 욕망이 슬슬 '더 높은 곳'으로 진출하는 거예요. 금지된 영역을 넘나드는 스릴만큼 재미있는 것도 없답니다. 파멸의 위험성이 쾌락을 대폭 증폭시키기 때문이에요. 옛날 서울 인근 농촌지대에 수용 바람불 때 풍경 보신 적 있으시죠? 번쩍번쩍 유흥가하고 '종로 보석'점들이 제일먼저 들어서요. 가정 파탄 이야기도 산불처럼 번지지요.

　이야기 길어졌습니다. 요점은 어떤 목표의 달성 자체가 행복으로 전화되는 일은 절대 없다는 점입니다. 자신의 달성 상태, 그것을 대하는 '사람의 마음' 상태에 행복 여부가 달려 있다는 말이에요. 행복의 상태를 '만족'이라는 말로 대체해 본다면, 그 '만족'할 수 있는 정신적 능력이 없으면 아무리 부자나 고위직에 올라 있어도 불안과 두려움과 우월감과 열등감의 파도 속에서 괴로워하는 것은 마찬가지라 이 말입니다. 이 즐기고 만족하는 능력이 특히 뛰어난 분들이 있으니 그것이 ③번, 자기 감정에 충실한 삶. 이쪽 능력에 뛰어난 분들입니다.

　텔레비전의 다큐 프로에서 가끔 보시죠? 산골이나 어촌 생활 재미있게 하시는 소박한 부부, 가끔 비상식적으로 나이 차가 엄청난 부부도 봐요. 그 환한 미소들 기억해 봅시다. 이런 분들의 특징은 주변의 눈엔 아랑곳없이 자신들만의 생활을 태평하게 즐기고들 사신다는 겁니다. 적은 돈과 무(無)지위로 갑부나 고관이 못 누리는 만족을 만끽하고 사시는 거지요. 또 있는 분들의 예라면, 기부 즐기는 분들, 유익한 기관 세우는 데 투자하시는 분들, 뭘

나눠주거나 접대하기 좋아하는 분들, 다 이런 능력을 가진 분들에 속하는 겁니다.

오케스트라 연주에 몰두하는 연주자들의 얼굴을 유심히 보신 적이 있습니까? 고단한 삶이면서도 들썩들썩 흥 속에서 사시는 장터의 품바 악단도 기억해 보세요. 슬픔과 고통과 외로움과 기쁨과 환희라는 감정의 흐름에 마음과 몸을 마음껏 내맡기고 사시는 모습 볼 수 있잖아요? 이렇게 사시는 분들은 실제로는 많지 않죠. 남의 눈치 안 보고, 돈이나 양으로 계산할 수 없는 풍요한 감정 세계를 누리면서 한세상 사는 분들이지요.

영화나 문학작품 속에 등장하는 매력적인 인물들도 흔히 이런 삶을 삽니다. 연애 영화의 주인공들이 갖춰야 할 필수 요소이기도 해요. 인문 치료 재료가 될 만한 것들도 이 속에 많답니다. 직업 면에서는 연예인이나 문학자나 예술가 계통에 이런 분들이 많다고들 해요. 이런 분들은 일단 ①과 ②의 세계 속에 사는 분들에 비해 그 수가 적고, 또 많은 사람들에게 경의 비슷한 것을 받는 경우도 많은 게 현실입니다.

그런데 이 삶에는 한 가지 문제가 있습니다. 감정이 항속적인 경우가 드물다는 게 그것입니다. 예를 들어 누군가를 조건없이 사랑하는 마음, 그 감정에 충실하게 따라 결혼을 했는데, 상대에 대한 감정이 바뀌면 어떻게 하죠? 바뀐 마음에 충실하게 살려면, 헤어지는 것이 감정에 충실한 삶이겠지요? 감정적 삶의 아름다움은 그 감정이 바뀌지 않는 한에서만 유효하다는 것이 문제입니다. 그래서 감정이 흔들릴 때 그것을 통제할 수 있는 보다 더 튼튼한 삶의 원리를 생각하게 되는 겁니다. 그게 ④번 이성적 삶으로 연결된다고 할 수 있습니다.

④번 이성적 삶, 이런 유형의 분들은 소위 학자, 지식인 유형의 분 중에 많

다고들 합니다. 물욕과 감정을 경계하고, 이치를 따지고 공부를 거듭하면서 옳은 원리를 확인해 그것을 따르려는 삶, 그것이지요. 욕망과 감정이 아무리 준동한다 하더라도 이 이성적 옳음의 세계에 자신의 몸과 정신을 비끄러매고 살려고 노력하는 삶이에요. 이런 분들의 숫자 역시 적은 편이고 사회적 존경의 대상이 되는 경우가 많습니다.

그러나 여기에도 문제는 없지 않습니다. 인간이 이치를 따지고 배우고 수천 권 책을 읽고 연구해서 찾아내는 옳은 원리라고 하는 것은, 상대성이 존재하는 인간 역사 세계 속에서는 유통기한이 있는 경우가 많다는 점이에요. 한 시대를 풍미하면서 수많은 사람들을 매료하던 훌륭한 지식인의 언어, 그것이 시대가 변해 휴지조각이 되는 경우 많지요? 한국 사회에도 적지 않습니다. 예를 들 필요도 없겠지요. 이성적 삶이라는 것도 오류에 노출될 수 있는 근원적 한계를 안고 있다는 것, 그것이 고민거리가 됩니다.

다음이 ⑤번, 의지와 선택의 삶입니다. 이 항목에 관한 설명은 잠시 미뤄두겠습니다. 오늘 강연이 끝나갈 무렵이 되면 제가 이 항목을 설정한 이유를 아시게 될 거예요.

이제부터는 문학치료에 좀 더 근접한 이야기로 넘어가기로 하지요.

3. 자신이 만들어 가는 인생 스타일과 치료 가능성

지금까지 몇 가지 예를 통해 인간이 지닌 능력이 어디까지인가 하는 문제를 간단히 살펴보았습니다. 인간이 그렇게 높은 차원의 존재가 아니라는 방향으로 이야기가 흘러온 셈입니다만, 실은 대가급의 심리학자들 중에도 이런 이야기를 하신 분들이 많습니다. 한 예를 들지요.

1) 자기가 만든 인생 공식 속에 갇혀 사는 인간

다음은 알프레드 아들러(Alfred Adler, 1870-1937)라는 유명한 심리학자가 남긴 말입니다. 그분은, 지금은 아주 흔히 사용되는 '인생 스타일'이라는 용어를 학계에 정립시킨 분이지요. 그는 각 사람의 인생을 평생 좌우하는 인생 공식은, 본인 스스로가 만들어 낸다고 했습니다.

> 아이들은 다섯 살 무렵까지 조리정연하고 확고한 행동규범과 독자적인 인생 스타일을 스스로 만들어낸다. [중략] 이후 이 공식을 통해 세계를 해석하며 그 속에서 평생 살아간다. [중략] 한 개인이 지닌 그릇된 인생 스타일은, 본인이 그것의 문제점을 통렬하게 자각하고 그 결과 그가 지닌 기존의 통각 체계가 정정될 때에만 수정(치료:인용자)이 가능하다.[2]

이 견해는 몇 가지 놀라운 것을 담고 있습니다. 우리는 보통 아이들이 환경에 의해 수동적으로 '형성되'는 것으로 생각하기 쉽습니다만, 아들러는 그게 아니라, 아이들이 환경과의 상호 관계 속에서 삶의 원리(인생 공식)와 행동 스타일을 '스스로' 만들어 가며 그것을 다섯 살 무렵까지 완성시킨다, 그렇게 만들어 낸 그 나름의 인생 스타일은 평생 지속된다, 이렇게 말합니다. 이 견해에는, 아이가 결코 수동적인 존재가 아니라, 주체적으로 판단하면서

---

2 A. 아들러 / H. 오글러, 설영환 역, 『아들러 심리학 해설』, 선영사, 1987, 43쪽.

자기 나름의 가치관과 실천 원리를 형성해 가는 의지적인 존재라는 전제가 깔려 있습니다. 그 다음 흥미로운 것이, 이렇게 자기가 만들어 낸 인생관과 행동 패턴(인생 스타일)이란 것이 아주 결정적인 힘을 갖고 있어서, 그 뒤부터 사람들은 그 틀 안에 갇혀 평생을 지내게 된다는 이야기예요.

그 중요한 5살 무렵까지, 아이들이 자신의 인생관을 형성하게 되는 데 중요한 '참고 자료'로 작용하는 '환경'이라는 것도 생각해 볼까요? 부모의 존재는 역시 결정적이겠지요. 그 부모 중에는 자식 사랑에 적극적인 분들이 많겠습니다만, 그 대부분이 자신의 욕망을 투사하는 형태로 이뤄지는 것이 태반이어서 이상적인 교육 환경을 제공한다고 하기는 어렵습니다. 그 외에 정신적으로 미숙한 상태에서 너무 일찍 부모가 되어 버린 이들의 존재까지 포함해 생각해 보면, 아이들이 '이상적'일 수 없는 부모나 환경과 교섭하면서 이상적인 인생 공식을 만들어 낸다는 것이 쉽지 않다는 것은 당연한 일이겠지요. 아이들이 '비이상(非理想)적'인 인생 스타일, 더 나아가 '그릇된 인생 스타일'을 만들어 소유하게 되는 것도 충분히 예상 가능한 일이겠습니다. 그리고 그 인생 스타일이, 극적인 수정(치료) 과정을 겪기 전까지는, 평생 지속된다는 이야기지요. 인간에게는 자기 운명 형성과 관련된 책임이 있고, 그것의 수정에도 책임이 있다는 얘기입니다. 냉혹한 이야기일지도 모릅니다.

여기에서 오늘 강연의 테마이기도 한 '치료' 문제가 등장합니다. 아들러는 자신이 만든 인생관 속에 인간이 평생 갇혀 살 수밖에 없지만, 치료 가능성은 있다고 했습니다. 그러나 그것은 조건부예요. '통렬한 자각', 그리고 그를 통한 '통각체계의 수정', 이 두 가지예요. '통렬'하다는 말속에 들어 있는 뉘앙스를 느끼실 수 있지요. 아들러의 말 속에는 상당히 비관적인 느낌이 들어 있습니다. 치료, 그것이 쉽지 않다는 거예요.

2) 바꾸기 힘든 인생 스타일과 유능한 조력자의 존재

아들러는 그 치료 문제에 대해 이렇게 밝힙니다.

> 한 개인이, 자기가 인생에 부여했던 의미를 수정하거나 스스로의 힘으로 변
> 화하는 데 성공하는 경우는 지극히 보기 드물다. [중략] 성공하는 경우란,
> 근원적 오류를 발견하는 데 협조해 줄 수 있고 보다 더 적절한 인생의 의미
> 를 암시해줄 수 있는 사람의 조력을 받는 경우다.[3]

아들러는, 자신이 형성해 낸 인생 공식을 스스로의 힘으로 바꾸는 데 성
공하는 경우는 드물다고 했습니다. 한 가지 가능한 경우는, 유능한 조력자
의 도움을 받을 때뿐이라고 했어요. 아들러는 '조력자'라고 했지 '해결자'라
는 말은 쓰지 않았습니다. 어디까지나 도와주는 사람이라는 말을 썼다는 것
을 상기합시다. 여기서도 아들러가 강조하는 것은, 치료의 본질적인 주체는
의사가 아니라 환자 스스로라는 거예요.

그 조력자가 해 주는 일은 두 가지입니다. 첫째, 환자가 지닌 인생 스타일
의 근원적 오류를 스스로 발견할 수 있도록 도와주는 일, 둘째, 더 적합한 인
생의 의미를 암시해 주는 일, 이 두 가지입니다.

어떤 사람의 인생 스타일이란 것은, 그 사람이 유년기부터 온 힘을 동원
해 체득하고 확정한 것이어서, 그는 그것을 통해서만 세상을 바라보고 매
순간 태도를 결정하고 행동하게 됩니다. 그러므로 밖에서 어떤 '유익한' 자

---

3 위의 책, 같은 쪽.

극이 와도, 그에 대해 자신의 '그릇된 인생 스타일' 체계를 동원해 해석을 하게 되고, 그 결과 '그릇된 대응'을 하게 됩니다. 아들러가 인생 스타일을 바꾸기 어렵다고 한 것은 바로 이런 이유에서입니다.

그럼 이제는 그 조력자의 존재를 중심으로 해서 '치료'를 둘러싼 구체적인 문제를 본격적으로 생각해 보도록 하겠습니다.

4. 이상적인 치료 조건이란

치료라는 행위를 구성하는 필수 조건을 간단히 제시하면 이렇습니다.

치료자(조력자)-텍스트-내담자(피치료자)

이렇게 세 가지를 제시해 보았습니다. 가운데의 '텍스트'라는 말은 좀 생소하실 수 있겠습니다. 치료 행위가 이뤄지기 위해서는, 스토리를 가진 모종의 언어 행위가 치료자와 환자, 두 사람 사이에 교환됩니다. 일반적인 심리 상담의 경우에는 흔히 질의-응답, 설명, 권유, 과제 제시 등 대화 형태로 진행되지요. 그 대화, 즉 일정한 흐름이 있는 언어 덩어리를 텍스트라고 한 것입니다. 만약 문학치료나 독서치료라고 한다면, 그 '텍스트'의 중요 부분을 문학작품이 차지하게 되는 것이고, 미술치료라고 한다면 미술 작품이 중요 부분이 되는 것이지요.

그럼 이제는 위의 세 요소 중 치료자와 내담자가 구비해야 할 이상적인 조건이라는 것을 생각해 보겠습니다.

1) 이상적인 치료자(조력자)가 갖춰야 할 조건

① 상담과 심리 치료에 대한 전문적 소양과 풍부한 경험을 가진 자

② 자기 치료 경험이 풍부한 자

③ 올바른 인생관, 관대하고 자비로운 품성을 지닌 자

①번은 대학 등 제도적 교육과정 이수를 통해 갖출 수 있는 것이니 거론할 필요는 없겠습니다. 다만 요즘 난립하는 민간 기관을 중심으로 문학치료사, 독서치료자 양성 과정 등등 속성 교육과정이 유행하는 현상은 경계해야겠지요. 대학과 대학원에서 전문 과정을 이수한 전문가들도 치료 현장에서 사고를 치는 경우, 저는 적지 않게 보았습니다.

치료자란, 어떤 의미에서는 성직자처럼 인간의 영혼을 책임지는 존재들입니다. 제도적 교육을 이수하고 학위와 자격증을 받아 진료를 시작했다는 것도 실은 복잡다단한 실전 세계에 첫발을 들여놓았다는 데 지나지 않습니다. 길고 험한 실전 과정을 통해, 치료자 역시도 평생 자기 성숙을 도모해 가야 하는 존재이기 때문입니다.

②번은 제가 가장 강조하고 싶은 항목입니다. 이 과정은 실은 정신치료나 상담전문가들을 양성하는 공적 기관에서도 중시하는 수련 과정입니다. 치료자나 그 길을 지향하는 이들도, 아들러의 견해에 따르자면, 그 나름의 '그릇된 인생 스타일'을 지닌 한 명의 '환자'라는 사실에는 변함이 없습니다. 그렇기 때문에 누구보다도 자기 치료 경험을 풍부하게 쌓아 가야 할 존재인 것이지요.

올바른 인생관과 관대한 인품을 지니고 있고 또한 신뢰할 수 있는 조력자

앞에서, 자기의 '그릇된 인생 스타일'이 붕괴되는 경험을 하고, 문제점을 통렬히 자각하고, 새로운 인생관과 인생 스타일을 지속적으로 정립해 나간 경험이 풍부한 이들만이, 이상적인 치료자의 길로 나아갈 수 있다고 할 수 있겠습니다. 자기 자신이라는 성(城)이 처절하게 부서져 내리는 경험을 하지 못한 사람에게, 남이 평생 쌓아 올린 성을 부술 능력이 있을 리 만무하지요.

③번은 좀 고리타분한 이야기입니다만, 실은 이것이 치료자에게 가장 필요한 인간적 요소임에 틀림없습니다. ①②가 아무리 뛰어나다 하더라도, ③번이라는 기본 동력에 문제가 있다면, 그 치료 현장은 뿌리부터 흔들리는 것이나 마찬가지지요. ③번은, 인간이 지닌 가장 깊은 차원의 덕성인 성품과 관련이 깊습니다. 이 성품은 단기간에, 인위적인 노력으로 획득되는 것도 아닙니다. 그러나 성인(聖人)이 아닌 이상, 인간은 누구나 모자란 성품을 갖고 있게 마련입니다. 비이상(理想)적인 상태의 치료자가 비이상(理想)적인 환자를 인도해 가면서 자신의 인품과 치료 능력을 향상해 가야 한다는 딜레마가 여기에 있다고 할 수 있겠습니다.

2) 이상적인 환자의 모습

보통 환자는, 자기 스스로가 망쳐 놓은 몸과 마음을 갖고 병원에 와서 자신의 고통을 신속히 제거해 달라고 의사에게 떼를 쓰는 사람들입니다. 증상 파악을 위한 개인면담 같은 경우에도, 질문에 솔직하게 대답을 하지 못하는 경우가 많습니다. 남 탓을 하든가, 변명을 하든가, 지루한 읍소를 하든가, 스스로가 자기를 진단한 내용을 들고 와 치료자에게 제 생각이 옳다고 주장하든가 하는 난처한 경우가 많습니다. 특히 말과 글을 많이 사용하는 직종에 종사하는 분들은, 방어기제 사용에 숙달된 분들이어서, 의사들을 애먹이고 치료 기간을 터무니없이 길게 끌거나 합니다. 저는, 솔직하기만 하면 보름 내에 치료가 될 것을, 자기 주장을 계속하고 치료자의 능력을 의심하는 등 시간을 끌다가 결국 3년을 허비해 버린 어느 교수님을 지켜본 적이 있습니다. 자기에 대한 근거없는 과신은, 필연적으로 타인에 대한 근거없는 의심과 무시로 이어집니다.

그러나 이런 것들도 실은 치료 초기 단계에 많은 사람들 사이에 일어나는 자연스러운 현상의 하나이기도 합니다. 치료자들은 환자들의 무수한 변명과 교묘한 자기 합리화의 틈을 뚫고 환자의 내면을 들여다보는 데 익숙한 전문가들이기도 하지요.

환자가 갖춰야 할 이상적인 조건 두 가지를 열거해 보겠습니다.

① 적극적인 치료 모티브를 지닌 사람
② 자기 개방의 의지와 능력을 지닌 사람

문제를 안고 고민하는 사람들 중에, 실제로는 그 상황에서 벗어나고 싶은 의지가 없는 분이 의외로 많다는 것 알고 계십니까? 고통스러운 현재 상태를 그대로 유지함으로써 얻어지는, '자기 나름의 이득'을 기대하는 경우도 있고, 자신을 계속 징벌하려는 메커니즘이 마음속에서 움직이는 경우도 있어요. 어쨌든 아픈 사람이라고 해서 누구나 치료를 받으려고 노력할 것이라는 생각은 착각입니다. 나으려면 우선 본인이 마음속에서부터 움직여야 합니다.

그래서 ①번, 정말로 낫고 싶다는 의지, 이것이 중요하다는 겁니다. 의사를 찾아와 치료법을 묻는 사람은 이미 그것으로 반은 치료된 것이라고 이야기합니다. 오래 고생하다가 거기에서 그만 벗어나고 싶다는 의지를 굳혔고, 수소문해서 치료자를 고르고 드디어 찾아오는 첫 실천까지 이미 이행한 사람이기 때문입니다. 괴로움 속에서도 고통 쪽을 계속 선택하는 분들에 비하면, 이런 분들은 선택받은 분들이라고 할 수 있습니다.

위에서도 이야기했지만, 치료자를 찾아온 분들 중에는 질문에 답하는 법을 모르는 분들이 많습니다. 현대인 대부분이 그렇듯, 두터운 자기 방어벽을 두르고 살아온 탓입니다. 그래서 ②번 항목이 중요합니다. "자기 개방의 의지와 능력을 지닌 사람!"

이것은 실은 태도의 문제라기보다는 능력의 문제라고 보는 게 옳겠습니다. 자기가 앓고 있는 문제를 솔직 담백하게 치료자에게 이야기한다는 것은, 그렇게 자기의 내면을 타인에게 개방할 수 있는 마음의 능력이 있어야 가능한 일입니다. 자기의 은밀한 문제를 밝히는 것을 방해하는 수치심, 두려움, 공포 등을 뛰어넘었기에 가능한 일이기 때문입니다. 의사의 질문에 속마음을 있는 그대로 밝히는 능력이 풍부한 사람은 아동 쪽이라더군요. 치료가 아주 빠르답니다.

5. 이상적인 문학치료의 조건

지금까지 일반적인 심리치료를 중심으로 이야기를 해 보았습니다. 이 내용들은 문학치료에 대입해도 유효한 바가 많다고 생각합니다. 이상적인 문학치료가 성립되기 위한 조건을 간략히 제시해 보았습니다.

① 전문적인 문학 경험, 자타에 대한 풍부한 심리치료 경력과 덕성을 겸비한 지도자

② 독자의 발달 수준에 맞는 적절한 텍스트의 선정

③ 적극적인 치료 동기가 있으며 새로운 인식 지평의 획득을 원하는 독자

①번, 문학치료자가 갖춰야 할 조건이 어마어마한 것을 알 수 있습니다. 마지막 인성 문제를 제외하더라도, 문학 연구 및 교육 경험과 심리치료 경험만 전문가 수준으로 갖추는 데 장기간이 소요됩니다. 산술적으로 따져도 최소 문학 경력 6년 이상, 심리치료 경력 6년 이상이 소요됩니다. 현재 문학치료자 양성이나 치료 연구를 주도하는 리더들 중에도 이런 조건을 구비한 분은 존재하지 않습니다. 심리 전문가들은 문학에 초심자이고, 문학 전문가들은 심리 문제에 초심자인 것이 현실이기 때문입니다. 이것이 아마도 현행 교육 시스템 속에서 문학치료 전문가를 정식으로 양성하려 할 경우 해결해야 할 최대의 난점일 것입니다.

각 전공으로 갈려 있는 전문가 인력을 최대한 활용한다는 전제하에서 타협안을 만드는 것은 있을 수 있을 것입니다. 심리치료 전공자들과 문학 전공자들이 상대 쪽 전공에 대한 공부 체험을 2년 정도 하드 트레이닝의 형태로 적립하는 시스템을 만드는 방법이 그것입니다. 양쪽 전공자들이 한데 모여 임상 워크숍을 공동으로 운영하는 방법을 포함하여, 지도자용의 전용 교육과정을 별도로 만들어 운영하는 것도 하나의 방법일 수 있겠습니다. 이해관계가 많이 작동하는 현재의 전공 및 학과 시스템에 변화를 가하는 작업이어서 결코 쉬운 일은 아니겠지만, 현재 상태에서 가능한 현실적인 대안의 하나가 될 수 있다고 생각됩니다. 지도 능력의 충실화 문제는 역시 문학치

료 전공이 해결해야 할 최대의 목표라고 하겠습니다.

두 번째 문제는 적절한 텍스트의 선정과 그것의 목록화 문제입니다. 아동 문학계에서는 이 문제가 어느 정도 해결되어가는 것 같습니다만, 성인 문학의 경우에는 그렇지 못한 것 같습니다. 가령, 문학치료의 이론과 방법론을 소개한 일부 번역서를 보면, 번역이 조악해서인지, 작품성이 떨어져서인지, 혹은 외국과 한국 간의 정서적 이질감 때문인지, 전혀 문학적 감흥이 전달되지 않는 시(詩) 작품이 치료 텍스트의 예로 소개되는 것을 볼 수가 있습니다. 설명 역시도 전혀 설득력이 없어요. 이런 텍스트가 대중용 독서논술지도서에 그대로 인용되기도 합니다.

원래, 시라는 텍스트는 매우 훌륭한 번역이 아니면, 감상용으로조차 쓰기 어렵습니다. 이런 현상은, 성인 대상 독서치료를 전공으로 하는 전문가 그룹이, 자신의 개별 연구에만 힘을 쏟을 것이 아니라, 독자들의 발달 문제에 대응할 수 있는 텍스트들을 조속히 선정하여 리스트화해야 한다는 것을 웅변하는 예라고 하겠습니다.

세 번째 문제는 앞서 거론한 바와 중복되는 부분이 많아 논의를 생략하기로 하겠습니다.

6. 문학치료의 제단계

바람직하다고 생각되는 문학치료의 단계들을 다음과 같이 유형화해 보았습니다.

① 감정이입과 정서적 충격의 단계

② 자신을 객관화하기(자기 발견)-장애적 상황을 만들어 내는 주체의 확인

③ 차원 높은 새 인식 지평의 획득

④ 실생활에서의 반복 연습과 검증을 통한 인생 변화의 도모

① 감정이입과 정서적 충격의 단계

치료 효과가 있는 문학작품이나 영화 등에는, 피치료자, 예를 들면 학생들(잠시 피치료자 대신 학생이라는 단어를 쓰겠습니다)이 안고 있는 발달 문제에 근접한 내용이 포함되어 있어야 합니다. 그럴 때 학생들은 텍스트가 바로 '나'의 문제를 다룬 것이라는 사실을 알아차리고 수업이나 치료에 적극적이고 주체적으로 임하게 됩니다. 효과가 좋은 작품일수록, 학생들에게 던지는 자극의 도가 큽니다. 학생들이 받는 자극과 수업 참여도와 치료 효과는 완전히 비례한다고 할 수 있습니다.

② 자신을 객관화하기(자기 발견)-장애적 상황을 만들어 내는 주체의 확인

치료자와 학생들 사이에 오고 간 독해와 토론, 질의 응답, 치료자의 적절한 해석과 설명, 이 과정을 통해서, 학생들은 작중 인물 속에서 자신의 모습을 보게 됩니다. 이 과정이 흔히 '자기 발견' 과정이라 불리는, '자기 객관화' 과정입니다. 자기 자신을 멀리서 객관적 위치에서 바라볼 수 있게 된다는 말입니다. 그리고 작중 인물이 행복과 불행을 '스스로 만들어 가는' 그 과정을 관찰할 수 있습니다.

이 말은, 작중 인물의 삶을 통해서, 학생들은 자기가 스스로 만들어 가는 행복과 불행의 과정을 객관적으로 바라볼 수 있게 된다는 말과 같습니다.

누가 이런 인생을 만들고 있는가, 남이나 환경이 아니라 바로 나 자신이 이러저러한 방식으로 내 인생 문제들을 만들고 있구나, 이것을 확인하는 순간, 웬만한 고민은 현격하게 가벼워집니다. 그간 고민 속에 빠져서 자신도 모르게 괴로워하고 있다가, 지금은 적어도 그 속에서 빠져나와 자기 자신을 외부에서 냉정하게 관찰할 수 있게 되었기 때문입니다. '자각'이라는 심리적 과정이 발생한 것이지요. 실은 이 과정만 획득되어도, 문학치료 수업은 소기의 효과를 거두었다고 할 수 있습니다.

③ 차원 높은 새로운 인식 지평의 획득

자신의 인생 문제, 그 원인과 진행 과정, 반복적 패턴을 자각한다는 것, 이것은 작은 사건이 아닙니다. 그것은 인생에 드물게 찾아오는 축복과도 같습니다. 고민의 농도는 현저히 희석되고 같은 인생을 되풀이하지 않기 위해 무엇을 해야 하는지도 모색해 보게 됩니다. 앞서 아들러가 이야기한 바, '자신의 근본문제에 대한 통렬한 통각'과 유사한 체험이 이뤄지는 순간이라고도 할 수 있겠습니다. 만약 교실의 치료자(잠시 교사라고 하겠습니다)가 유능하다면, 학생은 자신의 인생을 바꿀 수 있는 새로운 원리도 확인할 가능성이 생기게 됩니다. 아직은 이론 차원에 머물고 있는 상태이긴 하지만, 새로운 길의 존재를 알게 된 이 상태가 바로 '자기 인생에 대한 새로운 인식 지평'이 열리기 시작하는 최초의 순간이라고 할 수 있겠습니다. 일반적인 문학치료나 독서치료 과정에서는, 이 선에서 치료 목적 대부분이 달성되었다고들 합니다.

④ 반복 연습을 통한 실생활에서의 검증과 인생 변화의 도모

그러나, 앞서 아들러의 이야기에서도 확인한 바 있지만, 한번 결정화된 인생 스타일은 쉽게 바뀌지 않는 것이 현실입니다. 한번 '자기 발견'을 했다고 해서 그것이 그대로 인생 변화로 이어지는 것이 아니라는 말입니다. 그 깨달음은 시초 단계에 불과한 것이어서, 그것이 새로운 인생 스타일로 바뀌기 위해서는 다시 지난한 과정이 필요합니다. 아직은 이성과 감정 속에 일회성으로 머물고 있는 그 새 원리는, 그것이 완전한 자기 것(새로운 인생 스타일)이 되기까지, 지속적인 반복과 연습, 검증을 통해서 다져지는 과정이 필요하다는 뜻입니다.

만약 이 과정이 대학의 강의식 수업에서 벌어진 일이고, 교사와 학생 간의 지속적인 면담 같은 일이 뒷받침되지 않는다면, 새로운 인생 과제의 정립 여부는 학생, 즉 피치료자에게 전적으로 맡겨지는 것이 상례가 될 것입니다. 학생이 지속적 노력을 통해 영웅적으로 새 인생 속으로 돌입하는 드문 경우도 있고, 또는 예전의 인생 스타일로 복귀하는 것도 흔히 볼 수 있습니다. 뒤의 확률이 압도적으로 높긴 합니다만. 그러나 그렇게 원 상태로 '회귀'한다 하더라도, 적어도 머리 속에서는 그 새 관점이 지속적으로 연명하고 있기 때문에, 그 학생의 인생 차원은 최소한 과거보다는 차원이 높아진 상태 속으로 진입해 있다고도 할 수 있겠습니다.

7. 착해서 인생을 망친 여성 이야기
―모파상의 〈목걸이〉

오랜 시간 심리치료, 문학치료와 관련된 이론적 이야기를 해 보았습니다. 지금부터는 실전 문제로 들어가 보도록 하겠습니다. 치료적 가치가 있다고 생각되는 문학작품과 넌픽션을 여러분과 함께 읽으면서 몇 가지를 생각해 볼까 합니다.

프랑스의 단편 작가 모파상을 아시지요. 대중적으로 잘 알려져 있는 〈목걸이〉는 여러분도 잘 알고 계시리라 생각합니다.

19세기 프랑스 파리. 하급 공무원의 아내로 조촐한 생활을 해 가던 젊은 미모의 여성 마틸드에게 무도회 초대장이 옵니다. 그녀는 친구에게 고가의 목걸이를 빌려 무도회에 참석해 하룻밤을 잘 즐겼지만 그만 목걸이를 분실하고 말지요. 마틸드는 4만 프랑이라는 거금을 빌려 같은 목걸이를 사 친구에게 돌려주고 빚을 갚기 위해 밤낮없이 뜁니다. 착한 남편과 함께요. 10년이 경과한 어느 날, 마틸드는 우연히 친구를 길에서 만납니다. 마틸드는 반가운 마음에 친구에게 말을 거나 그녀는 마틸드를 몰라봅니다. 고생 끝에 마틸드의 모습이 완전히 바뀌어 있었기 때문입니다. 그래도 마틸드는 전말을 이야기하고 이제 빚을 거의 다 갚았다고 자랑스럽게 이야기합니다. 그 말을 들은 친구는 이렇게 말합니다. "어머, 이를 어째. 그거 모조품이었는데…." 이렇게 〈목걸이〉는 끝이 납니다.

보통 모파상은 인생의 아이러니를 잘 표현한 작가라고 평가받습니다. 그러나 그 정도로 알고 넘기기에는, 이 작품은 어딘가 생생한 현실감, 언제 찾아올지 모르는 우연한 재앙의 예감, 공포라 할까, 이런 것들을 독자에게 발신하는 데가 있습니다. 여러분 중에 이런 무서운 일을 겪은 분은 없으리라 생각됩니다만, 이것이 내 인생에서 안 일어나리라는 보장은 없다는 느낌이 희미하게나마 드시죠? 더군다나 주인공 여성은 착한 사람이잖아요. 착한 사람이 무서운 재앙을 겪는다는 기가 막힌 이야기잖아요?

이렇게 픽션이면서도 내 인생에도 비슷한 일이 일어날지 모른다는 충격을 가해 오는 것, 이것이 좋은 문학 작품이 지닌 힘입니다. '문학의 개연성'이란 말이 바로 이런 걸 뜻하잖아요?

이 작품에 대한 다른 분들의 생각을 보겠습니다.

> 그녀는 정직한 여인이었다. 목걸이가 없어진 걸 알았을 때 도망갈 수도 있었을 텐데 그러지 않았고, 자신이 그토록 바라던 생활을 완전히 접은 채 무려 10년 동안 죽도록 일한 것이다. 그리고 누구보다 아름다웠던 그녀는 '강인한' 아줌마가 되어 버렸다. 아, 가엾은 마틸드. 그녀의 젊음과 아름다움을 어떻게 보상받을 수 있을까.[4]

> 나쁜 사람도 아닌데 이렇게 가혹한 인생을 살아야 하다니 너무 가혹하네요. 남편도 불쌍하고. 끝에 진실을 몰랐으면 더 좋았을 걸. 진실이 이렇게 가혹할 수도 있네요.[5]

가난하지만 착하고 정직한 여성에게 다가온 난데없는 재앙, 그것에 대한

---

4 김다영, 〈목걸이-모파상〉, https://cafe.naver.com/2013sejongnovel/222
5 백지영, 위의 글에 대한 댓글, 2013.10.1. 위와 같은 곳.

동정, 이것이 위 여성 독자들의 주된 반응이네요. 감정이입이 뜨겁게 이뤄졌다는 느낌과 더불어 그분들의 따뜻한 마음이 전해 옵니다. 타당한 견해 중의 하나입니다.

그럼 이제 시간을 좀 드릴 테니, 생각 좀 해 보시고 제 질문에 답해 보세요. 마틸드가 이러한 가련한 인생을 살게 된 가장 직접적인 이유는 무엇일까요. 소설 속에서 찾아 제시해 보세요. 여러분이 내놓으시는 대답은 전부 다 맞는 답입니다. 안심하시고 편안히 이야기해 보세요.

(2, 3분 경과. 마틸드의 허영심 때문이다, 애초에 무도회에 참석한 것이 분에 넘치는 행동이었다는 대답이 학생들 속에서 나옴)

허영심, 아주 일리 있는 대답입니다. 신분 상승 가능성이 매우 엷은 마틸드가 상류계급의 전유물인 무도회에, 드레스와 값비싼 목걸이로 자신을 '위장'하고 참석한 그 자체가 원인의 시초였다고 할 수 있겠죠. 아마 그녀의 착한 남편도 내심으로는 참석에 반대하고 있었을 겁니다. 그런 의미에서는 충분히 맞는 이야기라 할 수 있겠습니다.

그러나 쪼들리는 가운데에도 성실하게 살던 젊고 예쁜 여성 마틸드가 일상에서의 탈출을 꿈꾸며 화려한 무도회에 참석하려 한 그 욕망은 한 번 정도 너그럽게 봐주어도 되지 않을까요. 마틸드가 본격적인 일탈을 시도한 것도 아니고요. 만약 이런 류의 허영심을 문제 삼는다면, 브랜드 제품 구입을 위해 줄을 서는 한국의 많은 여성들, 아니 인류의 20퍼센트쯤은 모두 같은 혐의를 받게 될 겁니다.

맞는 답임에는 틀림이 없지만, 그녀의 허영심을 한 번만 너그럽게 봐주기로 할까요? 마틸드의 무도회 출석을 용인해 주는 입장을 취한다고 한다면, 그 다음에 떠올라 오는 답이 있습니다. 더욱 직접적인 원인은 무엇이라고 하면 좋을까요?

(마틸드가 목걸이의 분실 사실을 솔직하게 이야기하지 않은 점이 원인이라는 답이 나옴)

그렇습니다. 마틸드가 무리하게 무도회에 출석했다 하더라도, 혹은 그 어떤 잘못이 있었다 하더라도, 친구를 만났던 그 순간, 솔직하게 사실을 밝혔더라면 비극은 면할 수 있었겠지요? 그렇다면 또 하나의 질문을 드리겠습니다. 마틸드는 왜 그 사실을 솔직하게 밝힐 수 없었을까요? 이것이 오늘의 핵심 과제입니다.

(호의를 베풀어 준 친구에게 폐를 끼치지 않으려고, 라는 답이 나옴)

맞아요. 그래서 마틸드가 아주 착한 품성의 여성인 거예요. 그런데, 여기서 한 가지 생각해 봅시다. 친구에게 폐를 끼치지 않기 위해서, 10년을 고생하는 인생길을 택하겠느냐, 아니면 다소간의 폐를 끼치고 10년을 '다소 불편한 가운데 평안히' 지내는 인생길을 택하겠느냐 하는 선택지가 주어진다면 여러분은 어떻게 하시겠습니까? 후자를 선택하는 분들이 많을 겁니다. 저라도 그 길을 택하겠습니다. 착한 남편의 인생까지 희생시키는 10년의 고생이란 너무 가혹해요. 어딘가 시원한 정답이라고 보기에는 무리한 데가 있죠?
이렇게 접근하지 말고 좀 더 시원하고 직접적인 대답을 생각해 보시겠어요? 마틸드의 마음속에 무언가가 있습니다. 아주 작은 그것이 그녀로 하여

금 그렇게 어마어마한 결정을 내리게 합니다. '감'이란 글자로 끝나는 세 글
자 단어입니다.

('열등감!'이라고 복수의 학생이 답함.)

그렇습니다. 이것이 실은 제가 여러분께 원하고자 했고 오늘 공부 재료로
삼고자 했던 그 대답입니다. '열등감'이라는, 눈에 보이지 않는 아주 희미한
그것이 이렇게 한 사람의 운명을 뒤집어 놓을 수 있는 힘을 갖고 있다는 것
을 잘 보여주는 작품이 이거예요.

사람은 누구나 열등감을 안고 삽니다. 그 열등감이 삶의 표면으로 튀어나
올 때마다 우리는 크고 작은 규모의 손해를 보면서 살아가게 되어 있어요.
문제는 마틸드처럼 극단적인 형태로 터질 때죠.

마틸드의 경우, 처음 친구를 찾아갈 생각을 했을 때 마음속에 어떤 것이
소용돌이쳤을까요. 사람은 급해지면 체면 불고 상태가 됩니다. 마음이, 범
죄를 포함한 공상 세계 쪽으로 맹렬하게 줄달음칩니다. 꿈일 거야, 라고 현
실을 부정하는 것부터 시작해서, 도난을 당했다고 거짓말을 하든가, 친구가
갑자기 기억상실증에 걸리는 것을 상상하든가, 아니면 떼어먹을 생각을 하
거나, 도망을 간다거나, 울고불고 매어달리며 동정을 구한다든가, 이런 충
동에 사로잡히는 것이 정상이라고 생각돼요. 고리대금업자에게 수천만 원
을 빌려 같은 목걸이를 사 반납하는 결의를 한다는 것은 상상하기 어려워
요. 마틸드와 그녀의 남편은 무엇보다도 '가난'하니까요.

마틸드도 여러 가지 악몽에 시달렸을 것으로 생각되지만, 그녀는 최악
의 길을 선택했어요. 이런 선택을 하게끔 맹렬하게 그녀를 이끈 것이 그녀

의 열등감입니다. 그녀의 열등감이 어떤 방식으로 분출되었는가 하면, 나는 '비록 가난하지만, 인간적으로는 너희들 못지 않다. 아니 더 정직하고 책임성 있다', '나는 하나님 앞에서 떳떳하다', 이런 방식으로 터진 거지요. 그러나 현품을 사서 심드렁하게 돌려주는 배역에 적합한 사람은, 마틸드와 같은 소시민댁 가정부인이 아닙니다. 그것은 부잣집 마나님만이 맡을 수 있는 배역이지요. 가난한 마틸드가 그 마나님만이 할 수 있는 역할을 자처하면서 일생일대의 호기를 부린 겁니다.

한번 마틸드가 목걸이 분실 사실을 솔직하게 말했다고 했을 상황들을 가정해 볼까요? 최악의 상황부터 최선의 상황까지 단계적으로 나열해 보았습니다. 모두 친구의 대사입니다.

① 오리발 내밀 줄 알았다. 너 같은 가난뱅이한테 빌려준 내가 미쳤지. 고소하기 전에 돌려줄래?

② 어떻게 그럴 수 있니? 어머니한테 유일하게 물려받은 유품인데.

③ 시중에서 구할 수 없는 귀한 물건인데. 1.5배로 갚아 줘. 돌아다녀 볼게.

④ 나도 두 번밖에 찬 적이 없는 신품인데. 똑같은 물건으로 돌려주길 바래.

⑤ 어떡하니. 형편도 그럴 텐데. 우선 반값만 주고 나머지는 여유가 생길 때 주라

⑥ 디자인이 구형이어서 싫증났던 차야. 반값만 내라. 보태서 새거 살게.

⑦ 팔고 새걸 살까 고민하던 참이야. 너도 미안할테니 만 프랑만 보태라.

⑧ 그거 500프랑짜리 짝퉁이야. 비슷하고 디자인 예쁜 걸로 하나 사다 줄래?

⑨ 그거 완전 싸구려 짝퉁이야. 빌려주고 너무 미안했단다. 밥이나 먹으러 가자 얘.

이런 상황들 무수히 가정해 볼 수 있죠? 마틸드가 ⑤⑥⑦⑧⑨의 가능성을 조금이라도 상상해 볼 여유가 있었더라면, 틀림없이 친구에게 분실 사실을 밝히고 상의를 했을 거예요. 우선 사태를 파악해야 하니까요. 그런데 그것을 마틸드는 못했죠. 그럴 수 있는 정신적 여유가 전혀 없었던 거예요. 목걸이는 귀한 진품임에 틀림이 없을 테고, 나를 믿고 귀한 걸 빌려준 친구는 노할 테고… 등등 이런 생각으로 머리가 꽉 차 있던 거죠. 열등감이 본격적으로 작동할 때에는 이런 무서운 일이 벌어지는 겁니다.

이렇게 자신의 속 욕망이나 현실적 조건과는 정반대되는 행동, 무리한 행동을 하는 것을 심리학에서는 '반동형성'이라고 합니다. 인간이 그의 나이만큼의 세월 동안 같이 동거해 온 중요한 방어기제의 하나가 이거예요. 그것을 꺼내 사용하면 당장은 기분이 좋고 시원하지만, 그 뒤에 오는 현실적인 손해가 만만치 않아요. 여러분도 여러분의 인격을 시험하는 자극적 상황이 올 때, '아닌 척'하시면서 내심과는 정반대되는 대응을 하시는 경우가 있죠? 바로 그것이 반동형성의 작용입니다. 마틸드의 경우는 그 스스로가 자신의 가난을 부끄러워하고 미워하고 있으니까, 결정적인 순간에 그것을 스스로 부정하기 위해, 열등하지 않은 척, 우월한 척 연기를 하는 것입니다. 본인이 연기를 하는 줄도 모르고요. 마틸드의 경우는 그 결과가 기가 막힌 것이었을 뿐이지요.

8. 열등감이 문제? '나'가 문제?

열등감을 안고 사는 사람에게는 두 유형이 있습니다. 첫째 유형은, 열등감을 가진 자신을 스스로 미워하고 부끄러워하는 사람입니다. 그래서 자신을 미워하는 만큼, 남 앞에서 열등하지 않은 척하려고 노력하게 되지요. 호기는 이럴 때 부리게 되는 겁니다. 이런 분은 열등감의 노예로 사는 거지요. 그 극단이 마틸드의 예입니다.

이런 유형의 문제는, 그 원인을 분명하게 알고 고치기 전까지 무한히 같은 상황을 되풀이하면서 살아야 한다는 것이에요. 열등감의 수렁 속에 단단히 빠져 있어서 그 속에서 헤어나올 방법이 없어요. 비슷한 일을 겪으며 살아가는 우리는 '작은 마틸드들'이라고 할 수 있을 겁니다.

두 번째 유형은, 그 수가 아주 적습니다만, 이런 일을 겪으면서 자신이 어떤 유형의 인간인지를 면밀히 연구해 결과를 얻어 내는 사람들입니다. 신뢰할 만한 선생이나 책에서 배웠거나 해서, 자기 자신을 물건처럼 놓고 관찰하고 연구하는 사람이죠. 그래서 '내가 열등감을 안고 괴로워하고 있구나, 나 자신을 학대하고 있구나, 내 열등감을 자극하는 어떤 상황이 다가올 때 나는 열등하지 않은 척, 못난 사람이 아닌 것처럼 보이려고 호기를 부려왔구나. 오늘도 또 같은 일을 벌였구나' 이렇게 관찰해 내는 그것이 중요하다는 겁니다. 이게 앞에서도 말씀드린 '자기 발견', 혹은 '자기의 객관화'로 연결되는 것이에요. 이것이 불가능한 보통 사람들은 똑같은 괴로움을 반복하면서 평생 살아갈 수밖에 없는 것이구요.

"열등감 때문에 괴로운데 어떻게 하면 좋습니까?" 하고 묻는 사람한테, "인간은 누구나 평등하기 때문에 그 문제로 괴로워할 필요가 없습니다." 이렇게 대답하는 사람이 있다면, 그 사람은 위험한 초짜 선생이거나, 성자 차원의 인간이거나 둘 중의 하나에 속하는 분일 겁니다. 이 강연의 앞부분에서도 생각해 보았습니다만, 너나 할 것 없이 인간은 약한 존재입니다. 선에 소극적이고 악의 유혹에 적극적이기 쉽습니다.

열등감도 마찬가지예요. 인간이 약한 존재인 이상, 인간은 누구나 그것을 간직하고 또 그것에 기대어 살아갈 수밖에 없습니다. 언젠가 우리 속에 이미 설치되어 버린, 편리하기도 불편하기도 한 소프트웨어 같은 것이 열등감이에요. 그런데 요점은 내가 열등감을 갖고 있다는 데 있지 않아요. 어차피 누구나 갖고 있으니까요. 요점은 내가 열등감에 휘둘리며 살아가느냐, 아니면 내가 열등감을 제어하며 살아가느냐, 여기에 있습니다. 열등감이 주인이 되어 나를 부리는 게 아니라, 내가 주인이 되어 열등감을 부리면서 살아가는 길을 선택하는 것, 이것이 중요하다는 것이죠.

그 첫걸음이 바로 '자기 발견'이라는 것, '자기 객관화'라는 겁니다. 자기를 면밀히 주시하는 사람, 그래서 동일한 심리적 충동과 행동 패턴을 반복하는 자신의 인생 스타일을 면밀히 파악하는 사람은, 비록 열등감에서 근본적으로 해방될 수 없다 할지라도, 중요한 지점에서 사태가 악화되는 것을, 적어도 중지시킬 수는 있어요.

좋아지려고 노력하는 것은 순서가 아주 잘못된 겁니다. 그 전에 괴로운 상황을 지속적으로 재생산하는 자신의 모습을 세밀하게 아는 것, 그리고 자신이 '부지런하게' 만들어 내는 생산 현장의 콘베이어 벨트를 멈추는 것, 이것이 선결되어야 하는 겁니다. '인생 스타일의 수정'이라는 것은 이렇게 시작되는 것이죠.

9. 궁극적 고통에 대응하는 법
—월명사의 〈제망매가(祭亡妹歌)〉

불현듯 오는 것, 누구나에게 오는 것, 그것이 '죽음'이라는 것, 이것을 저는 최근 여동생을 잃고 실감했습니다.

'나 하나'만을 정확히 조준하고 망설임 없는 발걸음으로 다가오는 죽음, 그것은 너무나도 즉자적인 실물세계일 것입니다만, '건강한 우리' 대부분에게 그것은 하염없이 추상적이고 먼 이야기로 느껴지는 것 또한 현실입니다. 무서운 문제인데, 당사자 외에는 큰 관심을 두는 이가 없는 그것이 죽음이기도 하지요. 관심이 없다기보다 필사적으로 회피하려고 한다는 것이 옳을 거예요. 탄생, 죽음, 영혼 같은 것을 거론하는 것을 터부시하는 현대인의 합리주의 세계관 덕택이죠.

이 죽음의 문제를 훌륭하게 다룬 한국 작품이 하나 있어요. 여러분이 이미 고등학교와 대학에서 여러 번 배운 〈제망매가〉라는 향가가 그것입니다. 고전문학 전공자가 아닌 분들은 이 작품에 대해 고리타분한 이미지를 갖고 있는 분이 많으실 거예요. 하지만 이거, 명작입니다. 세계 고전문학의 반열에 들어가야 하는 작품이라고 저는 생각해요. 본문을 보지요.

> 생사의 갈림길이 바로 여기 있었는데
> 그렇게 방황하더니
> 저 가요, 이 한 마디도 못 남기고
> 너는 가버리고 말았느냐

어느 가을 아침 찬바람에

여기 저기 흩날리는 낙엽들처럼

한 가지에 나서 자랐건만

어디로 가는지도 모르겠구나

아아 언젠가는 극락 어디에서

만나게 될 너와 나

공부하며 그날을 기약하자꾸나

여러분이 옛날 공부했던 텍스트와 다른 데가 많지요. 현대 독자가 이해하기 쉽게끔 제가 몇 군데 손을 봤습니다.

망매(亡妹:죽은 누이)를 제(祭事)하는 노래라는 제목의 이 작품은, 누이를 잃은 신라시대의 한 승려가, 그녀와의 최종 작별의 자리에서 건네는 노래인 것으로 생각됩니다. 요즘 식으로 말하자면, 망자가 새 삶을 얻는다는 49재 때쯤 노래한 것이라고 보아도 좋을까요. 한 구절씩 보기로 하지요.

생사의 갈림길이 바로 여기 있었는데 / 그렇게 방황하더니

누이의 입장에서는 본다면, 죽기 직전이 바로 "생과 사의 갈림길"이었겠지요. 그리고 죽음이 임박하기 전까지 그녀는, 기쁨과 슬픔이 쉴 새 없이 교차하는 생(生), 그것을 영위하려는 애착을 버리지 못하고 있었겠지요. 그러한 생을 영위하려는 애착, 그것을 월명사는 "방황"이라고 표현했습니다. "방황"이라는 것은 목표를 잃고 헤매는 것을 뜻하지요. 바로 우리의 인생 이야

기입니다. 죽음이 영원히 유예될 수 있을 것처럼, 죽음이 생의 도달 지점이 아니기라도 한 것처럼, 저마다 생의 향기에 취해, 오늘도 욕망의 골목길 사이를 헤매고 있습니다.

저, 가요, 이 한 마디도 못 남기고 / 너는 가버리고 말았느냐

누이는 멀리 떨어진 곳에서 죽음을 맞았는지도 모르겠어요. 혹은 갑작스러운 죽음이었는지도 모르겠어요. 오빠와 마지막 이별의 말도 나누지 못하고 헤어져야 했던 정황이었음을 알 수 있습니다. 이 작품 속에서, 피를 나눈 남매로서의 육친의 정, 인간적인 면모가 가장 적극적으로 드러나는 부분입니다. 인간 월명사의 비통함과 괴로움이 잘 드러나 있는 부분이라고 생각됩니다. 저도 완전히 동감할 수 있습니다.

어느 가을 아침 찬바람에 / 여기 저기 흩날리는 낙엽들처럼 / 한 가지에 나서 자랐건만 / 어디로 가는지도 모르겠구나

어제까지 찬란한 가을 햇볕 속에서 빛나고 있던 낙엽들, 갑자기 쌀쌀해진 오늘 아침에는 온데간데없습니다. 한 가지에 사이좋게 매달려 있던 낙엽들도 뿔뿔이 흩어져 버려서, 옆에 듬직하게 매달려 있던 아빠 낙엽, 엄마 낙엽, 오빠 낙엽이 언제 어디로 가버렸는지 전혀 알 수가 없습니다. 이를 보고 있었을 숲은 아무 말이 없고 어제의 미풍(微風)이 다시 숲을 스쳐 지나갈 뿐입니다. 이것이 인간 존재, 그리고 두텁고 질긴 혈연으로 엮여 살아가던 가족 집단이라는 것이 그날 맞이해야 할 운명입니다.

죽음이라는 인간의 숙명, 죽음으로 이별할 수밖에 없는 친족 간의 운명, 그것을 이렇게까지 아름답고 처절한 이미지로 그린 시를 저는 본 적이 없습니다. 작자와 더불어 비통하고 허망할 뿐입니다.

이 부분은 승려로서의 인간 월명사의 능력이 현저하게 발휘되는 부분이라고 하겠습니다. 죽음 앞에 완전히 무력한 인간의 모습, 죽음으로 모든 의미가 무화되는 친족의 인연, 삶의 무상성을 뼈저리도록 멋지고 또 슬프게 노래하고 있습니다.

여기까지로 이 작품이 끝났다 하더라도 저는 이 작품을 대단히 좋아했을 것입니다. 특히 2연의 이미지 구사는 더할 나위 없이 매력적입니다. 이렇게 육친을 잃은 비통과 삶의 허망함을 탄식하던 월명사는, 그러나 마지막 단락에서 이렇게 노래합니다.

> 아아 언젠가는 극락 어디에서 / 만나게 될 너와 나 / 공부하며 그날을 기약하자꾸나

월명사가 불교 수행자로서의 자기 아이덴티티를 멋지게 피로하는 부분입니다. 죽음은 우리에게 최대의 공포, 최대의 절망일 것임이 틀림없습니다. 우리가 매일의 일상생활 속에서 은연 중에 느끼고 있는 모든 종류의 두려움을 증폭시켜 가면 그것은 필히 죽음과 연결될 것입니다.

그러나 월명사 같은 불교 수행자에게는, 죽음은 무한한 생사의 되풀이 과정에 존재하는 다리 하나를 건너가는 일에 불과합니다. 아니 수행자에게는 죽음이라는 것이 아예 존재하지 않습니다. 인연 따라 몸을 바꾸는 '삶'의 연속만 존재할 뿐입니다.

월명사는 그 무한한 삶의 연속 과정에 그 나름의 목표를 설정해 놓았습니다. '극락'이라고 그가 명명한 곳에 도달해, 되풀이되어 왔던 고달픈 방랑에 종지부를 찍는 것입니다. 고통이 완전히 종식되어 있다는 그곳, 나고 죽는 고달픈 윤회의 과정을 영원히 끝낼 수 있다는 그곳에 도달하기 위한 방법이 공부, 즉 불교에서 '수행'이라고 부르는 그것입니다. 그리고 그 수행을 업으로 살아가는 오빠와 누이는 필연적으로 그곳에서 다시 만나게 되어 있다는 것이죠.

우리가 어릴 때 한용운의 시를 배우면서 앵무새처럼 되풀이하던 '회자정리(會者定離)'라는 어려운 말을 여기서는 완전에 가깝게 이해할 수 있습니다. 이런 인생관을 갖고 사는 사람들이 이 세상에는 많이 있습니다. 불교 혹은 그것과 유사한 신념 체계 속에서 살아가는 사람들 중에 많겠죠. 우리가 죽음의 고통이라고 부르는 그것은 이런 분들에게는 훨씬 극복하기 쉬운 세계일 것입니다.

물론 이 작품을 치료 텍스트로 선정할 때는 주의해야 할 점이 있습니다. 유물론적 세계관 속에서 사시는 분들에게는 이해하기 불가능한 '미신적 텍스트'일 가능성이 있습니다. 또 불교가 두르고 있는 외벽(外壁)에 이질감이나 적대감을 갖고 있는 분들에게는 더욱 조심스럽게 접근해야 할 필요가 있겠습니다. 이런 것들은 종교 체험을 근반으로 하는 모든 문학치료 텍스트의 숙명이라고도 할 수 있겠지요. 문학치료 현장에서는 이런 조건도 주의 깊게 고려되어야 할 것입니다.

10. 어둠 속에 빛이 있나니
— 빅터 프랭클, 아우슈비츠의 빛

　지금까지 두 개의 문학 텍스트를 소재로 해서 문학치료의 실전 문제를 생각해 보았습니다. 마지막으로 여러분과 함께 음미해 보고 싶은 텍스트는, 문학작품이 아닌 수기(手記)입니다. 빅터 E. 프랭클(Victor E. Frankl, 1905-1997)이라는 유태인 심리학자가 쓴 체험기『죽음의 수용소에서』가 그것입니다. 그는 아들러의 영향도 깊이 받은 바 있는데, 나치 수용소에서 기적적으로 살아남아 '의미의 심리학'이라는 새로운 심리학 체계를 완성해 냈지요. 이 책은 반세기 전 이미 1억 부나 팔린 전 세계적 롱셀러입니다.

　오스트리아에서 진료와 집필에 전념하던 그는 부모, 가족과 함께 나치 수용소로 연행됩니다. 아우슈비츠, 다카 수용소를 전전하게 되지요. 이 와중에 부모와 아내, 남동생을 잃습니다. 절망에 몸을 맡기고 있던 프랭클은, 어느 겨울 새벽 벌판에서 언 땅을 파는 노동을 하던 중 이런 체험을 하게 됩니다.

　　곧 닥쳐올 죽음에 대한 절망에 마지막으로 격렬한 항의를 하고 있을 때였다. 나는 나의 성령이 사방을 뒤덮고 있는 음울한 빛을 뚫고 나오는 것을 깨달았다. 나는 성령이 절망과 무의미로 가득 찬 이 세상과 초연해 계심을 느꼈다. 그리하여 실존의 궁극적인 목적이 무엇이냐고 묻는 나의 질문에 어디에선가 도도한 목소리로 "바로 이거네"하고 대답하는 소리가 들렸다. 바로 그 순간에 저 멀리 지평선 너머 한 폭의 그림처럼 서 있는 농가에서 불이 켜졌다. 바바리아의 먼동이 터오는 새벽의 음울한 잿빛의 한복판에서 불이 켜진 것이다.

"어둠 속에 빛이 있나니…" 그런데 그 불빛이 어둠 속에서도 반짝이고 있는 것이다." (밑줄 인용자)[6]

끔찍한 지옥도가 내내 펼쳐지는 수용소 체험 기록을 읽다가 이 구절을 접했던 그때의 마음을, 30년이 지난 지금도 저는 회상할 수 있습니다. 저는 당시 흔한 통속적 유물론자였지만 이유가 있어 필사적으로 희망의 원리를 찾아다니고 있던 때였습니다. 당시는 독서치료, 인문치료라는 용어조차 존재하지 않았습니다. 고서점에서 우연히 펼쳐 보았던 이 책이 저에게 선사해 준 삶의 에너지는 헤아릴 수가 없습니다.

같이 수용소로 끌려온 가족이, 재가 되어 겨울 하늘 위로 사라진 것으로 알고 있던 빅터 프랭클은, 당시 자신의 내면을 "절망과 무의미로 가득찬 이 세상"이라는 말로 바꿔 표현했습니다. 가스실 직행을 피하기 위해, 아침 점호 때마다 뺨을 두들겨 홍조를 만들고 유리 조각으로 필사적으로 수염을 잘라 내며, 금방 숨이 끊어진 동료의 초점 잃은 눈동자가 지켜보는 가운데 숨겨 둔 빵부스러기를 씹는 '죽음의 수용소'에서의 찰나찰나의 삶. 고통을 겪는 이 세상의 그 누구라도 이 수인들보다는 상황이 낫다고 할 수 있지 않을까요. 저는 '고통의 대선배'의 삶을 목도하면서, 위안과 희망이 제 인생에도 찾아올 수 있다는 용기를 얻을 수 있었습니다. 실제로 그것은 찾아왔습니다. 제 인생에서 처음 겪는 체험이었어요.

빅터 프랭클은, 처형 시간을 조금이라도 연기시키려는 가냘픈 노력, 즉

---

6 빅터 프랭클, 김충선 역, 『죽음의 수용소에서』, 청솔출판, 1984, 59쪽.

"집행유예의 환상" 밖에는[7] 할 일이 없는 수인들의 매일을 '절망과 무의미' 속에서 바라보고 있었습니다만, 다른 거대한 존재가 이 상황과 초연한 모습으로 실존하고 있음을 극적으로 목격합니다. 그가 '성령'이라 부른 그 존재는, 겨울 들판에 점점 흩어져 있는 민가에 들어오는 가냘픈 불빛을 통해, 자신의 뜻을 빅터 프랭클에게 전했습니다. "어둠 속에 빛이 있나니". 그것입니다. 이성적이고 논리적인 노력 끝에 발견하는 지식과는 완전히 다른, 이런 류의 체험을 '계시 체험'이라 불러도 될 것 같습니다.

빅터 프랭클은 이 체험을 경계로, 절망과 공포와 무기력 속에서 처형 날만 기다려 왔던 수용소에서의 일상을 새로운 '생'의 출발점으로 삼게 됩니다.

> "고통을 정확하게 파악하면 고통은 사라진다." (스피노자)
>
> 그 순간에 나를 짓누르고 있던 모든 것은 객관적으로 변하고 먼 거리의 관점으로 보여졌다. 이와 같은 방법으로 나는 어느 정도 내가 처했던 상태를 괴로운 순간에서 벗어나 보다 높은 경지로 끌어올리는 데 성공하였다. 그리고 나는 그런 상태를 이미 과거로 흘러가 버린 것처럼 관찰할 수 있었다. 나와 나의 문제들은 내 자신이 감당하게 된, 흥미있는 심리, 과학적 연구 대상으로 변하고 말았다.[8]

> "살아갈 이유를 알고 있는 사람은 거의 어떠한 상황에서도 견뎌낼 수 있다."

7 같은 책, 25쪽.
8 같은 책, 97쪽.

(니체)

우리에게 있어서의 삶의 의미란, 삶과 죽음, 그리고 고통과 임종으로 구성된 커다란 수레바퀴 같은 것이다. / 일단 우리가 고통의 의미를 알아낸 이상, 수용소 관리자들이 가하는 고문의 고통을 축소하거나 경감시키려 하지 않았다. 다시 말하면, 수용소에서 가하는 형벌을 무시하거나 헛된 환상에 몰두하거나 인위적인 낙관주의를 마음속에 품는 것을 거부하였다. 고통은 우리의 과제로 변했다. 우리는 결코 그 과제에 등을 돌리려고 하지 않았다. 우리는 그 고통 속에 성취에로의 기회가 숨겨져 있다는 것을 깨달았다.[9]

전까지 고통 속에 함몰되어 그것의 노예 상태로 살아왔던 빅터 프랭클이, 이제는 자신과 수용소의 삶을 남의 것인 양 바라보기 시작합니다. 절망을 갖거나 희망을 갖거나 하면서 사태의 본질을 흐리지도 않습니다. 그것은 자신과 사태를 '있는 그대로' 파악하는 데에 방해가 되기 때문입니다. 이것이 과학자의 태도라는 것이지요. 그리고 고통은 사라집니다. 지켜보고 있을 때의 '나'는, 고통스러워하고 있는 '나'와 멀리 떨어져서 초연한 위치에 서 있는 '다른 나'이기 때문입니다.

여기서 그가 수용소 생활을 시작하면서 포기한 심리학 연구를 다시 시작합니다. 그의 심리학 체계 완성에, 나치 수용소만큼 훌륭한 관찰과 실험과 사색의 장소는 없었던 거지요. 그가 발견해 낸 것은 인간이라는 생명체가 본래부터 지닌 위대한 능력, 즉 '의지와 선택의 능력'이었습니다.

하늘은 그러한 그를 기적적으로 살려 줍니다. 죽음의 수용소에서 돌아온

9 같은 책, 103-104쪽.

그는 무서운 속도로 자신의 수용소 체험을 기록해 갔고, '의미의 심리학' 체계를 완성해 세상에 내어놓았습니다. 이 책은 20세기가 도달한 위대한 심리학 성과의 반열에 오르게 됩니다. 70여 년 전 그가 기록한 체험과 언어가 세계를 돌고 돌아 한국까지 도착했고 다시 30여 년이 지나 우리는 오늘 그의 육성을 마음껏 듣고 있습니다.

11. 결론: 인간의 본질
—주체적 의지와 선택 능력

빅터 프랭클은 이렇게 이야기합니다.

> 인간은 궁극적으로 자아결정적 존재다. 인간은 타고난 재능과 환경 속에서 그 자신을 가꾸고 일구는 존재다. 예를 들면 강제 수용소에 마련된, 생생한 인간 실험장과 시험장에서 우리는 우리의 동료 중 누군가가 성인처럼 행동했을 때 다른 누군가가 돼지처럼 행동하였던 것을 목격했다.
> 인간은 자신의 내부에 양쪽의 가능성을 갖고 있다. <u>어느 쪽을 실현하느냐 하는 것은 주체적인 선택에 의해 결정되는 것이지 조건에 좌우되는 것은 아니다.</u> [중략] 인간이란 아우슈비츠의 가스 처형실을 고안해 낸 존재이나, 주기도문이나 셰마 이스라엘을 외우며 곧장 가스실로 들어서는 존재이기도 한 것이다. (밑줄 인용자)[10]

10 같은 책, 168쪽.

우리는 '인간은 환경에 의해 수동적으로 영향을 받기만 하는 존재가 아니'라고 배웠습니다. 그렇게 머리 속으로는 생각하고 있으면서도, '어떤 가혹한 조건 밑에 들어가면 어쩔 수가 없다.'고 체념하는 습관이 있습니다. 빅터 프랭클의 경우는 한계 지점까지 인간의 자율성의 능력을 시험해 간 것이죠.

수용소라는 극한적 상황 속에서 각 개인이 보여준 모든 삶의 결과는 모두 그 자신의 의지와 선택의 결과라고 그는 이야기합니다. 예를 들면, 잔인한 고문가 역할을 자원하거나 반대로 수인들에게 작은 호의를 베풀어 주던 독일군 청년들, 같은 동료 수인들을 감시하고 억압하는 편에 선 '카포'라는 중간 관리인, 바로 처형될 것을 알면서도 금지된 담배를 피우거나, 아침 점호에 출석하지 않고 누더기 침대에 누워 버티는 수인, 석방이 늦어질 것이라 짐작한 후 급격히 쇠퇴사(衰退死)한 수인, 괴로움 속에서도 동료들을 돌보는 일에 나서는 성인(聖人) 스타일의 수인, 수용소의 고통과 희생이 헛된 일이 아니며 이 속에 성취의 기회가 있다, 이 고통을 극복하면 후일 자랑거리가 될 것이라고 설득하는 지혜로운 수인, 친위대의 구령에 따라 가스실로 걸어 들어가며 주기도문을 외우는 수인들, 이 모든 것이 자신의 주체적 의지와 선택에 의한 것이라는 말예요.

이렇게 되면 대상이나 환경이 아니라 모든 인생의 차원에서 '나'가 문제가 됩니다. 우리의 운명이라는 것은 백 퍼센트 나의 의지로 선택한 것의 결과가 됩니다. 인간이 고통 속에 빠져드는 것도 자기의 의지와 선택으로 스스로 결정하는 것이며, 반대로 어떤 악조건도 의연하게 초월해 내는 것도 자기의 의지와 선택으로 결정하는 것이라는 겁니다. 지옥도 속에서 탄생한 인간 찬가, 오히려 어둠 속이었기 때문에 발견할 수 있었던 무한한 인간의 빛, 이것이 『죽음의 수용소』의 주제입니다.

이 강연에서 저는 인간이 약하고 오류 투성이의 존재라는 이야기부터 시작했습니다. '치료'라는 것, 치료자가 된다는 것 또한 얼마나 어려운 일인가도 이야기했습니다. 그리고 '행복한 인생 실현의 길을 위해 어떤 인생 스타일을 선택할 것인지도 생각해 보았지요. 욕망의 길, 감정의 길, 이성의 길을 두루 생각해 보았습니다. 그중 '의지와 선택의 삶'에 대한 이야기는 남겨 두었지요. 지금 말씀드린 빅터 프랭클의 이야기가 바로 '의지와 선택의 삶'에 대한 이야기였습니다. 인간에게는, 다른 생명체와는 달리, 자신의 운명을 스스로 결정할 수 있는 '의지와 선택의 능력'이라는 선물이 천부적으로 주어져 있다는 이야기입니다.

특히 절망 속에서 몸부림치시는 분, 감당하기 어려운 시련 속에 놓였다고 느끼고 계신 분을 포함하여, 자기의 재발견, 차원 높은 인생의 모색, 이것으로의 안내가 가능한 감동적인 치료 텍스트의 하나가 『죽음의 수용소』라고 저는 말씀드리고 싶습니다. 이 짧은 이야기가 문학치료 공부의 길을 걷고 계신 여러분께 작은 참고자료의 하나가 되었으면 하는 바람입니다.

포스트휴먼은
고통 없이 살게 될까?*
- SF로 본 취약성과 인간 향상의 문제

노대원 (제주대학교 사범대학 국어교육과 부교수)

* 이 글은 「한국 포스트휴먼 SF의 인간 향상과 취약성」(『한국문학이론과 비평』 제86집(24권 1호), 한국문학이론과 비평학회, 2020)과 「미래의 인간은 고통에서 해방될까?」(〈르몽드 디플로마티크〉, 2019.10.31)를 합하고 수정 · 보완했다.

1. 호모 데우스인가 호모 파티엔스인가?

SF 작가인 아서 C. 클라크(Arthur C. Clarke, 1917-2008)는 "충분히 발달한 과학기술은 마법과 구별할 수 없다."고 했다. 많은 사람들은 SF에서 신기한 마법 같은 미래의 과학기술을 기대한다. 그리고 SF가 그린 미래 기술이 우리 눈앞에서 현실화된 많은 사례를 떠올린다. 놀라운 과학기술 덕분에 상상과 현실의 경계가 사라진 시대다. 이제 사람들은 신화에서나 나올 법한 영생불멸의 꿈을 환상으로 남겨 두지 않는다. 사람들은 그 꿈을 '과학적으로' 낙관하기 시작했다. 그런데, 과학기술을 통해 삶의 모든 것이 달라진 인간은 결국 상처 입지 않는 신적인 인간이 될 수 있을까? 과연 모든 고통과 불행을 피할 수 있을까?

이 질문에 답하기 위해 한 가지씩 생각해 보자. 혁신적인 과학기술의 도움을 받아 인간의 지적, 신체적, 정서적, 윤리적 능력이 놀랍도록 향상되었다고 상상해 보는 것이다. 예를 들어 IQ가 300이고, 우리가 아는 거의 모든 질병을 이겨낼 수 있고, 타인의 아픔에 공감하는 윤리적 마음을 타고난 사람이 있다면? 그런 사람은 어딘가 인간답지 않아 보일 것이다. '인간적인' 이라는 말은 어딘가 부족하고 흠이 있어서 오히려 인간미가 있다는 말 아니던가? 그러면 그런 우월한 인간은 더 이상 인간답지 않은 인간(?)인 셈이다. 그래서 그런 인간을 '인간 이후의 인간'이라는 의미에서 '포스트휴먼'(posthuman)이라고 부른다.

포스트휴먼을 향해 나아가는 '과도기의 인간'을 '트랜스휴먼'(transhuman)이라고 부른다. 특히 트랜스휴머니즘(transhumanism)의 신봉자들은 과학기술을 낙관하면서 슈퍼휴먼을 만들어 내기를 바란다. 그들은 과학기술 연구에 막대한 자본을 투자해서 첨단 의학을 발전시키고 그 결과 늙지 않고 병들지 않고, 결국 죽지 않는 인간이 되려는 욕망을 실현하고자 한다. 신 같은 인간, 즉 '호모 데우스'(Homo Deus)가 되고 싶은 이들이 트랜스휴머니스트인 것이다. 재미있게도 실제로 현실의 트랜스휴머니스트들의 청사진은 SF에 기반한다. SF를 모델로 삼아 그들은 꿈을 기획하고, 그 실현을 위해 노력한다.

서구 SF 장르의 역사에서 포스트휴먼의 이미지를 만들기 위한 방법은 크게 두 가지였다. 첫 번째는 19세기와 20세기 초에 인간의 무한한 완전성(unlimited perfectibility)에 관한 계몽주의 사상을 극화하는 방식이었으며, 두 번째는 제2차 세계대전 이래로 인간 조건의 가변성과 다양성을 탐구하는 방식이었다. 이미 17-18세기에 일부 사상가들은, 오늘날의 트랜스/포스트휴머니스트들처럼, 인간 능력 향상의 한계는 없으며 인간의 완전성은 무한하다고 주장했다. 그러나 SF 작가들은 그러한 계몽주의적 꿈을 비판적으로 다루어 왔다.[1]

---

1 Lisa Yaszek · Jason W. Ellis, "Science Fiction," Bruce Clarke · Manuela Rossini edit., *The Cambridge Companion to Literature and the Posthuman*, Cambridge University Press, 2016, pp.71-72.

"스테로이드 계몽주의"(the Enlightment on steroids)[2]로 불리기도 하는 트랜스휴머니즘은 인간의 완전성을 향한 이상에 기반을 둔다. 트랜스휴머니스트들은 인간 향상 기술을 발전시켜 인간의 취약성과 죽음의 유한성을 극복하고 '무적'(invulnerability, 상처 입을 수 없음)과 불멸을 쟁취하는 것을 목표로 삼는다.[3] 여기서 '인간 향상'(human enhancement)이란, "과학기술의 적극적인 개입을 통해 인간 유기체가 갖는 인지나 감정적 기능, 신체적 능력, 건강 수명과 같은 기초적인 능력들을 개선하거나 강화하려는 시도"[4]를 일컫는다. 인간 향상 기술에는 유전자 조작 같은 생명공학기술, 수명 연장과 노화 제거를 위한 의학기술, 냉동인간을 통한 인체냉동보존술(cryonics), 보철(prosthesis) 같은 인공장치와 인공장기 등을 통한 인체 보조, 심지어는 인간과 컴퓨터의 결합이나 마인드 업로딩(mind uploading)까지 포함될 수 있다. 사실상, SF의 단골 소재와 현실에 존재하거나 개발 중에 있는 기술 사이에는 별 차이가 없어 보인다. 유발 하라리(Yuval Harari, 1976-)의 표현을 빌리자면, 그들은 더 이상 호모 사피엔스가 아니라 신으로 업그레이드된 인간, 즉 '호모 데우스'(Homo Deus)를 꿈꾸는 것처럼 보인다.[5]

한편, '비판적 포스트휴머니즘'(critical posthumanism)은 포스트휴머니즘의 다양한 주장과 견해 가운데 하나로, 기술낙관론에 근거해 인간 향상을 적극 추진하는 트랜스휴머니즘이나 이를 전적으로 부정하는 비판자들과 거리를

2 제임스 휴즈, 「포스트휴머니즘과 트랜스휴머니즘」, 이화인문과학원, 『트랜스, 포스트 휴머니즘 담론의 지형』, 이화 HK 국제 학술대회 자료집, 2014, 163쪽.
3 Mark Coeckelbergh, "Vulnerable cyborgs: Learning to live with our dragons," *Journal of Evolution and Technology* 22.1, 2011, p.1.
4 신상규, 『호모 사피엔스의 미래: 포스트휴먼과 트랜스휴머니즘』, 아카넷, 2014, 66쪽.
5 유발 하라리, 김명주 역, 『호모 데우스: 미래의 역사』, 김영사, 2017, 39쪽.

둔다. 즉, 이 '비판적' 관점은 기술적 변화를 이상화하지도 않고 부인하지도 않는다.[6] 비판적 포스트휴머니스트들은 과학기술의 개방성을 강조하는 동시에 그 위험성과 한계를 지적하는 데도 힘을 쏟는다. 슈테판 헤어브레히터와 캐서린 헤일스를 비롯한 이 관점의 이론가들은 휴머니즘을 계승하는 동시에 비판하여 근대적 인간관을 다양화하고 갱신하기 위해 노력한다.[7] 요컨대, 이 관점은 '비판적인 포스트휴먼-이즘'인 동시에 '비판적인 포스트-휴머니즘'으로 이해될 수 있다.

성찰적 사유와 포용력 덕분에 문학/비평 이론으로서 포스트휴머니즘은 주로 비판적 포스트휴머니즘의 이론과 가깝다.[8] 우리는 여기서도 인간 향상 기술로 테크노유토피아가 실현되고 인간의 취약성과 고통을 극복할 수 있을 것인지 비판적 포스트휴머니즘의 논리에 근거해 SF를 살펴보려고 한다.

다음으로, 트랜스휴머니스트와 인간 향상 기술이 최종적인 극복 대상으로 삼는, 인간의 취약성이라는 근본 조건을 살펴보도록 하자. '취약성'(vulnerability)이란, '상처 입을 가능성'으로도 번역되며, 인간 본성의 일부로서 신체적 상해를 입을 수 있는 유한성과 필멸의 한계 조건을 의미한다. 실제로 이 개념은 어원학적으로 라틴어 동사 'vulnerare'(상처를 입히다)와 명사

---

6 슈테판 헤어브레히터, 『포스트휴머니즘』, 47쪽.
7 비판적 포스트휴머니즘은 '휴머니즘의 지속적인 해체'를 전개하고 다루는 이론적 접근으로도 정의된다. 사이보그 같은 '포스트휴먼'의 형상과 세계화, 기술과학, 후기 자본주의, 기후 변화 등 현재 조건 속에서 인간의 의미를 논의하는 사회 담론으로서 '포스트휴머니즘'은 구분될 필요가 있다. Stefan Herbrechter, "Critical Posthumanism," op. cit., p.94.
8 노대원, 「포스트휴머니즘 비평과 SF - 미래 인간을 위한 문학과 비평 이론의 모색」, 『비평문학』 제68호, 한국비평문학회, 2018, 114-115쪽.

'vulnus'(상처)와 관련이 있다.[9] 또한 이 단어는 상처뿐 아니라 손상, 해악, 불안정성, 약점, 연약함과 유한성과 같은 의미망을 거느린다. 동물로서 인간은 신체적으로 쉽게 상처 입을 수 있는 생존 조건 속에서 살아간다. 인간은 삶을 지속하기 위해 외부 환경을 필요로 하므로, 항상 질병과 죽음의 문턱에 놓일 수밖에 없는 '구멍 뚫릴 수 있는'(perforable) 존재인 것이다.[10]

하지만 인간은 신체적 취약성뿐만 아니라, 심리적, 사회적, 경제적, 환경적 취약성에도 폭넓게 노출된다. 그 점에서 인간은 이성적 동물이나 호모 사피엔스라기보다, 신체적-심리적-사회적 의미의 다양한 고통을 겪고 고뇌하는 인간, 즉 '호모 파티엔스'(Homo Patiens)[11]로 정의될 수 있다. 인간의 고통은 생명체로서 생존과 적응을 위해 필수적이다. 개체와 집단의 존속을 위해서 고통은 언제나 존재할 수밖에 없다.

실제로, 인간은 태어날 때부터 동물로서 취약한 생물학적 존재 조건에 처한다. 태어나서부터 누군가 돌봐 주지 않으면 죽을 수밖에 없는 운명이므로, 인간은 상호 의존해야 한다. 그런 이유로 역설적으로 사회성은 생물학적 안위보다 더 높은 위계에 있다고 볼 수 있다. 윤리와 공동체의 탄생은 이처럼 인간의 근본적인 취약성 즉, 상처 입을 가능성에 근거한다. 다시 말해 타자의 고통에 고통을 느끼는 윤리적·사회적 존재가 바로 인간이다.[12]

---

9 Henk Ten Have, *Vulnerability: challenging bioethics*, Routledge, 2016, p.3.
10 Alfredo Marcos, "Vulnerability as a Part of Human Nature," Aniceto Masferrer · Emilio García-Sánchez eds., *Human Dignity of the Vulnerable in the Age of Rights: Interdisciplinary Perspectives*, Springer, 2016, pp.34-36.
11 와시다 키요카즈, 길주희 역, 『듣기의 철학: 고뇌하는 인간, 호모 파티엔스를 만나다』, 아카넷, 2014, 225쪽.
12 '취약성(상처 입을 가능성) 연구'(vulnerability studies)는 최근 부상하여 그중요성을 전 세계 인문·사회과학자들이 공유하고 있는 연구 분야이다. 상처 입을 가능성은

SF 또는 포스트휴먼 서사에서 취약성의 문제는 신체나 정신이 취약한 트랜스/포스트휴먼이라는 인물 구성(characterization)이나 외적인 신체성 (corporeality)의 측면뿐만 아니라 서사적 갈등 및 플롯 구성과도 긴밀하게 연동된다. SF에서 서사적 갈등을 만들어 내는 문학적 장치 중에서 다양한 국면에서의 특정한 취약성 문제가 의미 있는 역할을 수행할 수 있기 때문이다. 또한 SF에서 반드시 디스토피아 소설이 아니라도 그것은 작가의 과학기술과 인간(그리고 포스트휴먼)에 대한 태도와 문제의식을 구현한다는 점에서 그 중요성을 확인해 볼 수 있다.

그렇다면, 인간 향상을 다룬 SF는 트랜스휴머니즘의 서사적 신체화 버전으로 볼 수 있을까? 만약 그렇지 않다면, 이들 소설들은 포스트휴먼의 취약성을 어떻게 그리는가? 다음 장부터는 지금까지 논의한 관점에 근거해서, 탁월한 슬립스트림[13] SF 작가로도 평가할 수 있는 윤이형과 박민규, 그리고 한국의 대표적인 SF 작가인 김보영의 SF 단편소설을 중점적으로 분석할 것이다. 세 작가는 문학적 출발 지점(주류소설과 장르소설)이 조금씩 다르지만,

---

인간의 근본적인 조건인 동시에 세계화, 기후 변화, 양극화, 사회적 갈등, 의료 기술 발전과 다양한 생명윤리 문제의 부상 등 최근의 인간 조건의 변화에 따라 연구 필요성이 더욱 제기된다. 또한 인문학, 사회과학, 의학 및 생명과학 등과 더불어 논의할 수 있는 초학제적 연구 주제. 국내 인문학계에서 '상처 입을 가능성/취약성' 개념은 레비나스의 타자 윤리학을 중심으로 국내에 소개되었으며, 최근에는 의료인문학, 문학교육 등에 확장되고 있다. 황임경, 「상처 입을 가능성과 의학에서의 주체화」, 『의철학연구』 제25집, 한국의철학회, 2018; 노대원, 「힐링 담론과 치유의 문학교육-'상처 입을 가능성'과 '문화 의사' 개념을 통한 비판적 성찰」, 국어교육연구 제68집, 국어교육학회, 2018.

13 김상훈, 「현대 SF의 진화-포스트고딕에서 슬립스트림으로」, 『HAPPY SF』 창간호, 행복한책읽기, 2004, 21쪽. "슬립스트림(slipstream)이란 후류(後流), 즉 항공기의 프로펠러가 회전하면서 그 뒤에 생겨나는 기류를 의미하는 용어이며, 사이버펑크 작가였던 브루스 스털링이 비(非) SF작가들, 즉 주류문학 작가들이 SF의 프로토콜을 차용해서 쓴 일종의 경계적(境界的)인 작품들을 지칭하기 위해 제창한 용어이다."

공통적으로 오락성만을 강조하는 대중적 SF가 아니라 진지한 사변적 주제를 다루는 이른바 '문학적 SF'(literary SF)를 창작한다는 점에서 공통적이다. 또한, 이 작가들의 SF 텍스트는 그러한 공통 기반 위에서 '인간/포스트휴먼이 된다는 것'은 무엇인가 하는 포스트휴머니즘의 질문과 사유를 서사화한다. 복거일과 듀나 이후, 한국 SF 소설이 2010년대 즈음을 기준으로 문학적 성취를 보여주었다는 점에서 윤이형, 박민규, 김보영 SF는 한국 (장르)소설사의 한 기점이 될 수 있을 것이다.

2. (불)완전한 삶을 향한 항해
— 윤이형의 「완전한 항해」를 중심으로

윤이형의 「완전한 항해」는 SF 장르 문법을 기본으로 삼지만 판타지 장르의 특성이 약간 혼종된 소설이다. 이 단편은 본래 하나의 자아지만 다른 '갈래 세계'에서 살아가는 '창연'이라는 인간과 '창'이라는 루족(族) 인물이 또 다른 주인공으로 등장해 자신만의 방식으로 자기 삶을 완성해 나간 이야기다. 이 소설의 스토리 세계(story world)에서는 갈래 세계로의 시공간 여행이 가능한데, 이는 판타지의 초자연적 현상으로 보이지만 '평행세계'[14]라는 SF 장

---

14 크로노스케이프, 김훈 역, 『SF 사전』, 비즈앤비즈, 2014, 164쪽. "평행세계란 우리가 사는 세계와 병행해서 존재한다고 하는 또 하나의 세계를 의미한다. 이에 대한 근거 중 하나는 양자역학과 관련이 있다. […] 세계는 무수한 분기점의 분열 속에 존재하며, 우리는 그중 한 세계에 있다는 것이 평행세계의 기본적인 개념이다. 평행세계를 왕복하는 수단으로 시간여행이 종종 사용된다."

르 특유의 설정과 관련된다. 창연이 살아가는 세계에서는 '튜닝 에이전시의 세일러'가 고객을 위해 '에디션'이라고 불리는 또 다른 갈래 세계에 살아가는 자아들을 불러와 '튜닝'(자아 통합)해 준다.

> 시간을 거스르고 공간과 차원의 경계를 자유분방하게 뛰어넘으며 무수한 갈래 세계를 항해하는 자. 쎄일러는 인간이 아닌 존재였으나 바로 그 점 때문에 인간을 위해 완전한 항해, 정확히 말하자면 완전함을 향한 항해를 할 수 있었다. 생물의 연약한 몸이 통과하지 못하는 갈래 세계 사이의 벽을 견고한 특수합금으로 만들어진 쎄일러들은 마음대로 넘나들 수 있었던 것이다.[15]

이 소설의 세계는 특수 합금의 로봇들이 시공간을 넘어 평행세계를 여행할 수 있을 만큼 발전된 과학기술을 지닌 사회다. 그러나 한편으로는 "온갖 풍요와 희망의 가능성으로 넘치지만 노화와 죽음이라는 신의 섭리만은 막을 수 없는"(56면) 기술의 한계가 분명 존재하는 세계이다. 불멸이나 상처 입지 않을 수 있는 절대적인 의학 기술은 존재하지 않으므로 여전히 인간의 신체는 취약한 상태에 머물러 있다. 기술철학자인 마크 쿠컬베그(Mark Coeckelbergh)에 따르면, 실제로 새로운 의학 기술을 통해 지속적으로 질병의 치료와 예방에 성공할 수는 있지만 과학기술의 통제를 벗어나는 새로운 질병이 적어도 하나는 존재할 수 있다. 새로운 질병과 바이러스, 그리고 신체를 위협하는 새로운 위협 때문에 어떤 포스트휴먼도 육체의 취약성

15 윤이형, 「완전한 항해」, 『큰 늑대 파랑』, 창비, 2011, 56쪽.

(physical vulnerability)에서 완전한 보장을 받을 수 없다.[16]

주인공 창연은 손에 꼽히는 부호로 특별히 신체적 질병이나 불행, 고통이 있는 것은 아니다. 오히려 "사람들은 창연의 삶이 완벽하다고 입을 모았다." (60면) 그러나 그녀는 자신의 삶에 만족하지 못하고 "완전함"(perfectibility)을 얻기 위해 튜닝을 수십 차례나 계속해 왔다. 이와 상반되게, 다른 평행세계에 존재하는 창연의 또 다른 자아 창은 환생을 가능하게 하는 수액으로 영생 불사할 수 있는 삶을 포기하고 루족의 안전한 동굴에서 밖으로 나온 인물이다. 본래 루족은 1센티미터도 되지 않는 연약한 신체를 지녔으므로 동굴 밖으로 나가면 외부의 위협으로부터 생명을 보장받지 못한다. 인간이나 다른 작은 동물, 심지어는 개미나 다른 곤충들보다 약하지만, 대신 '신의 눈물'로 불리는 루의 수액이 있기에 그들을 말 그대로 "평화롭고 목가적인 불멸의 삶"(77면)이 보장된다. 영생을 거부하고 취약한 필멸의 존재이기를 선택한 루족의 일원들은 창연의 삶과 극적으로 대비된다.

자유로운 정신의 소유자다. 하지만 불안할 것이다. 언제나 생명에 위협을 느끼며 살아왔으니까. 그리고 죽는다는 말을 들었으니 지금은…… 절망에 사로잡혀 있겠지. 아냐, 죽음에 대한 공포나 절망 같은 건 온 적이 없잖아. 창연은 자신을 잡아끄는 매력과 감당하기 힘든 위험요소를 동시에 지닌, 미지의 작은 인간의 정신을 여러 개의 형용사로 번갈아 규정해보며 아득한 상상에 잠겼다. (87면)

16 Mark Coeckelbergh, op. cit., p.4.

생명이 일주일밖에 남지 않았음을 경고하고 창연과 자아 통합을 권유하는 세일러의 제안을 창은 거절한다. 창은 불멸의 삶을 버리는 대신 온갖 위험 속에서 자유와 개성적인 단독자로서 자아실현을 꿈꾼다. 소설의 결말에서 루를 타고 계속 높이 날아올랐던 창의 죽음은 그리스 신화의 이카로스(Icarus)의 비상에 비유될 수 있다. 창연이 끊임없이 능력을 확장하고 증강함으로써 무한한 완전성을 추구하며 트랜스휴머니스트의 삶을 살아왔다면, 창은 그와 반대로 상처에 열린 삶을 기꺼이 선택함으로써 고유한 삶의 의미를 추구한 것이다.[17]

두 인물이 서로 다른 선택을 했지만, 다른 평행세계에 존재하는 서로의 분신(동일한 자아)이라는 점을 잊어서는 안 된다. 두 인물의 선택과 삶의 방식은 인간의 유한성과 한계 조건과 그것을 극복하게 해 주는 과학기술에 대한 상반되는 두 태도와 무관하지 않다. 윤이형의 다른 소설들, 특히 SF는 이처럼 취약성(vulnerability)과 완전성(perfectibility) 사이를 오가는 왕복 운동과 성찰을 자주 보여준다. 그 가운데 신체적 취약성은 특별히 중요한 모티프이다. 윤이형의 소설 인물들은 신체적 한계, 외모의 한계 등에 대면해, 자신의 몸을 혐오하는 경우가 많고 사이버스페이스의 아바타를 동경하거나 기계 몸으로 옮겨가기도 한다. 그러나 윤이형 소설에서는 한편으로 사이보그화로도 신체적 취약성과 인간적 한계 조건은 완전하게 극복될 수 없음을 분명

17 신상규, 앞의 책, 105/109쪽 참고. '포스트휴먼'은 기술적인(descriptive) 용어이지만, 트랜스휴머니즘은 포스트휴먼으로의 변화를 긍정하며 그 변화를 권유하거나 당위의 규범적인(prescriptive) 의미를 갖는다. 또한 신상규는 이카로스 신화가 트랜스휴머니즘의 열망을 대변한다고 한다. 그러나 이 논문에서는 창의 비상은 마이너스(-)를 통한 자기실현의 추구, 혹은 '유한한 인간 되기'이므로 끝없이 플러스(+)를 통한 '슈퍼휴먼 되기'를 추구하는 트랜스휴머니즘과는 다르다고 본다.

하게 성찰한다.

그 가장 분명한 사례가 SF 단편인 「굿바이」[18]이다. 이 소설에서 '스파이디'라고 불리는 화성 이주민들은 한계와 결함으로 이루어진 취약한 몸을 버리고 기계 신체로 옮기고 기억을 전자뇌에 이식한다. 그러나 그들은 우연히 인간의 감각적 쾌락에 접속해 일부가 자살을 선택할 만큼 매혹된다.[19] 쿠컬베그가 지적하듯이, 현대 인지과학의 성과가 말해주듯이 아무리 사이보그나 '인포그(inforg)'[20]라 할지라도 마음은 몸을 필요로 한다. 기계 신체와 정보 신체 역시 물리적 자연재해나 바이러스 같은 비물리적 취약성에 노출될 수 있다. 인간의 몸을 버린 포스트휴먼 신체의 스파이디들은 태양광으로 에너지를 얻어 신체적이고 경제적인 취약성을 어느 정도 극복했다. 하지만, 그들은 여전히 자살이 가능할 만큼 물리적·신체적으로 취약했고 감각에 향수를 느껴 고통 받을 정도로 실존적·심리적으로도 취약한 존재였다. 인간 몸으로 돌아가는 이른바 '리턴 시술'을 받으려는 한 스파이디는 "공동체도 상당 부분 와해되었지만 우리 각자도 무력과 권태에 시달렸습니다."(72면)하고 고백한다. 포스트휴먼 역시 모든 감정을 제거하지 않았다면 인간같이 정서적 취약성을 가질 것이며, 의사소통을 하고 공동체 생활을 한다면 사회

---

18 윤이형, 「굿바이」, 『러브 레플리카』, 문학동네, 2016.
19 이 소설에 대한 상세한 해석은 다음 글을 참고할 수 있다. 노대원, 「한국문학의 포스트휴먼적 상상력-2000년대 이후 사이언스 픽션 단편소설을 중심으로」, 『Comparative Korean Studies』 23권 2호, 국제비교한국학회, 2015, 342-345쪽.
20 인포그(inforg)는 정보로 신체화된 유기체(information + organism)로, 정보로 구성된 실체이며, 인포스피어(infosphere)에 존재한다. 'Inforg,' 『Wikipedia』. (https://en.wikipedia.org/wiki/Inforg) 정보철학자 플로리디는 인포그를 SF의 '사이보그화된' 인류와 구분한다. 또한 인포그는 정보 환경 속에서 살아가지만, 비단 온라인에서만 존재하는 것은 아니다.

적 취약성에 노출될 수밖에 없다. 타인과 외부 사물 및 환경에 전혀 의존하지 않는 절대적으로 독립적인 존재가 되지 않는 이상 포스트휴먼은 여전히 상처 입을 가능성이 있다.

「굿바이」의 서술자는 "당신은 백 년 전의 어떤 사람들이 느끼던 것과 정확히 똑같은 두통을 느끼며 통속적인 삶에 매달려 간다."(55면)고 진술하는데, 이 말은 기술의 변화나 발전이 계층에 따라 다르게 보급되고 향유될 수 있다는 의미에만 그치지 않는다. 포스트휴먼의 고통은 인간의 고통보다 적을 수도 있고 삶의 많은 영역의 고통과 결함이 극복될 수 있겠지만, 완벽하게 제거될 수는 없다. 다만 그 고통은 다른 형태로 변환될 뿐이다. 그러나 윤이형 소설에서, 테크노유토피아적 미래에 대한 환상과 무제한적인 완벽한 자아실현에 대한 욕망을 회의하고 성찰함으로써, 취약한 현재는 역설적으로 일부 긍정할 수 있게 되고 일말의 희망이 존재하는 세계가 된다. 그러므로 「완벽한 항해」와 「굿바이」를 비롯한 여러 윤이형의 SF 소설에서, 인간과 포스트휴먼의 취약성과 신체성(corporeality)은 이중적인 의미를 갖는다. 이를테면, 「굿바이」에서 고통의 원천이던 감각은 포스트휴먼인 스파이더들에게 인간 시절에 대한 지독한 향수를 불러일으키는 원천이 된다. 한편, 누스바움의 말처럼 고통은 기쁨의 원천이라는 것은 때로 우리에게 위안이 될 수 있다.[21] 오히려 인간의 고통스럽거나 유한한 조건이 자유의 전제가 되기도 한다는 점에서 인간의 완벽하지 않은 신체는 굴레가 아니라 때때로 해방의 가능성이 되기 때문이다.

---

21 Mark Coeckelbergh, op. cit., p.8.

3. 트랜스휴먼의 인간/심연 탐사

　―박민규의 「깊」을 중심으로

　박민규의 「깊」에서는 생화학적 기술을 통해 신체를 점점 변형시키고 증강해 가는 트랜스휴먼의 전형인 인물들이 등장한다. 이 소설은 서기 2487년, 연합으로 통일된 미래 지구를 배경으로, 사상 최고의 지진이 발생해 해저에 생긴 틈을 탐험하려는 인류의 모험을 다룬다. 이 해구에는 유터러스라는 이름이 붙고, 곧 인간들의 정복 대상이 된다. 해양 연구를 위한 '포세이돈 아카데미'가 신설되고 연구 수장인 '얀'은 각종 과학기술과 신체 향상 기술을 활용해서 해구를 탐사할 새로운 인간을 창조하려고 한다. "팬트로피(Pantropy)를 통해 인간의 자연 지배의 한계를 실험하는 이야기"[22]인 것이다. 세계 각지에서 온 다양한 배경의 심해 탐험 지원자들은 '디퍼(deeper)'로 명명된다. "얀은 그것을 진화라고 생각했다. 신이 인간을 만들었다면, 이제 자신이 디퍼를 창조할 때라고 그녀는 확신했다."[23] 그들은 얀을 말 그대로 어머니로 여기고, 얀 역시 스스로 그들의 "어머니"(119면)임을 자처한다.

　　신체의 내부를 정복한다면, 유터러스의 밑바닥까지 인간이 갈 수 있다, 였다. R-71의 대체영역을 그녀는 끊임없이 넓혀나갔다. 체액에서 장기로, 또

---

22 고장원, 『한국에서 과학소설은 어떻게 살아남았는가?: 한국과학소설100년사』, 부크크, 2017, 671쪽. 팬트로피란 다른 행성이나 건축 주거지 등에서 인간이 살 수 있도록 환경 개조(terraforming)를 하기 보다는 유전 공학 등을 통해 인간을 변형시키는 가설적인 과정으로, SF 작가 제임스 블리쉬(James Blish)가 창안한 용어이다.

23 박민규, 「깊」, 『더블』 side A, 창비, 2010, 119쪽.

혈액과 뇌의 전해질까지. 그것은 새로운 종의 〈인간〉을 만들어가는 작업이었다. (118면)

　　얀은 인간의 "진화"(119면)와 새로운 종으로의 재탄생을 목표로 한다는 점에서 트랜스휴머니스트의 전형이다. "갈 수만 있다면 가야만 하는 속성을 지닌 게 인류라고, 얀은 고개를 끄덕이며 생각했다. 그것은 물론 얀 자신에게도 해당되는 말이었다"(118면). 얀뿐만 아니라 「깊」의 스토리 세계에서 인간들은 인간의 진화와 진보를 추구하고 과학기술의 가능성을 신뢰하고 의지한다. 트랜스휴머니즘은 인간의 능력과 신체 한계를 초월하고자 하는 욕망의 표현이며, 과학과 이성과 자유에 대한 계몽주의적인 신념에 기반한다.[24] 그 점에서 이 소설은 정확히 트랜스휴머니스트의 철학을 반영한 서사이다.

　　「깊」에서 '더 깊은 곳'을 향해 탐사해 가려는 인간의 욕망은 이러한 트랜스휴머니즘의 기술 낙관주의적 진보 서사로 나타난다. 그들은 스테로이드로 신체 능력을 향상시키듯이, 심해 해삼과 공생하는 심해 거머리의 특수한 체액으로 개발한 대체 체액 R-71을 주입하고 점점 더 깊은 심해 탐사에 도전해 나간다.

　　하지만 소설에서 이미 발전된 과학기술 덕에 인간의 노역이 중단된 상황에서도, 인간의 고통이나 정신적 취약성은 완전히 정복되지 못한 상태이다. 역으로 소설의 전반적인 분위기는 무겁고 어두우며, 인간들은 정신적인 장애를 경험하거나 전반적으로 우울한 상태에 놓여 있다. 이를테면, 디퍼의 한 사람인 '공(孔)'의 아버지는 최초의 우주 자살자였으며, '드미트리'는 목

---

24 제임스 휴즈, 앞의 책, 165쪽.

성 스테이션 건설 업무 지원에서 실패를 겪고 실어증과 공황장애를 겪는다. 「깊」의 인간들은 외부 대상을 계속 정복하며, 그 "의지와 탐구"(117면) 과정을 인류의 동력으로 삼는다.[25] 정복할 대상에 대한 의미 있는 추구 활동, 즉 적극적으로 '삶의 과제'(projects)[26]를 수행함으로써 자기 자신의 내면을 망각하고자 한다. 그러나 역설적으로 과제를 수행하는 인간들은 동시에 상처 입을 가능성에 열려 있으며, 거의 모든 디퍼들 역시 좌절과 불안을 경험한다.

이 지점에서 「깊」은 트랜스휴먼이 등장하여 트랜스휴머니즘의 가치를 추구하는 서사에서 그것을 성찰하는 비판적 포스트휴머니즘의 서사로 변모한다. 포스트휴머니즘과 SF 장르의 연결 지점은 인간이 된다는 것의 의미와 인간의 윤리적 책임의 한계를 질문하는 담론이라는 점이다.[27] 디퍼들은 기술의 지원으로 신체를 개조하고 인간 능력을 초월하여 그들의 욕망을 달성하려 한다는 점에서 트랜스휴먼이지만, 끊임없이 인간됨에 대해 묻고 사유한다는 점에서 성찰적인 포스트휴머니즘의 수행자들이다.

디퍼란 건… 말하자면 정확한 인간은 아니겠지만, 그래서 어쩌면 정확한 인간이 아닐까, 라고도 느껴지는 거야. […] 유터러스에 인간은 내려갈 수 없어. 정확히 말하자면 인간의 생각이 도달할 뿐이지. 겨우 어떻게든 형질을 유지한

---

25 "인류에겐 끊임없이 가야 할 곳이 필요하네. 아카데미 설립 직후 얀과 가진 만찬에서 총통이 한 얘기였다. 저 역시 가야만 하는 인간입니다."(126쪽)

26 토드 메이, 변진경 역, 『부서지기 쉬운 삶』, 돌베개, 2018, 20쪽 이하. 철학자 버나드 윌리엄스(Bernard Williams)의 표현대로 인간은 삶의 과제를 수행하고, 과제에 관여하고, 과제를 통해 삶을 형성한다. 그러나 과제 수행의 좌절은 인간에게 상처 받을 수 있는 가능성을 제공한다.

27 Sherryl Vint, op. cit.

채 말이야. 그런데 이상하지 않아? 생각은 대체 어디에 있는 걸까. (120-121면)

아무튼 이렇게 팽창하고 있지만, 인류는 자신에 대해선 아무것도 모르고 있
어. 자신의 내부에 대해선, 결국 이 별에 대해선 말이야. (123면)

디퍼들의 심해 해구로의 탐사 작업은 일견 인간 내면으로의 침잠 행위에
비유될 수 있다. 그들은 대체 체액 R-71을 주입받은 후 신체의 변화, 감각의
변화를 섬세하게 인지한다. 그들은 불안과 초조의 상태 속에서 '인간'의 의
미를 물으면서 '새로운 인간 종'(posthuman)으로 재탄생한다. 심해 탐험을 위
한 그들의 '변신'은 트랜스휴먼으로서 인간의 의지를 극한까지 추구하는 것
이지만, 더 이상 지상에서의 삶을 살 수 없게 됨으로써 다른 인간과 만날 수
없는, 말 그대로 인간이기를 포기하는 행위라는 점에서 극단적인 결정이 될
수밖에 없다. 그들은 파우스트적 정복욕에 이끌린 근대적-트랜스휴먼적 욕
망의 화신이자 희생자이다. 그러나 소설의 결말에서 그들은 심해 탐험을 완
수(더 정확히는 초과 달성)하는 동시에 죽음으로써 그것의 무상함과 허무함을
고발한다. 이 또한 트랜스휴먼이 꿈꾸는 이카로스적 비상의 결말로 보인다.

박민규는 이 소설 외에도 불멸을 위한 트랜스휴먼의 가장 중요한 기술인
인간냉동기술이 소수의 권력자들에게만 어떻게 이용되는지 「굿모닝 존 웨
인」[28]을 통해 고발하고, 「로드 킬」[29]을 통해서 양극화된 사회 속에서 비인간
화된 인간을 신랄하게 고발한다.[30] 특히, 「굿모닝 존 웨인」에서 미래의 인류

---

28 박민규, 「굿모닝 존 웨인」, 『더블』 side A.
29 박민규, 「로드 킬」, 박형서 외, 『2012 '작가'가 선정한 오늘의 소설』, 작가, 2012.
30 두 소설에 대한 상세한 해석은, 노대원, 「한국 문학의 포스트휴먼적 상상력-2000년대
   이후 사이언스 픽션 단편소설을 중심으로」, 『Comparative Korean Studies』23권 2호,

는 인간냉동기술이 완벽하게 활용되고 암까지 정복할 정도로 고도로 발전
한 의학기술을 가지고 있다.[31] 하지만 미래의 인간 역시 외계에서 도착한 바
이러스 'BL7'(bio safety level 7)이라는 신체적 위협에는 여전히 속수무책인 상
처 입을 수 있는 주체(vulnerable subject)에 불과하다. 여기서 인간 냉동보존
술을 통한 생명 연장에 관한 묘사는 대표적인 트랜스휴머니스트인 막스 모
어(Max More)가 이끄는 알코어 생명연장재단이 실제로 인체냉동보존 서비
스를 제공하고 있는 것을 연상시킨다.[32] 즉, 트랜스휴머니즘에 대한 서사적
풍자와 비판이 이루어진다. 박민규의 SF들에서 포스트휴먼의 취약성은 이
처럼 주로 과학기술에 회의적 태도를 드러내고 특히 권력자의 횡포에 비판
을 위한 장치가 된다.

4. 포스트휴먼 진화와 퇴화의 역설
—김보영의 「우수한 유전자」를 중심으로

김보영의 「우수한 유전자」는 '유전자 판별기'라는 유전공학 기술이 도입
된 세계를 배경으로 삼는다. 이 세계에서 유전자 판별기가 도입된 이후, 소

국제비교한국학회, 2015, 346~354쪽 참고.
31 박민규, 「굿모닝 존 웨인」, 앞의 책, 223쪽. "의학은 눈부신 성장을 했다. 21세기의
   불치병이 정복된 건 까마득한 옛날의 일이다. 물론 암이 신형, 변종의 형태로 명맥을
   유지하긴 했지만 중세처럼 치명적이고 위협적인 대상은 아니었다. 24세기 이후의
   신탁자들은 대개가 정신질환이었다. 바이러스도 점차 신경계를 공격하는 성향이
   강해졌다. 문명의 발달과 함께 인류는 현저히 '정신적인' 개체로 변해갔고, 마치
   약속처럼 인류의 질병도 '정신적인' 것으로 변해왔다."
32 신상규, 앞의 책, 114-116쪽.

수의 상류 계층은 '스카이돔'이라는 자신들만의 도시에 살게 된다. 나머지 일반인들은 '키바' 지역에 사는데, 이들은 정보와 기술로부터 고립되어 문명이 오히려 퇴화하게 되었다. 과학기술이 극도로 발달한 테크노유토피아가 아니라 오히려 기술이 상실된 이른바 '로테크놀로지'(low-technology)[33] 상태의 키바가 주요 무대라는 점이 SF 장르로서 독특하다. 소설의 서두와 말미에 배치된 서신 중간에 키바로 복지회 봉사활동 여행을 떠난 스카이돔 청년의 이야기가 삽입된 액자식 구성이다.

소설 서두의 서신은 스카이돔 출신의 평등주의적 이상을 품은 청년이 서술자로 여겨진다. 실제로 인간 향상과 관련된 윤리적 논쟁에서 자유주의 우생학(libertarian eugenics)은 국가가 의무교육을 실시하듯이 향상을 일종의 의무로 부과할 수 있다고 본다. 혹은, 유전적 구분에 따른 사회 불평등을 방지하기 위해 국가가 향상을 사회복지 차원에서 접근할 수 있다고 본다.[34]

액자 안쪽 이야기는 주로 스카이돔 청년의 시선에서 로테크 세계인 키바 사람들의 낙후되고 퇴화된 생활상과 문화를 보여준다. 이것은 마치 올더스 헉슬리의 『멋진 신세계』에서 과학기술이 발전한 '세계국'(World State)에 사는 주인공 '버나드 마르크스'가 야만인 보호구역에 방문한 여행을 상기시킨다. 「우수한 유전자」에서, 스카이돔 사람들의 수명이 200살인데, 키바 사람들의 수명은 50살이라는 것은 두 사회의 양극화된 과학 문명의 실상을 극적으로 대비해 보여주는 설정이다. 애초에 '우수한 유전자'를 지니고 태어난 스카이돔 사람들은 어린 시절부터 고도의 교육을 받으며 질병의 고통

33 크로노스케이프, 앞의 책, 78-79쪽.
34 신상규, 앞의 책, 127-133쪽.

을 모르고 산다. 그들은 아마 유전자 조작이나 선택 과정을 거쳐 '맞춤아기' (designer baby)로 태어날 것이다.[35] 이에 반해, 키바 사람들은 문명화된 의료 혜택을 받지 못하고 주술에 의존한다. 또한 어떤 사람들은 신체적 장애를 갖고 태어나기도 한다.

언뜻 보기에, 스카이돔 사람들은 향상 기술을 통해 상처 입을 수 없는 존재인 반면 키바 사람들은 상처 입을 가능성에 언제나 노출된 연약한 인간들이다. 키바 사람들에 대한 서술자의 태도는 우월감과 동시에 동정적이고 시혜적인 태도에서 점점 혐오와 분노로 바뀌어간다. 심지어 한 어린아이는 이미 21세기에 예방접종으로 정복된 성홍열로 보이는 전염병으로 괴로워하다가 죽기까지 하는 장면에서 서술자의 분노와 혐오는 절정에 달한다. 이러한 그의 태도는 과학 문명에 대한 분명한 우월감과 위계 논리에서 비롯된다. 이처럼 실제로 인간의 취약성을 제거하기 위한 트랜스휴머니즘적 인간향상은 우생학과 차별, 편견의 위험성을 언제나 내포할 수 있다.[36] 그러나 액자 안쪽 이야기의 스카이돔 청년이 아니라 키바 사람이 작성한, 소설 말미의 서신은 이 모든 서사적 판단들을 뒤엎는다.

스카이돔의 사람들은 아직 육체에 과도하게 얽매여 있으므로 매일 엄청난 분량의 식사를 섭취해야 합니다. 더위와 추위를 견디지 못하므로 늘 같은 기온을 유지하는 건물이 필요하고, 질병에 취약하므로 모든 종류의 예방접종을 받아야 합니다. 이제는 우리가 그들을 위해 만들어 준 감옥(비록 우리가

---

35 같은 책, 74-75쪽. 유전자 연구를 통해 유전적 요인에 의한 결함이나 질병들이 유전자 치료로 치유되고 극복될 것으로 예견된다.
36 Alfredo Marcos, op. cit., p.43.

최대한 그들의 취향에 맞춰 주고는 있지만) 안에서밖에는 살 수 없는 몸이 되고 말았습니다.[37]

이 서술자의 견해에 따르면, 스카이돔 사람들은 우월한 신체와 문명을 지닌 것이 아니라 신체와 물질에 집착하는 생활양식을 지닌 것에 불과하다. 그들은 취약한 신체 때문에 물리적 환경과 의료 시스템에 의존할 수밖에 없다. 특히 물질과 신체에 과도한 의미를 부여하는 가치관 속에서는 신체는 역설적으로 외부에서 생겨날 수 있는 상처와 고통 때문에 더욱 보호받아야 할 대상이 되고 만다. 유전자 우위와 열위의 관계를 전복함으로써 소설의 독자에게 진화와 퇴화의 기준과 척도를 재고하고 성찰하도록 권한다.

물론 과학기술을 배제하는 키바 사람들의 정신주의 역시 비판의 대상이 될 수 있다. 그들은 실제로 상처 입지 않는 신체와 환경을 가졌다기보다는 '상처 받지 않는 초연한 태도'(invulnerabilism)로 삶에 임한다고 볼 수 있다. 즉, 이 태도는 내면에 불행과 고통에 영향을 받지 않거나 흔들리지 않는 무심함의 공간을 만들어, 궁극적으로 상처 받지 않고 그 일에 거리를 두고 존재의 중심이 흔들리지 않게 하는 것이다.[38]

이러한 독특한 삶의 태도 역시 키바 사람들의 또 다른 방식의 학문적, 정신적 발전상이라고도 볼 수 있다. 실제로 소설 말미의 서신에서는 물질주의적 가치관이 팽배했던 시절에 유전자 판별기가 도입되었던 점을 강하게 비판한다. 서구적 근대과학의 전적인 신뢰와 자본주의적 자유주의가 결합하

---

37 김보영, 「우수한 유전자」, 『멀리 가는 이야기』, 행복한책읽기, 2010, 186쪽.
38 토드 메이, 앞의 책, 16-18쪽.

여 트랜스휴머니즘으로 나타난다는 점[39]을 고려하면, 키바 사람들의 고도의 정신주의는 이에 대한 비판적 테제로서 동양 사상의 심화 버전이라고 할 수 있다.[40] 이처럼 김보영의 소설은 취약성이 정신주의와 물질주의적 문명에 따라 다른 양상으로 나타날 수 있음을 흥미롭게 제시한다. 또한 취약성이 과학기술의 발전을 통해서만 극복될 수 있는 것이 아니며, 오히려 그것은 인간을 취약한 조건 속에 던져 넣는 것이라는 전복적 사유마저 성찰하도록 유도한다.

김보영은 이 소설 외에도 「진화신화」나 「지구의 하늘에는 별이 빛나고 있다」[41] 등을 통해서 우성과 열성, 정상과 비정상의 관계, 그리고 진화의 단선적 진보 서사를 반성하도록 해 왔다. 이를테면, 「지구의 하늘에는 별이 빛나고 있다」에서는 다른 행성에 사는 '특수기면증 환자'로 불리는 주인공을 등장시켜 '수면'이라는 신체적 취약성과 한계 조건을 전복시킨다. '잠'이라는 지구인(인간)의 독특한 리듬은 외부의 위협에 노출된 위험한 상태일 수도 있지만, 역으로 그것은 인간 문화의 특별함과 아름다움을 이루는 출발점으로 이해될 수 있기 때문이다. 김보영 SF는 자연과학과 기술문명의 발전 문제를 넘어서 인식의 지평 을 확장시키는 것에 의미를 둔다는 점에서, 포스트휴먼 시대를 사유하는 사변 소설(Speculative Fiction)[42]로 보기에 충분하다.

---

39 신상규, 앞의 책, 120쪽. 예를 들어, 트랜스휴머니즘의 다양한 흐름 중 하나인 휴머니티 플러스(humanity+)는 기술애호가적이며 시장 자유주의적 관점을 가지고 있다. 실리콘 밸리의 백만장자들의 경제적 후원에 힘입어 지도부를 장악했다.
40 많은 서구 철학 전통에서는 인간을 불완전한 존재로 보는 반면, 동양의 사유 전통에서는 인간을 완전한 존재로 보는 경향이 있다.
41 김보영, 「진화신화」, 「지구의 하늘에는 별이 빛나고 있다」, 『진화신화』, 행복한책읽기, 2010.
42 고장원, 『SF란 무엇인가?』, 부크크, 2015, 240-241쪽; 고장원, 『세계과학소설사』, 채륜,

5. 아킬레스의 발뒤꿈치에 관한 명상

지금까지 한국 포스트휴먼 SF의 주요 텍스트들에서 인간 향상과 취약성이 어떻게 서사화 되는지 살펴보았다. 윤이형의 인물들은 진보로서의 인간 진화 서사에 강한 매혹과 열망을 느끼는데 결국 그 트랜스휴머니즘의 욕망을 이내 반성하는 비판적 포스트휴머니즘의 서사로 전환한다. 박민규는 트랜스휴먼의 정복 서사를 허무주의와 회의주의적 태도를 통해 반성하도록 한다. 김보영은 생물의 진화가 진보가 아닌 환경에 적응한 결과라는 과학적 사실에 근거하여 인간과 과학(문명)의 진보적 서사를 교란하거나 전복하는 서사를 보여준다.

이러한 트랜스휴머니즘 서사와 인간 향상 모티프에 관한 SF의 비판적 성찰은 특유의 서사 전략과 미학을 동반한다. 윤이형의 SF는 두 인물의 대조적인 삶의 선택(플롯)과 트랜스휴머니즘에 반(反)하는 비상(飛翔)과 추락이 오버랩 되는 이미지를 통해, 박민규의 SF는 정복 서사에 깔린 음울한 성찰적 분위기와 정복의 끝이 바로 무(無)의 귀결이라는 결말을 통해, 김보영의 SF는 진화와 퇴화의 대조와 그것의 충격적인 반전 효과를 통해, 인간 향상과 진보 서사를 비판한다. 세 작가의 텍스트는 서사 기법 면에서 큰 차이를 보이지만, 공통적으로 트랜스휴먼과 포스트휴먼의 무적성과 완전성에 회의적인 태도를 보인다. 그들의 인물들은 과학기술과 인간 향상 기술로는 전적으로 행복이나 삶의 안녕(well-being)을 보장받지 못했다.

2008, 41-45쪽도 참고. "자연과학을 모티브로 한 종래의 과학소설만이 아니라 인류의 인식의 지평을 넓혀주는 소설"은 사변 소설이라는 더 큰 범주에 속할 수 있다.

철학자 쿠컬베그나 마르코스는 포스트휴먼의 취약성 문제를 논의하면서 공통적으로 그리스 신화에 나오는 아킬레스(Achilles)의 이야기를 예화로 제시한다.[43] 아킬레스는 불사와 무적의(invulnerable) 신체였지만 발뒤꿈치만은 취약했고, 결국 그 단 한 군데 약점에 화살을 맞아 죽음을 맞이한다. 아킬레스의 우화는 포스트휴먼 비전에서 중요한 교훈점이 될 수 있다. 인간 향상이 인간의 결함을 0으로 축소시킨다거나 하는 유토피아적 발상은 실현되기 어렵다. 또한 인간 향상 기술이 '더 나은 인간이나 더 나은 삶'을 가능하게 하는 것은 아니다.[44] 인간의 불행을 모두 제거하거나 행복을 제공해 줄 것이라는 기대도 부정적이다.[45]

기술철학이나 포트스휴머니즘 담론의 논의 이전에 사실 이미 많은 소설 텍스트들이 과학기술에 회의적 태도를 보여주었다. 물론, 그것은 서사적 갈등을 통해 플롯을 전개해야 하는 소설 장르 특성 때문일 수도 있다. 그러나 진지한 문학적 SF 텍스트라면 기본적으로 트랜스/포스트휴먼의 고통과 결함 없는 완벽한 신체와 정신, 완전한 사회를 유토피아적으로 묘사하지 않는다. 탁월한 SF 텍스트가 이념적 태도를 직접적으로 주장하지 않는 것처럼, 인간 향상과 과학기술에 대한 회의적 태도가 과학기술의 일방적인 배격으로 이어져서는 안 된다. 인간의 취약성은 숙명이지만 그것에 일방적으로 굴복하거나 체념하는 것 역시 또 다른 허무주의를 낳을 수 있다.

기술낙관론자들과 트랜스휴머니트들은 이러한 인간의 취약성을 제거하

---

43 Mark Coeckelbergh, op. cit., pp.7-8. Alfredo Marcos, op. cit., p.37.
44 신상규, 앞의 책, 66-67쪽.
45 이상헌, 「포스트휴먼과 행복-기술적 인간향상(human enhancement)으로 행복해질 수 있을까?」, 『철학논집』 51권, 서강대학교 철학연구소, 2017 참고.

기 위한 인간 향상 기술을 적극 옹호한다. 인간의 취약성이라는 본성은 고통, 약점, 결핍과 수동성 등 부정적인 의미와 동일하다고 가정하기 때문이다. 그러나 쿠컬베그의 주장처럼 인간의 취약성을 없애는 목표는 다양한 이유들로 실현 불가능하다. 한편으로 취약성의 제거는 인간의 상호 의존성과 윤리적 책임 같은 말 그대로의 가능성과 역량을 제거하는 일이기도 하다. 또한 정서적 취약성의 축소는 기쁨의 정서를 제거하는 것과 유사하므로 인간 본성과 행복의 긍정적인 측면까지 축소시킬 수 있다. 이러한 이유로 이 서사적 주제의 SF 텍스트들은 개인 윤리는 물론 공동체 문제와 관련될 수 있다. 윤이형의 SF 텍스트가 보여준 것처럼, 인간의 행복과 성취는 오히려 취약하고 유한한 조건 속에서 더 큰 의미를 가질 수도 있다. 또한 취약성을 제거하기 위한 욕망은 취약한 타자와 다른 사회 및 실체에 대한 폭력이나 식민주의적 침략, 일방적인 통합의 문제로 이어질 수 있다. 또한 트랜스휴머니즘적 인간 향상에는 박민규와 김보영의 SF 텍스트가 경고한 것처럼 차별과 편견의 위험도 항상 존재한다.

기술낙관주의(technophilia)의 예상과는 달리, 포스트휴먼과 트랜스휴먼 역시 그 조건과 정도의 차는 있으나 현재의 인간처럼 여전히 삶의 다양한 측면에서 취약성이 존재할 것이다. 그러므로 포스트휴먼 사회에서도 고통과 불행에 대한 사유, 그리고 윤리적, 실존적, 공동체적 사유가 필수적일 것이다. 그것이 포스트휴먼 시대를 맞이하여 새롭게 업데이트된 인문학, 즉 '포스트-인문학'이 존재해야만 하는 이유다. 고통과 불행이 사라지지 않는 한 인문학의 사유와 실천 역시 멈출 수 없다.

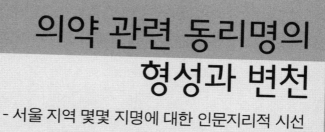

의약 관련 동리명의 형성과 변천
- 서울 지역 몇몇 지명에 대한 인문지리적 시선

김양진 (경희대학교 문과대학 국어국문학과 교수)

1. 들어가며

대부분의 지명이 지리적 특성에 따라 명명되는 자연지리명이지만 때로 역사적 인물이나 역사적 사건 등 인문적 특성이 반영된 지명도 적지 않다.[1] 이 글은 그 가운데에서 인간의 삶과 밀접한 개념인 의료 및 약재가 지명에 남겨진 양상을 조망해 보기 위해 작성된 것이다.[2] 따라서 기존의 지명 연구에서 논의해 온 지명형태소 중심의 지리학적 연구에서 벗어나서 언어적 사건과 사고가 결합된 인문학적 관점의 연구로 방향을 설정하고 논의를 전개하고자 한다.[3] 본고에서 의료와 약재란 인생지사의 생로병사에 관여하는 다

---

1 사람 이름이 지명에 반영되는 경우는 '안국동'(조선 성종 때의 유신 김안국의 이름에서 기원하였다)이라든지 세종로, 퇴계로, 을지로, 고산자로 등 각종 도로명이 그것이고, 사건이 지명에 반영되는 경우는 '재동'이라든지 뒤에 언급할 '죽동(竹同)' 등이 그러한 예로 거론될 수 있다.

2 이 글은 경희대학교 HK+통합의료인문학단의 아젠다인 '인문학적 관점에서의 의료 바라보기'의 일환으로 작성된 글이다. 따라서 본고는 의료와 관련한 지명을 학술적으로 논술하는 것보다 의료 관련 지명을 집대성하는 데 초점을 두고 작성되었다.

3 예를 들어, '아현동' 즉 '애오개'는 본래 인근에 있던 대현동에 대비해서 '작은 고개'라는 의미로 사용된 것이지만 훗날 이곳에 버려진 사람들이나 아이들의 무덤이 많아지면서 아이무덤이 많은 고개라는 의미에서 '아이고개〉애고개〉애오개'가 되었다는 민간어원적 설명을 이 지명의 어원에서 빼놓을 수 없는 주요한 요소로 보고자 하는 것이다.

양한 의-약의 측면을 포괄하는 것이다.

의료와 약재는 질병과 함께 인류가 숙명처럼 안고 살아가야 하는 대상들이다. 질병(疾病, disease)은 사람의 몸에서 일어나는 사건을 가리키는 말이다. 그런 의미에서 질병은 '몸'이라는 실체적 근거를 가지는 현상이다. 질병의 존재는 필연적으로 의료와 약재의 발달을 이끌어왔다.[4] 한편 사람의 삶에서 떼어 놓을 수 없는 의료와 약재의 존재는 땅이름의 형성에서도 그 흔적을 찾아볼 수 있다. 흔치는 않지만 적지 않은 지명이 의료 및 약재의 존재와 함께 호명되는 일이 있는 것이다. 이 논문은 현재 서울 지역에 남겨진 지명 가운데 의료 및 약재와 관련한 지명들에 어떤 것이 있는지 알아보고 그러한 지명들의 인문학적 측면을 검토해 보기 위한 것이다.

2. 계동(桂洞) 이야기

서울시 종로구 계동의 원래 지명은 '제생동'이었다. 본래 이곳에 조선 초기부터 민간인을 위한 공공의료기관인 '제생원(濟生院)'이 있어서 '제생동(濟生洞)'이라고 하던 것이 음이 변하여 '계생동(桂生洞)'이 되었다가 줄어서 '계

이와 같이 본고에서는 본래 이름이 자연지리명에서 근거한 것이라 할지라도 훗날 덧붙여진 이름에 대한 다양한 인위적 설명들 역시 그 지역의 인문지리적 지명으로서 유의미하다는 관점에서 지명과 의료의 관련성을 서술해 보고자 한다.

4 이 '질병'을 어떻게 보고 개념화할 것인가의 문제는 의학(medical science)의 핵심 문제이다. 질병에 대한 규정에 따라 그것을 다루는 의학의 기본 성격이 달라지기 때문이다. 의학 발전의 역사를 살펴보면 늘 질병을 어떻게 볼 것인가의 문제가 중심에 자리 잡고 있음을 알 수 있다. 질병에 대한 규정에 따라 그것을 다루는 의학의 기본 성격이 달라지기 때문이다.

동(桂洞)'이 되었다는 것이 일반적인 이야기이다. 여기에 훗날 일제 치하, 창지개명(創地改名)을 위해 1914년 동명을 제정할 때 '계생동'이라는 발음이 '기생동(妓生洞)'과 비슷하다는 이유로 '생(生)' 자를 생략하여 '계동(桂洞)'으로 줄인 데서 유래되었다는 설이 덧붙었다.

하지만 이 지역의 이름이 '계생동'의 준말인 '계동(桂洞)'으로 나타난 것은 정조 대부터이다. 이 지역은 본래 한성부 북부 양덕방에 속해 있어서 영조 27년(1751)에 간행된 『도성삼군문분계총록』까지도 한성부 북부 양덕방계 소속으로 되어 있다가 정조 12년(1788)에서야 '양덕방계'를 '계생동계(桂生洞契)'로 하라는 교지에 따라 '제생동계'로부터 역구개음화에 의해 발음이 바뀐 '계생동계'라는 지명이 공식화된 것이다. 한편, '계생동계(桂生洞契)'는 고종 4년(1867)에 간행된 『육전조례』에는 다시 '양덕방 계생동계'로 바뀌었으며, 1895년 윤5월 1일 대한제국 칙령 제98호로 한성부 북서(北署) 양덕방 계생동계에 '계동(桂洞)'이 신설되었다. 따라서 "1914년 창지개명 때 '계생동'이라는 발음이 '기생동(妓生洞)'과 비슷하다는 이유로 '생(生)' 자를 생략하여 '계동(桂洞)'으로 줄였다"는 유래설이 잘못된 전언임을 알 수 있다.

조선 초기의 '제생원(濟生院)'에서 기원한 '제생동'이 18세기 후반(정조 대)에 가서 '계생동'으로 바뀌고 그 준말인 '계동(桂洞)'으로 속칭되다가 대한제국기인 1895년에 '계동(桂洞)'이 공식 명칭으로 정착하였다. 아마도 그 사이에 '계생동'이 '기생동(妓生洞)'과 발음이 비슷하다는 인식이 지속되었을 터인데, 이러한 인식이 누적된 상태에서 1914년 일제 강점기의 창지개명 당시에 '계생동(桂生洞)'이 아니라 '계동(桂洞)'을 공식 지명으로 선택하는 이유 중 하나로 '기생동(妓生洞)' 운운의 이유를 달았던 것이, 오늘날까지 혹간 일각에서 '계동(桂洞)'이라는 지명이 마치 일제 강점기 창지개명의 흔적인 것처럼 언

급하게 된 일의 전말이 아닌가 한다.[5]

이른바 '계동마님'으로 정착한 서울 토착 양반가문의 주거지였던 '계동(桂洞)'이라는 지명의 연원이 되는 제생원(濟生院)의 터에는 현재 3호선 안국역 3번 출구 현대사옥 화단 내에 "조선초 서민 의료기관터. 극빈자의 치료와 미아의 보호를 맡았으나 세조 때 혜민서에 병합되었다. 조선조 말엽 이 터에 계동궁이 들어섰다."라는 표석 문구와, "일반 백성의 질병 치료와 구호사업, 의녀 양성, 향약재(鄕藥材) 수납, 향약에 관한 의학서 편찬 등의 의료사업을 수행한 기관"라는 표석 설명을 담아 설치되어 있다. 한편 이곳에서 멀지 않은 재동(齋洞)[6]에 갑신정변 때 참살당한 홍영식의 집을 개조하여 우리나

---

5 계동은 이후, 1936년 4월 1일 조선총독부령 제8호로 경성부 관할구역이 확장되고 경기도고시 제32호로 동 명칭이 개정될 때 경성부 '계동정/계동마찌(桂洞町)'가 되면서 일본식 지명이 되고, 1943년 6월 10일 조선총독부령 제163호에 의한 구제도(區制度) 실시로 종로구가 신설되면서 '경성부 종로구 계동정/계동마찌'이 되었다. 광복 후 1946년 10월 1일 서울시현장과 미군정법령 제106호에 의해 일제 식 동명을 우리 동명으로 바꿀 때 '계동(桂洞)'으로 바로잡혀 오늘에 이르는데, 일각에서는 여전히 '계동(桂洞)'을 '계생동'을 일본식으로 바꾼 '桂洞町'에서 온 것으로 본다. 한편 계동은 '계산동계(桂山洞契)'로도 불렸는데 '제생동'이 '계생동'이 되면서 일각에서는 이를 '계산동계(桂山洞契)'으로 쓰기도 했다.

6 재동(齋洞)은 본래 태종 때 한양의 행정구역을 정할 때, 가회방(嘉會坊)에 속하던 지역이었는데, 수양대군(훗날의 세조)이 계유정난을 일으켰던 1453년에 황보인 등 이 지역에 살던 단종 지지 세력을 참살하면서 이들이 흘린 피가 내를 이루어 피비린내가 나므로 마을 사람들이 집안의 재를 가져다가 길을 덮어 잿골, 즉 회동(灰洞)이라고 하였다는 데서 기원한 지명이다. 물론 여기에는 '嘉會洞'의 '회동(會洞)'을 '아름답다'는 뜻의 '嘉'를 제거하고 '灰洞'으로 변주한 뒤, 또 이를 다시 '잿골'로 읽은 민간의 언어 의식이 개입한 것이겠지만, 앞서 언급한 것처럼 사람 사이의 사건이 땅이름에 남겨진 대표적인 경우라 할 수 있을 것이다. '잿골'의 '재동'이 '재계하다'의 의미를 갖는 '齋洞'으로 된 데에는 피해자들의 억울함을 씻고자 하는 후세 사람들의 마음이 담겨 있었을지도 모르지만 '잿골/재동'이 언제부터 '齋洞'으로 기록되었는지는 알 수 없으나(『조선왕조실록』에서는 영조 연간부터 '齋洞'이 문증된다) 의료와 직접 관련되어 있지는 않지만 '죽음'이라는 소재로 가득 찬 '재동(齋洞)'이라는 지명 역시 의료 인문학적

라 최초의 서양식 병원으로 설립된 '제중원(濟衆院)'[7] 터가 있으니 지명을 기반으로 하는 의료의 역사가 우연히 이어져 가기도 하였다.

3. 약현과 가운뎃말[8]

약현(藥峴)은 현재 서울시 서대문구 중림동의 옛 지명이다. 중림동이라는 동명은 조선시대의 지명인 서부 반석방(盤石坊) 약전중동(樂田中洞)과 한림동(翰林洞)의 글자를 각각 한 자씩 따온 데서 비롯된다.

약전중동(樂田中洞)이란 '약밭가운뎃말'을 한자로 쓴 것인데 예전에는 이곳에 서울 장안에 한약재를 공급하는 약초밭, 즉 약전(藥田)이 있었기 때문에 붙여진 이름이다. 현재의 중구 만리동1가 · 봉래동2가 · 중림동에 걸쳐

관점에서 눈여겨 살펴볼 지명의 하나라 생각한다.

7 제중원(濟衆院)은 1884년 10월 17일 김옥균 등이 일으킨 갑신정변 때 개화파 일당의 칼에 맞아 중상을 입고 사경(死境)을 헤매던 민영익을 당시 선교사로 들어와 있던 의사 알렌이 치료하여 완쾌되면서 서양의술의 효능을 확인하고, 고종의 명에 의해 홍영식의 집에 서양식 병원을 설립하게 된 것이다. 1884년 3월부터 폐가가 되다시피 한 건물을 한 달여에 걸쳐 병원으로 개조하여 약 40개 병상을 갖추고 4월 10일부터 진료를 시작하였는데, 집 수리비용과 경상비 일체를 조선 정부에서 부담하였으니 조선의 관용 의료기관이었다고 할 수 있을 것이다. 처음에는 이름을 광혜원(廣惠院)이라고 하였는데, 4월 21일 통리교섭통상사무아문(지금의 외교통상부)의 보고에 따라 제중원(濟衆院)으로 바꾸었다가, 2년 뒤 환자가 늘어나면서 을지로로 이전하였다가, 1904년 지금의 서울역 앞 도동(桃洞, 복숭아골)에 세워진 세브란스 병원으로 이어졌다. 광혜원(제중원) 건물은 현재 연세대학교 세브란스 의대 옆에 복원되어 있다.
8 이 절은 김양진(2020, 〈서울, 이야기가 있는 길을 따라서01: 약현을 따라서, 중림동〉, 《서울의회》 통권 200호, 서울시의회)에 실려 있는 내용의 일부를 전반적으로 수정하여 가져온 것이다.

있던 마을로, 남대문에서 나와서 만리재와 약현(약전현)으로 가는 갈림길 중간에 있어서 속칭 '가운뎃말'로 부르던 이름으로 한자명으로 약전중동(藥田中洞)·중동(中洞)으로도 불렸다.

이 약밭가운뎃말[藥田中洞]을 끼고 아현삼거리 쪽으로 넘어가는 구불구불한 고개를 약전현(藥田峴, 즉 약밭고개) 또는 약현(藥峴, 즉 약고개)이라고 했는데 훗날 이 고개 끝에 이명래고약이 자리하게 되었고, 인근에 종근당제약이 자리 잡았으니 약고개, 약현(藥峴)이라는 이름이 아직까지 허명은 아니다. 이 자리에는 현재 사적 제252호로 지정된 약현성당(藥峴聖堂)이 자리 잡고 있다.[9]

약현과 관련한 일화 중에 '약밥' 혹은 '약식(藥食)'의 어원이 이 지역에 살던 약봉(藥峯) 서성(徐渻, 1558~1631)의 어머니 고성 이씨와 관련이 있다는 설화가 있다. 달성 서씨 가문의 서해(徐海)[10]가 고성 이씨(固城李氏) 집안의 청풍군수를 지낸 이고(李股)의 무남독녀 외동딸과 혼인을 하게 되었는데, 혼례를 위해서 처자의 집으로 가는 길에 주막의 주모가 서해를 보고서는 "그 참, 신랑은 괜찮은데…." 하면서 여러 번 지나치자, 서해의 아버지 서고(徐固)가 주모를 붙잡아서 "왜 자꾸 그런 소릴 하면서 지나치는가"라고 다그쳤다. 주모는 "그 참 신랑은 괜찮은데, 혼인할 처자가 당달봉사"라고 했다. 이에 아

9　옛 종로학원 건너편에 자리 잡은 약현성당은 1891년(고종 28) 천주교에 대한 박해가 끝나고, 서소문 역사공원이 내려다보이는 약현(藥峴) 언덕 위에 순교자들의 넋을 기리고 그 정신을 본받기 위해 세워진 건물이다. 약현성당은 종현본당(鐘峴本堂, 현 명동성당)에서 분리되어 서울에서 두 번째, 전국에서는 아홉 번째로 설립된 천주교 본당이자, 서울에 서구식으로 지어진 최초의 성당 건물이기도 하다.

10　함재(涵齋) 서해(徐海, 1537~1559)는 사가정(四佳亭) 서거정(徐居正, 1420~1488)의 증손자이며 퇴계 이황의 문하에서 서애 유성룡, 학봉 김성일 등과 동문수학하며 두각을 나타내었으나 불행히도 만 22세의 나이로 요절하였다.

버지 서고가 당장 돌아가자고 했으나 생각에 잠겨 있던 아들 서해는 "아버님, 여기서 제가 돌아간다면 저 처자는 결국 혼인을 못하고 그 집안도 문제가 될 것이니, 주모의 말을 믿기보다는 일단 가보지요." 하고는 약속대로 혼례를 올렸다. 혼례를 올리는 내내 새색시의 행동이 정상인과 너무 똑같아서 새신랑으로서는 다행이라고 여기고 첫날밤을 맞았다. 그리고 첫날밤, 새색시가 술을 따르는데 그때서야 호롱불빛 아래에서 새색시가 앞을 보지 못한다는 것을 알게 되었다. 서해는 크게 낙심을 했지만 내색하지 않고 얼마나 교육을 받았는지 알아보기 위해 여자의 삼종지도에 대해 물었다. 그랬더니 "어려서는 아버지를 따르고 출가하면 남편을 따르며 남편이 연로하고 큰아들이 장성하면 큰아들을 따른다"고 대답해서 "틀렸다"고 하니(삼종지도에 따르면 "남편이 '죽으면' 큰아들을 따른다"고 되어 있다) 새신부는 "오늘같이 좋은 날 좋지 않은 말은 하고 싶지 않았다"고 대답하였다. 이어서 서해가 시를 지어서 "달 밝은 밤 저 기러기 외로이 어디로 가고 있나"라고 하자, 신부는 "지금은 혼자 날지만 암기러기와 새끼 기러기가 기다리는 집으로 날아가니 혼자 가도 외롭지가 않네"하고 화답했다. 서해는 이를 듣고 눈뜬 사람보다 더 낫다고 무릎을 치며 눈뜬장님을 아내로 맞이하였다.

하지만 아들 서성이 3세일 때 서해는 22세의 젊은 나이로 일찍 세상을 떠나게 되었다. 장님의 몸으로 혼자 자식을 키우게 된 이씨 부인은 고향인 안동을 떠나 서울의 약고개에서 내외주점(몰락한 양반들이 운영하는 주점으로 주인이 술자리에 나오지 않고 문을 사이에 두고 3인칭 호격으로 주문하고 응대하는 주점)을 하며 먹고 살게 되었다. 이씨 부인은 생계를 위해 청주를 빚고 찰밥과 유밀과를 만들어 하인들을 시켜서 내다 팔기도 하였는데, 질 좋고 맛이 좋아서 장안에 화제가 될 정도였다. 이씨 부인이 만든 찰밥은 밤과 잣, 호두 등을 넣어 꿀에 재어서 만든 이른바 밀반(蜜飯)이었는데, 훗날 약밭이 있는 약고개에서 만들어 파는 밥이라는 뜻에서 '약반(藥飯), 즉 약밥'이라는 이름을 얻게 되었고 아울러 이씨 부인이 만든 유밀과도 '약과(藥果/藥菓)'라는 별칭을 얻게 되었다는 이야기가 회자되었다. 아울러 이러한 이야기는 지금은 '술'의 높임말이 되어 버린 '약주(藥酒)' 역시 단순히 '약이 되는 술'이라는 의미가 아니라 이씨 부인이 만들어 팔던 약고개 청주를 '약주(藥酒)'라고 하던 데에서 비롯한 것이라는 주장으로 이어진다.

바로 이 약고개에 자리 잡은 약봉(藥峯) 서성의 집을 허물고 그 자리에 약현성당이 들어서게 되어 사람들의 마음속 허기를 채우게 된 것도 우연 아닌 인연이라 할 것이다. 또 정조 때 영의정을 지낸 죽하(竹下) 김익(金熤)공과 대를 이어 영의정이 된 김재찬(金載瓚)공이 살던 집터가 인근에 남아 있어, 이른바 '약현대감댁(藥峴大監宅) 옛 집터' 표지석이 남겨져 있다.

문제는 '약현(藥峴)'의 '약(藥)'이 '약밥/약반(藥飯)/약식(藥食)', '약과(藥果)', '약주(藥酒)' 등의 어원이라는 이 이야기를 터무니없는 민간어원으로 볼 것인가 아니면 과연 이 단어들의 실제 어원이라고 믿을 것인가 하는 점이다. 기실 '약반/약식(藥飯/藥食)', '약과(藥果)'라는 말이 '밀반(蜜飯)', '유밀과(油密果)'와 이어져 있는데 '밀반(蜜飯)', '유밀과(油密果)' 등을 '약반(藥飯)', '약과(藥果)'라고 하는 일은 이미 조선 초기 세종 대부터 나타나기 때문에 '약반/약식(藥飯/藥食)', '약과(藥果)'의 '약현(藥峴)' 기원설은 민간어원설로 보지 않을 수 없다. 하지만 그렇다면 어떤 이유로 '밀반(蜜飯)', '유밀과(油密果)' 등을 '약반(藥飯)', '약과(藥果)'라고 하게 되었는지가 명확하지 않다는 문제가 생긴다.

이와 관련하여 정약용은 『아언각비(雅言覺非)』에서 "방언(方言)으로 '약(藥)'이란 '밀(蜜, 꿀)'이다. 그러므로 밀반(蜜飯)을 약반(藥飯)이라 하고 밀주

(蜜酒)를 약주(藥酒)라 하며 밀과(蜜果)를 약과(藥果)라 한다"고 전하고 있는 바, 여기서 '약(藥)'의 용법이 '밀(蜜)'의 뜻으로 쓰는 것은 중국에는 없는 한국 방언에서의 용법이라는 점에 주목할 필요가 있다. 비록 약주(藥酒)가 이미 태종 대의 기록에서부터 등장하고 '약과(藥菓)'도 이미 세종 대의 기록(세종 29년, 1447년)에서부터 등장하기는 하지만 '약반(藥飯)'만은 서성과 동시대의 이귀의『묵재일기』(1535~1567)나 후대의『인조실록』등에서부터 그 기록이 확인된다는 점에서 '약밥'의 어원에 대해 두 가지 시각을 고려할 필요가 있을 듯하다.

그 하나는 한국적 상황에서 '밀주(蜜酒)'를 '약주(藥酒)'라 하며 '밀과(蜜果)'를 '약과(藥果)'라고 하는 방언적 용법이 태종 대 이전의 어느 시기에 형성되었을 가능성이고, 다른 하나는 그러한 용법의 연장선상에서 '밀반(蜜飯)'을 '약반(藥飯)'이라 하는 일이 16세기 후반 혹은 17세기를 전후해서 이루어졌을 가능성이다.

첫 번째 문제는 현재로서는 뚜렷한 근거를 찾기가 쉽지 않다. 다만 '약(藥)'을 '밀(蜜)'의 뜻으로 쓰는 일은 단순한 한자 자의의 전이만으로는 설득력을 얻기 어렵기 때문에, 여기에는 어떤 '한국적'인 관점에서의 인문학적 내용이 연결되어 있지 않을까 하는 추측이 가능하다. 즉 꼭 '약현(藥峴)'과의 일화가 아니더라도 '밀과(蜜果)'를 '약과(藥果)'로 혹은 '밀주(蜜酒)'를 '약주(藥酒)'로 부르게 되고 이러한 용법이 일반인들에게 널리 일상화되는 어떤 '사건'이 조선 전기를 전후해서 발생해 있었을 가능성이 있다는 것이다. 우리의 문헌은 아직 어떠한 이유로 '밀(蜜)'이 '약(藥)'으로 사용되게 되었는지를 말해주지 못하지만, 오히려 그러한 문헌적 실체가 남겨져 있지 않기 때문에 이에 대해서는 좀 더 인문학적 관점에서의 '해석'이 뒤따라야 할 필요가 있다고 본다.

두 번째 문제 역시 간단하지는 않지만 '밀반(蜜飯)'의 존재가 오래된 것에 비해 '약반/약식(藥飯/藥食)'의 역사가 16세기 후반 이후에 등장해서 일반화되는 과정은 앞에서 소개한 약봉(藥峯) 서성의 어머니의 일화와의 관련성을 고려하지 않을 수 없다. 비록 민간어원적 측면이 포함되어 있다 하더라도 적어도 '약반(藥飯)'이라는 단어는 약봉(藥峯) 서성의 어머니와 관련된 앞의 일화가 널리 회자되면서 일반화되고 확장되었을 가능성이 있기 때문이다. 본고는 지명의 관점에서 역사적·지리적으로 확실한 사실을 파악하는 것보다 지역 이름에 남겨진 스토리 중에 의료적 사항과 관련한 내용들을 인문학적으로 점검해 보는 데 초점을 두고 작성되었다. 그런 관점에서는 오히려 민간어원적 내용까지를 포함해서 이러한 인문학적 스토리들이 지명의 내용을 더 풍부하게 하고 친근하게 함으로써 현지인은 물론 그곳을 방문하는 다른 사람들에게도 강한 인상을 남겨주고, 지명의 단순한 '지시적' 의미 이외의 '해석적' 의미를 갖게 하는 데 중요한 의의가 있다고 판단한다.

본고에서는 여기서 한 걸음 더 나아가서 적어도 '약반(藥飯)'이라는 말은 약현(藥峴) 혹은 약전중동(藥田中洞)과 연관이 있다는 주장과 함께, '약과(藥果)'나 '약주(藥酒)'의 형성도 사실은 약봉(藥峯) 서성 이전에 약현(藥峴) 혹은 약전중동(藥田中洞)에서 '밀과(蜜果)'와 '밀주(蜜酒)'를 팔았던 어떤 사건으로부터 기원했을 가능성이 있다고 본다. 즉 약현(藥峴)에서 약반(蜜飯)을 팔아서 유명해진 것은 물론 약봉(藥峯) 서성의 어머니이지만 그 이전에도 유사한 장면이 있어서 약현(藥峴) 혹은 약전중동(藥田中洞)에서 '밀과(蜜果)'와 '밀주(蜜酒)'를 팔았던 경험이 이들을 '약과(藥果)'나 '약주(藥酒)'로 부르게 했을 가능성이 있다는 것이다. 약전가운뎃말은 남대문과 서소문의 앞쪽에 형성된 마을이다. 필연적으로 조선 초부터 과거 시험을 보기 위해 삼남에서 모인 사람들이 사대문 안에 들어서기 전에 숙소를 잡았을 곳이다. 이곳에서 판매되는 '밀과(蜜果)'와 '밀주(蜜酒)'는 일찍부터 이들 사대부들이 과거시험을 치르기 이전 혹은 이후의 긴장을 푸는 데 요긴한 먹거리였을 것이다. 약현(藥峴) 혹은 약전중동(藥田中洞)이 조선 초기부터 성안에 약재를 제공하기 위한 장소로 사용되었음을 고려한다면 약현(藥峴)과 '약과(藥果)', '약주(藥酒)'의 관계가 형성될 개연성이 있기 때문이다. 다만 적어도 '약반(藥飯)'의 경우는 확실히 약봉(藥峯) 서성 모친의 일화와 관련되어 확산되었을 것이며, 이를 통해 그 기원이 오래되어 잊혀진 '약과(藥果)', '약주(藥酒)' 역시 다시금 회자되어 앞의 일화 속에 포함되게 된 것이 아닌가 한다. 이는 지명 속의 이야기들이 적층화되는 장면의 하나로 이해해 볼 수 있다.

4. 가칠목(架七木)과 전동(典洞)

동작구 본동에 있던 마을로서, 한강물이 불어나면 길이 막혀서 갇히게 되는 마을이라는 데에서 마을 이름이 유래된 것으로 알려져 있다. 한편 이 지명의 또 다른 어원으로 호열자(虎熱刺) 등 전염병자와 돌림병자들을 이곳에 격리시켜 두었다는 데서 붙여진 이름이라고도 한다. 호열자(虎熱刺)[11]의 연

---

11 호열자(虎列刺)는 '콜레라(colera)'를 가리키는 말로 오랫동안 괴질(怪疾) 혹은 토사곽란(吐瀉癨亂) 등 중세로만 지칭되어 오다가, 일본에서 'colera'의 음차 한자어로 '虎列刺[호열랄]'을 쓰던 것이 우리말에 잘못 전해져서 '호랑이가 살을 찢는 것 같은 고통을 가져다 주는 질병'이라는 뜻에서 '호열자(虎列刺)'로 불리게 된 말이다. 인도에서

원을 고려한다면 물론 후자의 어원은 나중에, 그것도 비교적 지금으로부터 가까운 때에 덧붙은 것이다.

이 지역의 또 다른 지명에 하가차산리(下加次山里)가 있는 것은 본래 이 지역의 낮은 산의 이름이 '가차산(加次山)'이었음을 말해 준다. '가차(加次)'와 '가칠(架七)'을 우리 고유어를 음차한 것으로 본다면 역시 '갇히-[가치]'와 같은 형태소의 추출이 가능한 측면이 있고, 이러한 지명의 어원으로부터 이 지역이 전염병자와 돌림병자를 가두어 두는 장소로 활용된 측면도 있다고 할 것이다. '가차(加次)'와 '가칠(架七)'의 본래 어원과 상관없이 이 지역 지명의 역사에서 전염병(돌림병)에 걸린 사람들을 한데 모아 가두어 두는, 즉 '갇히-'게 하는 일이 중요한 일이며 기억되어야 할 사건이라고 할 수 있다.

한편, 서울시 종로구 견지동 우정국로 59번지 일대의 옛 지명은 '전동(典洞)'이다. '전동(典洞)'은 이곳에 조선시대 '전의감(典醫監)'이 있던 데서 붙여진 지명이다. '전의감(典醫監)'은 태종 원년인 1401년에 설치되어 궁중에서 사용하는 의약의 공급과 국왕이 하사하는 의약에 관한 일 외에, 약재의 재배와 의원(醫員)을 취재(取才)하는 일을 맡아보던 관아이다.

훗날 선조 36년(1603)에는 전의감에 종기를 전문으로 치료하는 치종청(治腫廳)을 설치해서 전염병의 일종인 종기를 치유하는 공식 기관으로 활용되기도 하였는데, 그 후 치종청(治腫廳)이 혜민서에 소속되고 특히 조선 후기에 서양의술이 보급되기 시작하면서 그 기능이 축소되고, 그 자리에 대한제국기에 우정국이 설치되면서 폐지되었다.

1818년에 발병해서 1821년경 중국을 거쳐 우리나라에 들어온 이래 100여 년 동안 전염성 질병을 상징하는 대표 명사로 사용되었다.

동네명이 '전의감동(典醫監洞)'이 아니라 '전동(典洞)'인 데에는 행정기관명과 동명을 혼동하지 않으려는 인식이 작용한 것으로 보인다. 사간원(司諫院)이 있던 동네가 '사동(司洞)'이 된다든지 '도렴서(都染署)'가 있던 동네가 '도렴서동(都染署洞)'이 아니라 '도렴동(都染洞)'이 되는 등과 같다.

중구 수표동·을지로2가·장교동에 걸쳐 있던 혜민서동(惠民署洞, 즉 혜민섯골)은 조선시대에 의약과 서민 치료를 담당하였던 혜민서(惠民署)가 있던 데서 마을 이름이 유래되었는데, 전동(典洞)과 함께 전근대 시기까지 오랫동안 의약 관련 기관이 있던 곳이라는 의미에서 관습적인 동리명으로 사용되다가 혜민서가 폐지된 1882년(고종 19년) 이후 새로운 행정명으로 대체되어 지금에 이른다.

5. 그 밖의 지명 이야기

그 밖에 '계성동(鷄聲洞)'이나 '제기동(祭基洞)', '고래장바위'와 같이 죽음을 소재로 하는 지명과, '군자동'과 같이 탄생을 소재로 하는 지명 등도 생로병사의 의료인문학적 지명의 사례로 생각해 볼 수 있다.

'계성동(鷄聲洞)'은 도봉구 쌍문 제1동에 있던 마을로서, 지금의 서울시 도봉구 쌍문동 286번지 근처에 계성(鷄聲)이라는 사람과 그의 효자 아들이 살았던 데서 마을 이름이 유래되었다. 어느 날 갑자기 계성과 그 부인이 이름 모를 병으로 세상을 떠나자, 그 아들이 생시에 부모를 정성껏 모시지 못한 것을 후회하여 부모의 묘 앞에 움집을 짓고 여러 해 동안 기거하다가 죽게 되었고, 마을사람들이 그 아들의 효성을 지극히 여겨 그의 묘 근처에 효자

문을 두 개 세운 데서 쌍문동의 유래가 되었다는 것이다. '계성동(鷄聲洞)'의 속칭은 '계성께(鷄聲—)'인데 일각에서는 마을의 모양이 닭이 홰를 치며 우는 형국이라 하여 '계성께'라 하였고 한자명으로 '계성동(鷄聲洞)'이라고 하였다는 설이 있는데, 후자가 지리적 기반의 지명어원설이라면 전자는 인문학적 기반의 지명어원설이다. 본고에서는 발생적으로는 지리적 기반의 지명어원설이 우선하겠지만, 시대적으로는 인문학적 기반의 어원설이 더 많은 이야깃거리를 제공해 준다고 본다.

동대문구 제기동(祭基洞)에는 '계터'라는 마을이 있다. '계터'는 '제기(祭基)'의 '제터'가 역구개음화 현상에 따라 음이 변한 것이다. 이 지역에서 해마다 춘분과 추분에 왕이 풍농을 기원하기 위하여 선농단을 쌓고 친히 제사를 지낸 데서 마을 이름이 제터·제기·제기동이 되었다.

서초구 우면동 큰말 앞산에 있는 '고려장바위'는, 옛날 이곳이 고려장을 치르던 곳이라는 데에서 유래된 이름이고, 광진구의 '군자동'은 옛날 어느 왕의 일행이 거동하다가 마침 이곳 군자동 지금의 동2로변(전 남일농장 터)에서 묵게 되었는데, 그날 밤 동행하던 왕비가 옥동자를 낳았다는 이야기에 따라 '임금의 아들을 낳은 곳'이라는 뜻에서 유래되었다.

한편 지금의 종로구 우정국로 55번지에 위치한, 조계사 자리에는 19세기 초반, 순조(純祖, 재위 1800~1834)의 딸인 명온공주와 남편인 동녕위(東寧尉) 김현근이 살던 죽동궁이 있었는데, 김상용의 후손인 김현근이 정신병을 앓고 있어서 이를 치료하기 위해 그를 가운데 앉히고 무당들이 둘러서서 대나무로 만든 칼을 가지고 난무(亂舞)를 하는 치료 방법을 사용하였다. 그래서 매일 공주의 집에서 대나무 칼 부딪치는 소리가 나서 이곳을 '죽도궁(竹刀宮)'이라고 하다가, 곧 '죽동궁(竹洞宮)'으로 불리게 되어 이 지역을 한때 '죽동(竹洞)'이라고 부르게 되었다. 이후 '죽동궁(竹洞宮)'은 고종 때 명성왕후의 소유가 되었다가 명성왕후의 친정조카인 민영익이 살았는데, 갑신정변 때 개화파에게 피습을 당하여 사경에 처한 민영익을 미국인 의사 알렌이 치료를 하면서, 목숨을 구한 민영익은 다른 곳으로 이사하였고, 알렌은 앞서 말한 것처럼 홍영식의 집을 불하받아 최초의 서양식 병원이라 할 수 있는 제중원(濟衆院)을 세우는 계기가 되었다. 특히 '죽동(竹洞)'의 경우는 자연지리와 무관하게 인문지리적 사건이 지명에 정착하는 계기가 되는 독특한 경우라, 앞에서 살펴본 계동이나 약현과 같이 본래적으로 의료와 관련이 있던 지명들이 남겨진 것과는 그 결을 달리하는 것이다. 우리 지명 가운데 이와 같이 사람살이의 이야기들이 '그 땅'을 대표하는 이름으로 남겨진 일이 얼마나 될지 관심을 가지고 지켜볼 일이다.

6. 맺음말

이상에서 서울 지역의 지명 중에서 '의료인문학적 관점'에서 고려해 볼 만한 지명들을 두서없이 늘어놓아 보았다. 이 논문은 어떤 학술적 주장을 담은 것이 아니라 '지명과 의료'라는 원론적인 이야기를 연결시켜 보려는 인문학적 시도를 담은 것이다. 사람살이가 생로병사의 의료 및 약재와 뗄 수 없는 관계에 있다는 점에 착안하여 우리가 살아가는 땅이름 속에 그러한 관련성이 어떠한 양상으로 드러날지 막연한 마음을 품고 서울 지역의 여러 지명을 조사해 보면서, 자연지리명에 비해 많다고 할 수 없으나 또 적다고 할 수 없는 양의 지명들이 의료 및 약재 등 '사람의 병'을 매개로 하여 존재하고 있으며, 또 '생로병사'라는 인간사의 전 과정을 의료와 관련되는 폭넓은 관점을 취하게 된다면 더 다양한 관점에서 우리 지명을 다룰 수 있는 길이 열릴 것으로 생각한다.

또한 시야를 서울의 바깥으로 돌려 전국의 지명을 이러한 관점에서 바라본다면 더욱 다채로운 의료인문학적 지명들이 발굴될 수 있을 것으로 생각된다. 이 작은 이야기가 발단이 되어 의료와 이야기라는 소재가 지명뿐만 아니라 사람살이의 다양한 부문으로 확산되는 계기가 될 수도 있으리라. 이 글을 보는 여러 선생님들의 많은 관심을 감히 청해 본다.

참고문헌

의료문학의 개념 정립을 위하여 / 이병훈

Charon Rita, "Literary Concepts for Medical Readers: Frame, Time, Plot, Desire", *Teaching Literature and Medicine*, ed. A.H.Hawkins and M.C.McEntyre(New York: The Modern Language Association), 2000.

Charon Rita & Montello Martha ed., *Stories Matter: The Role of Narrative in Medical Ethics*,(New York, London: Routledge), 2002.

Charon Rita, *Narrative Medicine: Honoring the Stories of Illness*,(Oxford University Press), 2006.

Hunter Kathryn Montgomery, "Toward the Cultural Interpretation of Medicine", *Literature and Medicine*(Baltimore and London:Johns Hopkins University Press), Volume 10, 1991.

Johnson Carolyn Y., Sun Lena H. and Johnson Andrew Freedman,(March 11, 2020). "Social distancing could buy U.S. valuable time against coronavirus". 《Washington Post》.

Lei Ruipeng and Qiu Renzong, "Report from China: Ethical Questions on the Response to the Coronavirus", *Global Health, Hastings Bioethics Forum, Public Health*, January 31, 2020.

Lloyd M., Bor R., Sir D.Weatherall's Foreword, *Communication Skills for Medicine*, (Churchill Livingstone:New York, Edinburgh, Madrid, Melbourne, San Francisco and Tokyo), 1996.

OECD Health Statistics 2019, "Health expenditure and financing".

Sigerist Henry E., Fee Elizabeth, *Civilization and Disease*(Ithaca:New York, Cornell University Press), 2018.

Stern Alexandra Minna and Markel Howard, "Pandemics: The Ethics of Mandatory and Voluntary Interventions", *The Hastings Center Bioethics Briefing Book for Journalists, Policymakers, and Campaigns*, 2020.

김지환(2020년 3월 22일), WHO "'사회적 거리두기' 대신 '물리적 거리두기'로", 《경향신문》.

김태용, 「음악적 눈」, 『문학과 의학』, vol.7. 2014.

_____, 「나의 두 번째 목소리」, 『문학과 의학』, vol.14. 2019.

버나드 라운, 『치유의 예술을 찾아서』, 서정돈, 이희원 역, 몸과 마음, 2002.

염승숙,「눈물이 서 있다」,『문학과 의학』, vol.6. 2013.

이병훈,「치유의 예술과 소통: '의'는 곧 '소통'이다」,『문학과 의학』, vol.1. 2010.

_____,「노년문학과 노년의 미학」,『문학과 의학』, vol.7. 2014.

_____,「의학적 상상력과 '낯설게하기'」,『문학과 의학』, vol.7. 2014.

_____,「「음악적 눈」, 환각의 세계」,『문학과 의학』, vol.8. 2014.

_____,「문학과 의학, 거대담론을 넘어서」,『문학과 의학』, vol.10. 2015.

_____,「이광수와 의사작가 안빈」,『문학과 의학』, vol.11. 2016.

_____,「의학적 내러티브의 심리적 구조」,『의철학연구』, vol.19, 한국의철학회, 2015.

이상윤,「현대 자본주의 의료, 건강과 마르크스주의」,『의료와사회』(9), 2018.

J.Coulehan, M.Block,『의학면담』, 이정권 외 역, 한국의학, 1999.

조병희,『질병과 의료의 사회학』, 집문당, 2017.

창간사,「의학의 새로운 지평을 위하여」,『문학과 의학』, 창간호, 2010.

토마스 렘케,『생명정치란 무엇인가』, 심성보 역, 그린비, 2015.

황임경,「의학에서의 서사, 그 현황과 과제」,『인문학연구』 45호, 경희대인문학연구원, 2020.

의학교육과 의료문학 / 이병훈

Античная культура: литература, театр, искусство, философия, наука. Словарь-справочник, Под ред. В.Н.Ярхо. М., 1995.

Лотман Ю. *Структура художественного текста,* Искусство-СПб, 1998

https://ru.wikipedia.org/wiki/катарсис

Hunter K.M., "Sherlock Holmes and Clinical Reasoning", *Teaching Literature and Medicine*, Ed. A.H.Hawkins and M.C.McEntyre(New York, MLA, 2000)

Terry James S,, Williams Peter C., "Literature and Bioethics: The Tension in Goals and Styles", *Literature and Medicine*, Volume 7, Johns Hopkins University Press, 1988

버튼 루셰,『의학 탐정』, 박완배 역, 실학단, 1996.

아서 코난 도일,『셜록 홈즈 전집 7』, 백영미 역, 황금가지, 2002.

아서 프랭크,『몸의 증언』, 최은경 역, 갈무리, 2013.

여인석,「그리스 의학사 답사기」,『연세의사학』 20권 2호, 연세의대 의학사연구소, 2017.

이병훈,「의학적 상상력, 문학을 디자인하다」,『문학과 의학』, vol.2, 2011.

조너선 에드로,『위험한 저녁 식사』, 이유정 역, 모요사, 2010.

의료문학 정립을 위한 한국고전문학의 범주 논의 / 염원희

1. 자료

김진영 외, 「정광수 창본 수궁가」, 『토끼전 전집 1』, 박이정, 1997.

『완월회맹연』 K4-6834, 180권 180책, 한국학중앙연구원 장서각.

박지원, 『연암집(하)』, 신호열 · 김명호 역, 돌베개, 2007.

2. 단행본

고미숙, 『동의보감-몸과 우주 그리고 삶의 비전을 찾아서』, 북드라망, 2012.

대한한방신경정신과학회 화병연구센터 편, 『화병 100문 100답』, 집문당, 2013.

신동원, 『조선의약생활사』, 들녘, 2014.

여인석, 『의학사상사』, 살림, 2007.

앨런 블리클리, 김준혁 옮김, 『의료인문학과 의학 교육』, 학이시습, 2018.

정과리 · 이일학 외, 『감염병과 인문학』, 도서출판 강, 2014.

조동일, 『한국문학통사 1』(제4판), 지식산업사, 2005.

許浚 著, 東醫學硏究所 譯, 『東醫寶鑑 3-雜病編 Ⅰ』, 여강출판사, 1994.

3. 논문

강진옥, 「명의담에 나타난 인간 및 세계인식」, 『민속어문논총』, 계명대 출판부, 1983.

구현희 · 안상우, 「의료설화를 통해 본 명의 유의태 자취 연구」, 『영남학』 16집, 경북대학교 영남문화연구원, 2009.

곽의숙, 「한국 의료설화 연구」, 동의대학교 박사학위논문, 2008.

김동준, 「疾病 소재에 대처하는 韓國漢詩의 몇 국면」, 『고전과 해석』, 고전문학한문학연구학회, 2009.

김명수, 「구비명의전설 연구」, 경산대학교 석사논문, 1997.

김승룡, 「고전지식인의 안질과 그 의미에 대하여-눈의 발견, 修養의 방식」, 『한국문학논총』 82, 한국문학회, 2019.

김영주, 「韓國文學에 나타난 痘疫」, 『한문교육연구』 29, 한국한문교육학회, 2007.

김동, 맹웅재, 「조선전기 군왕의 질병에 관한 연구」, 『대한한의학원전학회지』 10권 2호, 대한한의학원전학회, 1997.

김일구, 「질병과 문학: 문학 속의 역병의 4가지 공간」, 『신영어영문학』 27집, 신영어영문학회, 2004.

김종우, 「화병(火病)에 대한 한의학의 이해」, 『한국심리학회 학술대회자료집』, 2000.

김준형, 「야담을 통해 본 질병과 의원, 그 시선과 의미」, 『동양한문학연구』 53, 동양한문학회, 2019.

김태우, 「치유로서의 인간-식물 관계: 존재론적 인류학으로 다시 읽는 동아시아의학 본초론」, 『비교문화연구』 24권 2호, 2018, 서울대학교 비교문화연구소.

김형태, 「세계문학의 패러다임과 한국고전시가의 보편적 가치: "약성가(藥性歌)"의 성립과 전승 양상 연구」, 『한국시가연구』 30권, 한국시가학회, 2011.

_____, 「의원필담(醫員筆談)에 구현된 18세기 조일(朝日) 의료 풍속의 토포스적 특성」, 『배달말』 55, 배달말학회, 2014.

노중국, 「삼국유사 조의 검토」, 『신라문화학술발표논문집』 32, 동국대학교 신라문화연구소, 2011.

문희순, 「근대격동기 몰락 양반가 여성 양주 조씨 노년의 삶과 '화병'」, 『한국고전여성문학연구』 30, 한국고전여성문학회, 2015.

마종기 외, 『의학과 문학』, 문학과 지성사, 2004.

박경주, 「18세기 절명가사에 나타난 사대부가 여성의 순절의식 연구」, 『국어국문학』 128, 국어국문학회, 2001.

박지원, 『연암집(하)』, 신호열·김명호 역, 돌베개, 2007.

수잔 손택, 『은유로서의 질병』, 이재원 역, 이후, 2002.

서유석, 「판소리의 기괴 혹은 그로테스크」, 몸문화연구소 편, 『그로테스크의 몸』, 쿠북, 2010.

신동원, 「변강쇠가로 읽는 성·병·죽음의 문화사」, 『역사비평』 67, 역사비평사, 2004.

신연우, 「이황 문학에서 질병의 의미」, 『열상고전연구』 18, 열상고전학회, 2003.

신동원, 「조선말의 콜레라 유행, 1891-1910」, 『한국과학사학회지』 11-1, 한국과학사학회, 1989.

원보영, 「『규합총서』의 의료민속학적 연구-청낭결을 중심으로」, 『민속학 연구』 11, 국립민속박물관, 2002.

염원희, 「질병과 신화: 질병문학으로서의 손님굿 무가」, 『우리문학연구』 65, 우리문학회, 2020.

염원희, 「국문장편소설 인물들의 갈등과 화병, 치유의 문제」, 『한국민족문화』 76, 부산대학교 한국민족문화연구소, 2020.

이상보, 「명도자탄사 소고」, 『명지어문학』 8, 명지대학교, 1976.

이병훈, 「의료문학의 개념 정립을 위하여」, 『의료문학의 현황과 과제』, 모시는사람들, 2020.

_____, 「한국 의료문학 연구와 교육의 과제: '문학'과 '의학'의 과거와 현재」, 인문학연구원 추계 학술대회 자료집, 2018.

이영아, 「문학작품에 나타난 한국 현대 의료의 현실」, 『인문과학연구』 36, 2013.

이은우, 「문둥이 처녀담 연구」, 성신여자대학교 석사학위논문, 2005.

이인경, 「치병설화: 질병체험의 문학적 재현과 병자를 향한 타자의 시선」, 『어문론총』

56호, 2012.

———, 「구비 '치병설화'의 의미와 기능」, 『국문학연구』 제23호, 국문학회, 2011.

이주영, 「19세기 疫病체험의 문학적 형상」, 『동악어문학』 55, 동악어문학회 2010.

———, 「'기괴하고 낯선 몸'으로 〈변강쇠가〉 읽기」, 『고전과 해석』 6, 고전문학한문학연구학회, 2009.

———, 「〈변강쇠가〉에 나타난 강쇠 형상과 그에 대한 적대의 의미」, 『어문논집』 58, 민족어문학회, 2008.

이지연, 「구비설화에 나타난 치병관 연구」, 인제대학교 교육대학원 석사학위논문, 2007.

이홍식, 「조선 후기 사대부 여성의 유서 창작양상 연구」, 『한국고전여성문학연구』 29, 한국고전여성문학회, 2018.

인권환, 「판소리 사설 '약성가' 고찰 -《수궁가》를 중심으로」, 『문학한글』 제1호, 한글학회, 1987.

정경민, 「귀신으로서의 아이가 지닌 표상성 연구」, 『한국고전연구』 47집, 한국고전연구학회, 2019.

정운채 외, 「2011년도 『문학치료연구』 게재 논문의 학술적 가치와 성과」, 『문학치료연구』 26, 한국문학치료학회, 2013.

정환국, 「19세기 문학의 불편함에 대하여」, 『한국문학연구』 36, 동국대학교 한국문학연구소, 2009.

조현우, 「〈방한림전〉에 나타난 '갈등'과 '우울'의 정체-젠더 규범의 균열과 모순을 중심으로」, 『한국고전여성문학연구』 33집, 한국고전여성문학회, 2016.

최원오, 「한국 설화문학에서의 문둥이[癩病]에 대한 인식과 젠더, 이데올로기의 문제」, 『일본학연구』 제52집, 단국대학교 일본학연구소, 2017.

최영화, 『감염된 독서』, 글항아리, 2018.

탁원정, 「정신적 강박증과 육체의 지병-국문장편소설을 대상으로」, 『고소설연구』 41, 한국고소설학회, 2016.

표정옥, 「『삼국유사』에 나타난 고대 질병에 관한 사회문화적 의미 연구자연 재해와 관련된 역사 기술들을 중심으로-」, 『동남어문논집』 제39집, 동남어문학회, 2015.

한길연, 「대하소설 속 종창(腫瘡) 모티프 연구」, 『고전문학과 교육』 36, 한국고전문학교육학회, 2017.

한순미, 「한국 한센병과 가족이라는 장치-전통 시기 설화에서 근대 소설로의 이행과정에 관한 몇 가지 검토」, 『인문사회과학연구』 제15권 제2호, 부경대학교 인문사회과학연구소, 2014.

———, 「한국 근현대소설 속 질병 연구 쟁점과 흐름」, 『한국언어문학』 98, 한국언어문학회, 2016.

황임경, 「질병과 이야기: 문학과 의학이 만나는 지점들」, 『서강인문논총』 40, 서강대학교 인문학연구소, 2014.

_____, 「의학은 어떻게 철학과 만나는가」, 『인간환경미래』 18, 인제대학교 인간환경미래
　　　연구원, 2017.

황혜진, 「신경증에 걸린 고전소설의 인물들-〈주생전〉의 배도, 〈운영전〉의 안평대군과
　　　유영을 중심으로」, 『고소설연구』 41권, 한국고소설학회, 2016.

정신질환의 의료문학사를 위한 일고찰 - 화병과 신경쇠약을 중심으로 / 박성호

1. 기초자료

《대한매일신보》《독립신문》《동아일보》《매일신보》《시대일보》《중외일보》《학계보》
　　《한성순보》《황성신문》

『김동인 전집』, 조선일보사, 1988.

『한국신소설전집』, 을유문화사, 1968.

2. 논저

권보드래, 「현미경과 엑스레이-1910년대 인간학의 變轉」, 『한국현대문학연구』 18,
　　　한국현대문학회, 2005.

권보드래, 「죄, 눈물, 회개」, 『한국근대문학연구』 16, 한국근대문학회, 2007.

권보드래, 「신소설의 성(性), 계급, 국가-여성 주인공에 있어 젠더와 정치성의 문제」,
　　　『여성문학연구』 20, 한국여성문학학회, 2008.

권영민, 『풍자우화 그리고 계몽담론』, 서울대학교 출판부, 2008.

권정희, 「번역/번안의 분기-『장한몽』과 '번안의 독창성(originality)'」, 『상허학보』 39,
　　　상허학회, 2013.

권혁건, 「나츠메 소세키의 『第十夜』에 나타난 불안 연구」, 『일본문화학보』 28, 한국일본문
　　　화학회, 2006.

김숙희, 「나츠메 소세키 문학과 병-신경쇠약과 히스테리의 양상」, 『일어일문학연구』 69-2,
　　　한국일어일문학회, 2009.

김종우, 『화병으로부터의 해방』, 도서출판 여성신문사, 2007.

문희순, 「근대격동기 몰락 양반가 여성 양주조씨 노년의 삶과 '화병'」, 『한국고전여성문학
　　　연구』 30, 한국고전여성문학회, 2015.

민성길·이종섭·한종옥, 「한(恨)에 대한 정신의학적 연구」, 『신경정신의학』 36-4, 대한신
　　　경정신의학회, 1997.

박성호, 「「소학령」을 통해서 본 이해조 연재소설의 변화와 한계」, 『비교한국학』 25-2, 국
　　　제비교한국학회, 2017.

박성호, 「신소설 속 여성인물의 정신질환 연구 - 화병을 중심으로」, 『Journal of Korean Culture』 49, 한국어문학국제학술포럼, 2020.

박성호, 「《매일신보》 소재 번안소설 속 여성인물의 신경쇠약과 화병의 재배치 - 「쌍옥루」와 장한몽」을 중심으로」, 『어문논집』 89, 민족어문학회, 2020.

박진영, 「1910년대 번안소설과 '실패한 연애'의 시대」, 『상허학보』 15, 상허학회, 2005.

박헌호, 『식민지 근대성과 소설의 양식』, 소명출판, 2004.

서연주, 「신소설에 나타난 여성인물의 광기」, 『여성문학연구』 34, 한국여성문학학회, 2015.

송명진, 「이식된 '광기'와 소설적 형상화-1910년대 소설을 중심으로」, 『대중서사연구』 22-4, 대중서사학회, 2016.

신동원, 「일제강점기 여의사 허영숙의 삶과 의학」, 『의사학』 21-1, 2012.

신동원, 『호환 마마 천연두』, 돌베개, 2013.

여인석, 「세브란스 정신과의 설립과정과 인도주의적 치료전통의 형성」, 『의사학』 17-1, 대한의사학회, 2008.

유승연·김미리혜·김정호, 「마음챙김 명상이 중년 여성의 화병 증상, 우울, 불안 및 스트레스에 미치는 효과」, 『한국심리학회지: 건강』 19-1, 한국심리학회, 2014.

유승환, 「시선의 권력과 식민지의 비가시성」, 『구보학보』 16, 구보학회, 2017.

이수영, 「한국 근대문학의 형성과 미적 감각의 병리성」, 『민족문학사연구』 26, 민족문학사학회, 2004.

이수영, 「1920년대 초반 소설과 근대적 인간학의 기획」, 『민족문학사연구』 32, 민족문학사학회, 2006.

이수형, 「1910년대 이광수 문학과 감정의 현상학」, 『상허학보』 36, 상허학회, 2012.

이수형, 「박태원 문학과 일상생활의 정신병리학」, 『구보학보』 9, 구보학회, 2013.

장근호·최규진, 「신소설에 비친 개화기 의료의 모습」, 『역사연구』 35, 역사학연구소, 2018.

장성규, 「분열된 모더니티와 고현학의 전략들-'구보씨' 표제 소설의 계보학」, 『구보학보』 15, 구보학회, 2016.

정선희, 「삼대록계 국문장편소설의 공주/군주 형상화와 그 의미-부부관계 속 여성의 감정과 반응 양상에 주목하여」, 『한국고전여성문학연구』 31, 한국고전여성문학회, 2015.

최은지·서효원·김종우·정선용, 「화병(火病) 유사 병증의 한의학적 치료에 대한 임상 연구 동향분석-CNKI를 중심으로」, 『동의신경정신과학회지』 28-4, 대한한방신경정신과학회, 2017.

찰스 테일러, 송영배 역, 『불안한 현대사회』, 이학사, 2003.

C. 한스컴, 「근대성의 매개적 담론으로서 신경쇠약에 대한 예비적 고찰」, 『한국문학연구』

29, 동국대학교 한국문학연구소, 2005.

의료문학과 대중서사 - 웹툰과 드라마를 중심으로 / 최성민

고정민 외, 『만화 유통환경 개선방안 : 웹툰산업을 중심으로』, 한국콘텐츠진흥원, 2016.
김건형, 「웹툰 플랫폼의 공동독서와 그 정치미학적 가능성」, 『대중서사연구』 22(3), 대중서사학회, 2016.
김건형, 「일상툰의 서사 문법과 자기 재현이라는 전략 - 여성 일상툰의 정치미학을 중심으로」, 『대중서사연구』 24(4).
김용현·고은영, 「웹툰에서의 몰입을 위한 인터랙션 분석 연구」, 『한국디자인문화학회지』 15(4), 한국디자인문화학회, 2009.
김은하, 「대중문학으로서 의학드라마 읽기」, 『문학과 의학』 4호, 문학의학학회, 2012.
김태영 외, 『2018 웹툰 작가 실태조사』, 한국콘텐츠진흥원, 2019.
박인하, 「한국 웹툰의 변별적 특성 연구」, 『애니메이션연구』 11(3), 한국애니메이션학회, 2015.
송선령, 「영화 〈시〉와 드라마 〈눈이 부시게〉의 치매 스토리텔링 연구 : 「아네스의 노래」와 '눈이 부시게' 마지막 스크립트를 중심으로」, 『스토리앤이미지텔링』 17호, 2019.
이기원, 「메디컬 드라마에 대한 단상」, 『문학과 의학』 4호, 문학의학학회, 2012.
이주영, 「근대 희곡에 나타난 제국의 조선 의사들」, 『한국문학이론과 비평』 23권2호, 한국문학이론과 비평학회, 2019.
정미경 외, 『2018 만화산업 발전계획 수립 연구』, 한국콘텐츠진흥원, 2019.
최성민, 『다매체시대의 문학이론과 비평』, 박이정, 2017.
최성민, 「웹 플랫폼과 독자의 역할」, 제41회 한국근대문학회 학술대회 발표자료집, 2019.
최성민, 「질병체험서사와 독자의 역할(1)」, 『건지인문학』 27집, 전북대학교 인문학연구소, 2020.
최성민, 「한국의학드라마 연구현황과 전망」, 『인문학연구』 42집, 경희대학교 인문학연구원.
프로인드, E., 신명아 역, 『독자로 돌아가기』, 인간사랑, 2005.

문학치료학 이론과 현장 연구 - 현황과 전망을 중심으로 / 박재인

권순긍, 「서사의 문학치료학」, 『문학치료연구』 30, 한국문학치료학회, 2014.
김수연, 「문학치료 기초서사로서 형제서사 설정 문제 - 인간관계 발달과정에 따른 관계적 사건과 심리적 자리를 중심으로-」, 『문학치료연구』 47, 한국문학치료학회, 2018.

김정애, 「문학치료학의 '서사' 개념의 정립 과정과 적용 양상」, 『문학치료연구』 13, 문학치료학회, 2009.

김정애, 「문학치료 활동을 통해 본 서사능력과 공감능력의 상관관계」, 『문학치료연구』 48, 한국문학치료학회, 2018.

김정애·황혜진, 「아동의 설화반응 사례로 본 문학치료 프로그램의 효과 연구- '교육적 배려 대상자의 문해력 신장을 위한 문학치료 프로그램'을 대상으로-」, 『문학치료연구』 14, 한국문학치료학회, 2010.

김혜미, 「한부모의 이성 관계를 거부하는 아동에 대한 문학치료 사례 연구」, 『겨레어문학』 45, 겨레어문학회, 2010.

김혜미, 「교사에 대한 학생의 분노서사와 분노 조절을 위한 서사지도 설계-반항성 장애를 보이는 학생들의 사례를 중심으로-」, 『문학치료연구』 31, 한국문학치료학회, 2014.

김혜미, 「자퇴를 원하는 한 우등생의 자기서사진단 사례 연구」, 『고전문학과 교육』 27, 한국고전문학교육학회, 2014.

김혜미, 「호랑이 설화의 문학치료학적 해석을 통한 제3자(방관자)의 학교폭력예방교육 사례 연구-청소년의 생명존엄 의식 함양을 위한 학교폭력예방교육을 위하여」, 『인문과학연구』 55, 인문과학연구소, 2017.

김혜미, 「구비설화를 활용한 자살예방 문학치료 프로그램 사례 연구-자살 위험군 사례자 A를 대상으로-」, 『문학치료연구』 50, 한국문학치료학회, 2019.

나지영, 「문학치료 이론 연구의 현황과 전망」, 『문학치료연구』 10, 문학치료학회, 2009.

나지영, 「문학지료학의 '자기서사' 개념 검토」, 『문학치료연구』 13, 문학치료학회, 2009.

나지영, 「인지역동 스키마 이론과의 연계를 통한 문학치료학 서사이론 발전 방향 연구」, 건국대학교 박사학위논문, 2016.

나지영, 「인지 스키마 이론에 비춰 본 서사의 본질과 위상」, 『구비문학연구』 45, 한국구비문학회, 2017.

마리 매클린 저, 임병권 역, 『텍스트의 역학-연행으로서 서사』, 한나래, 1997.

마이클 J. 툴란 저, 김병옥·오연희 역, 『서사론 : 비평언어학서설』, 형설출판사, 1993.

박재인, 「문해력이 부진한 아동의 서사능력에 대한 문학치료적 고찰」, 『겨레어문학』 43, 겨레어문학회, 2009.

박재인, 「탈북여성B의 구비설화에 대한 이해 방식과 자기서사」, 『고전문학과 교육』 26, 한국고전문학교육학회, 2013.

박재인, 「탈북여성의 부모밀치기서사 성향과 죄의식」, 『문학치료연구』 30, 한국문학치료학회, 2014.

박재인, 「탈북과 적응이 남긴 문제에 대한 문학치료학적 접근- 적응에 성공한 탈북여성의 사례를 중심으로-」, 『고전문학과 교육』 30, 한국고전문학교육학회, 2015.

박재인, 「이주와 성공의 고전서사를 활용한 탈북민 대상 문학치료 사례 연구」, 『문학치료연구』 41, 한국문학치료학회, 2016.

박재인, 「탈북민 대상 문학치료 사례 연구- '이주와 성공'의 고전서사와 자아실현의 문제를
　　　　중심으로-」, 『다문화사회연구』 11-2, 아시아여성연구원, 2018.

박재인, 「「해와 달이 된 오누이」에 대한 탈북민의 반응과 문학치료 효과」, 『인문사회 21』,
　　　　9-4, 사단법인 아시아문화학술원, 2018.

박재인, 「문학치료학 서사이론의 발전 과정에 대한 고찰」, 『인문학연구』 42, 경희대
　　　　인문학연구원, 2020.

성정희, 「문학치료 임상연구의 현황과 전망」, 『문학치료연구』 10, 문학치료학회, 2009.

손석춘, 「문학치료의 '사회서사' 시론」, 『문학치료연구』 41, 한국문학치료학회, 2016.

손석춘, 「처용설화의 사회서사와 소통효과」, 『문학치료연구』 46, 한국문학치료학회,
　　　　2018.

손석춘, 「단재〈꿈하늘〉의 자아소통과 사회서사」, 『문학치료연구』 49, 한국문학치료학회,
　　　　2018.

신동흔, 「문학치료학 서사이론의 보완·확장 방안 연구」, 『문학치료연구』 38, 한국문학치
　　　　료학회, 2016.

신동흔, 「인지기제로서의 스토리와 인간 연구로서의 설화 연구」, 『한국구비문학회』 42,
　　　　한국구비문학회, 2016.

신동흔, 「문학치료를 위한 서사 분석 요소와 체계 연구」, 『문학치료연구』 49, 한국문학치
　　　　료학회, 2018.

신동흔, 「문학치료를 위한 자기서사 진단과 해석 연구 - MMSS 진단지의 성격과 구성,
　　　　해석과 활용-」, 『문학치료연구』 54, 한국문학치료학회, 2020.

신재홍, 「진단도구의 개발논리에 대한 의문점」, 『문학치료연구』 12, 한국문학치료학회,
　　　　2009.

올리버 색스 저, 조석현 역, 『아내를 모자로 착각한 남자』, 알마출판사, 2016.

이강옥, 「구운몽과 불교 경전을 활용하는 우울증 치료 프로그램(DTKB Program) 구안」,
　　　　『문학치료연구』 12, 한국문학치료학회, 2009.

이강옥, 「구운몽과 불교 경전을 활용하는 우울증 치료 프로그램(DTKB Program) 상담
　　　　사례 연구」, 『문학치료연구』 18, 한국문학치료학회, 2011.

이강옥, 「우울증 상담에서의 자기서사」, 『문학치료연구』 24, 한국문학치료학회, 2012.

이강옥, 『깨어남의 시간들』, 돌베개, 2019.

정운채 외, 『문학치료 서사사전』, 문학과 치료, 2009.

정운채 외, 『설화를 활용한 문학치료프로그램 개발 연구』, 문학과치료, 2009.

정운채 외, 『문학치료학의 분야별 연구성과』, 문학과치료, 2013.

정운채, 「선화공주를 중심으로 본 「무왕설화」의 특성과 「서동요」 출현의 계기」, 『건국어
　　　　문학』 제19·20, 건국대학교 국어국문학연구회, 1995.

정운채, 「한시의 예언적인 힘의 원천과 기(氣)의 성격」, 『고전문학연구』 제11집, 한국고전문학회, 1996.

정운채, 「시화에 나타난 문학의 치료적 효과와 문학치료학을 위한 전망」, 『고전문학과 교육』 1, 고전문학교육학회, 1999.

정운채, 「〈만복사저포기〉의 문학치료학적 독해」, 『고전문학과 교육』 2, 한국고전문학교육학회, 2000.

정운채, 「〈무왕설화〉와 〈서동요〉의 주역적 해석과 문학치료의 구조화」, 『국어교육』 106, 한국국어교육연구회, 2001.

정운채, 「〈시교설(詩敎說)〉의 문학치료학적 해석」, 『국어교육』 104, 한국국어교육연구회, 2001.

정운채, 「『주역』의 인간 해석 체계와 문학치료의 이론적 구조화」, 『겨레어문학』 27, 겨레어문학회, 2001.

정운채, 「오줌 꿈을 사는 이야기의 전승 양상과 문학치료학적 의미」, 『국문학연구』 5, 국문학회, 2001.

정운채, 「서사의 힘과 문학치료방법론의 밑그림」, 『고전문학과 교육』 8, 한국고전문학교육학회, 2004.

정운채, 「서사의 다기성(多岐性)을 활용한 자기서사 진단 방법」, 『고전문학과 교육』 10, 한국고전문학교육학회, 2005.

정운채, 「인간관계의 발달 과정에 따른 기초서사의 네 영역과 〈구운몽〉 분석 시론」, 『문학치료연구』 3, 한국문학치료학회, 2005.

정운채, 「자기서사진단도구 개발을 위한 기초서사척도」, 『고전문학과 교육』 14, 한국고전문학교육학회, 2007.

정운채, 「문학치료학의 서사이론」, 『문학치료연구』 9, 한국문학치료학회, 2008.

정운채, 「〈여우구슬〉과 〈지네각시〉 주변의 서사지도」, 『문학치료연구』 13, 한국문학치료학회, 2009.

정운채, 「자기서사진단검사도구의 문항설정」, 『고전문학과 교육』 17, 한국고전문학교육학회, 2009.

정운채, 「문학치료와 자기서사의 성장」, 『우리말교육현장』 4-2, 우리말교육현장학회, 2010.

정운채, 「리몬캐넌의 서사이론과 문학치료학의 서사이론」, 『문학치료연구』 18, 한국문학치료학회, 2010.

정운채, 「토도로프와 채트먼의 서사이론과 문학치료학의 서사이론」, 『고전문학과 교육』 20, 한국고전문학교육학회, 2010.

정운채, 「프랑스의 서사이론과 문학치료학의 서사이론」, 『문학치료연구』 17, 한국문학치료학회, 2010.

정운채, 「심리학의 지각, 기억, 사고와 문학치료학의 자기서사」, 『문학치료연구』 20, 한국문학치료학회, 2011.

정운채, 「문학치료학의 서사 및 서사의 주체와 문학연구의 새 지평」, 『문학치료연구』 21, 한국문학치료학회, 2011.

정운채, 「서사의 다기성(多岐性)과 문학연구의 새 지평」, 『문학치료연구』 23, 한국문학치료학회, 2012.

정운채, 「서사접속 및 서사능력과 문학연구의 새 지평」, 『문학치료연구』 24, 한국문학치료학회, 2012.

정운채, 「자기서사의 변화 과정과 공감 및 감동의 원리로서의 서사의 공명」, 『문학치료연구』 25, 한국문학치료학회, 2012.

정운채, 「문학치료학과 역사적 트라우마」, 『통일인문학논총』 5, 건국대 인문학연구원, 2013.

조은상, 「〈효 불효 다리〉의 반응을 통해 본 우울성향 자기서사의 양상」, 『문학교육학』 30, 한국문학교육학회, 2009.

조은상·황혜진, 「문해력 수준을 고려한 단계별 문학치료 프로그램의 효과-'교육적 배려 대상자의 문해력 신장을 위한 문학치료 프로그램'을 대상으로」, 『문학치료연구』 15, 한국문학치료학회, 2010.

하은하, 「알코올 의존 남성의 설화 반응 사례 연구」, 『문학치료연구』 18, 한국문학치료학회, 2011.

하은하, 「알코올의존 환자를 위한 설화 읽기 프로그램의 의미」, 『문학치료연구』 20, 한국문학치료학회, 2011.

하은하, 「알코올의존 환자의 심리적 특성과 자기서사와의 상관성」, 『문학교육학』 41, 한국문학교육학회, 2013.

황혜진 외, 「문해력 신장을 위한 문학치료 실행연구 시론」, 『문학치료연구』 12, 한국문학치료학회, 2009.

황혜진 외, 「초기 청소년기 폭력성의 문학치료적 중재를 위한 시론- '폭력 예방을 위한 문학치료 프로그램'의 구안 과정을 중심으로-」, 『겨레어문학』 55, 겨레어문학회, 2015.

황혜진, 「자기서사 진단도구의 개발 현황과 개선 방안」, 『문학치료연구』 38, 한국문학치료학회, 2016.

황혜진 외, 「뇌파측정을 통한 완벽주의 개선 문학치료 프로그램의 효과성 연구」, 『문학치료연구』 50, 한국문학치료학회, 2019.

Mark Turner, *The literary Mind, New York* : Oxford University, 1996.

인간의 심연 - 문학의 치료 지평 / 심원섭

森田正馬, 『神経質の本態と療法』, 白揚社, 1974.
빅터 프랭클, 김충선 역, 『죽음의 수용소에서』, 청솔출판, 1984.
아들러 / H. 오글러, 설영환 역, 『아들러 심리학 해설』, 선영사, 1987.
요네야마 마사노부, 이수자 역, 『마음의 비밀』, 기린원, 1992.
Charles L. Whitfield, 김용교 외 역, 『잃어버린 자아의 발견과 치유』, 글샘, 1995.
브라이언 버드, 이무석 역, 『환자와의 대화』, 집현전, 1995.
이광준, 『한국적 치료심리학』, 행림출판, 1996.
A. アドラー, 岸見一郎 역, 『個人心理学講義』, 一光社, 1998.
沈元燮, 「韓日文学の関わり合い－自分を見つめるための文学」, 『語研フォーラム』17号,
　　早稲田大学語学教育研究所, 2002.
김다영, 「목걸이 – 모파상」, https://cafe.naver.com/2013sejongnovel/222

포스트휴먼은 고통 없이 살게 될까? - SF로 본 취약성과 인간 향상의 문제 / 노대원

1. 기본자료
김보영, 「우수한 유전자」, 『멀리 가는 이야기』, 행복한책읽기, 2010.
_____, 「지구의 하늘에는 별이 빛나고 있다」, 『진화신화』, 행복한책읽기, 2010.
_____, 「진화신화」, 『진화신화』, 행복한책읽기, 2010.
박민규, 「굿모닝 존 웨인」, 『더블』 side A, 창비, 2010.
_____, 「깊」, 『더블』 side A, 창비, 2010.
_____, 「로드 킬」, 박형서 외, 『2012 작가가 선정한 오늘의 소설』, 작가, 2012.
윤이형, 「굿바이」, 『러브 레플리카』, 문학동네, 2016.
_____, 「완전한 항해」, 『큰 늑대 파랑』, 창비, 2011.

2. 단행본
고장원, 『한국에서 과학소설은 어떻게 살아남았는가?: 한국과학소설100년사』, 부크크,
　　2017.
_____, 『SF란 무엇인가?』, 부크크, 2015.
_____, 『세계과학소설사』, 채륜, 2008.
신상규, 『호모 사피엔스의 미래: 포스트휴먼과 트랜스휴머니즘』, 아카넷, 2014.
슈테판 헤어브레히터, 김연순 외 1인 역, 『포스트휴머니즘: 인간 이후의 인간에 관한
　　문화철학적 담론』, 성균관대학교 출판부, 2012.

엠마누엘 레비나스, 김연숙 역, 『존재와 다르게: 본질의 저편』, 인간사랑, 2010.

와시다 키요카즈, 길주희 역, 『듣기의 철학: 고뇌하는 인간, 호모 파티엔스를 만나다』, 아카넷, 2014.

유발 하라리, 김명주 역, 『호모 데우스: 미래의 역사』, 김영사, 2017.

크로노스케이프, 김훈 역, 『SF 사전』, 비즈앤비즈, 2014.

토드 메이, 변진경 역, 『부서지기 쉬운 삶』, 돌베개, 2018.

Aniceto Masferrer · Emilio García-Sánchez eds., *Human Dignity of the Vulnerable in the Age of Rights: Interdisciplinary Perspectives*, Springer, 2016.

Bruce Clarke · Manuela Rossini edit., *The Cambridge Companion to Literature and the Posthuman*, Cambridge University Press, 2016.

Henk Ten Have, *Vulnerability: challenging bioethics*, Routledge, 2016.

Rosi Braidotti · Maria Hlavajova eds., *Posthuman Glossary*, Bloomsbury, 2018.

3. 논문

김상훈, 「현대 SF의 진화 - 포스트고딕에서 슬립스트림으로」, 『HAPPY SF』 창간호, 행복한책읽기, 2004.

노대원, 「포스트휴머니즘 비평과 SF - 미래 인간을 위한 문학과 비평 이론의 모색」, 『비평문학』 제68호, 한국비평문학회, 2018.

_____, 「한국 문학의 포스트휴먼적 상상력 - 2000년대 이후 사이언스 픽션 단편소설을 중심으로」, 『Comparative Korean Studies』 23권 2호, 국제비교한국학회, 2015.

_____, 「힐링 담론과 치유의 문학교육 - '상처 입을 가능성'과 '문화 의사' 개념을 통한 비판적 성찰」, 국어교육연구 제68집, 국어교육학회, 2018.

이상헌, 「포스트휴먼과 행복- 기술적 인간향상(human enhancement)으로 행복해질 수 있을까?」, 『철학논집』 51권, 서강대학교 철학연구소, 2017.

제임스 휴즈, 「포스트휴머니즘과 트랜스휴머니즘」, 이화인문과학원, 『트랜스, 포스트휴머니즘 담론의 지형』, 이화 HK 국제학술대회 자료집, 2014.

황임경, 「상처 입을 가능성과 의학에서의 주체화」, 『의철학연구』 제25집, 한국의철학회, 2018.

'Inforg,' 『Wikipedia』. (https://en.wikipedia.org/wiki/Inforg)

Mark Coeckelbergh, "Vulnerable cyborgs: Learning to live with our dragons," *Journal of Evolution and Technology* 22.1, 2011.

Sherryl Vint, "Science Fiction and Posthumanism," 「critical posthumanism」, May 2016. (http://criticalposthumanism.net/science-fiction/)

의약 관련 동리명의 형성과 변천 - 서울 지역 몇몇 지명에 대한 인문지리적 시선 / 김양진

김양진, 「지명 연구의 국어 어휘사적 의의」, 『지명학』 21, 한국지명학회, 2014.

김양진, 〈서울, 이야기가 있는 길을 따라서01: 약현을 따라서, 중림동〉, 《서울의회》 통권 200호, 서울시의회, 2020.

김양진, 〈서울, 이야기가 있는 길을 따라서02: 삶과 죽음의 중층을 걷다, 서소문-미근동-아현동-천연동-독립문공원〉, 《서울의회》 통권 201호, 서울시의회, 2020.

김양진, 〈서울, 이야기가 있는 길을 따라서03: 역사를 짚어 서울의 중심을 걷다〉, 《서울의회》 통권 202호, 서울시의회, 2020.

김양진, 〈서울, 이야기가 있는 길을 따라서04 : 끝없이 이어져 마르지 않는 마른내길, 인현동-남산한옥마을-한국의 집-필동〉, 《서울의회》 통권 203호, 서울시의회, 2020.

김양진, 〈서울, 이야기가 있는 길을 따라서05: 역병이 지나간 서울길-애오개에서 남대문까지〉, 《서울의회》 통권 204호, 서울시의회, 2020.

유영호, 『한양도성 걸어서 한 바퀴』, 창해, 2015.

유영호, 『서촌을 걷는다』, 창해, 2018.

이기봉, 『조선의 지도 천재들』, 새문사, 2011.

이한성, 『이야기가 있는 길1』, CNB미디어, 2016.

장석주, 『장소의 탄생』, 작가정신 2006.

전우용, 『서울은 깊다』, 돌베개, 2008.

조성린, 『종로의 표석(標石) 이야기』, 종로문화원, 2017.

최연, 『이야기가 있는 서울길 1』, 가갸날, 2018.

최연, 『이야기가 있는 서울길 2』, 가갸날, 2020.

한글학회, 『한국지명총람 I』(서울편), 한글학회, 1966.

찾아보기

[기타]

경희대학교 인문학연구원 / HK+통합의료인문학연구단 / 통합의료인문학 학술총서01

의료문학의 현황과 과제

등록 1994.7.1 제1-1071
1쇄 발행 2020년 12월 20일

기   획   경희대학교 인문학연구원 HK+통합의료인문학연구단
지은이   김양진 노대원 박성호 박재인 심원섭 염원희 이병훈 최성민
펴낸이   박길수
편집장   소경희
편   집   조영준
관   리   위현정
디자인   이주향
펴낸곳   도서출판 모시는사람들
          03147 서울시 종로구 삼일대로 457(경운동 88번지) 수운회관 1207호
전   화   02-735-7173, 02-737-7173 / 팩스 02-730-7173

인   쇄   (주)성광인쇄(031-942-4814)
배   본   문화유통북스(031-937-6100)
홈페이지   http://www.mosinsaram.com/

값은 뒤표지에 있습니다.
ISBN   979-11-6629-009-1   94000
세트   979-11-6629-001-5   94000

이 도서의 국립중앙도서관 출판예정도서목록(CIP)은 서지정보유통지원시스
템 홈페이지(http://seoji.nl.go.kr)와 국가자료공동목록시스템(http://www.
nl.go.kr/kolisnet)에서 이용하실 수 있습니다. (CIP제어번호:CIP2020051227)

이 저서는 2019년 대한민국 교육부와 한국연구재단의 지원을 받아 수행된
연구임(NRF-2019S1A6A3A04058286).